中小企业品牌与营销策略研究

杨　枫◎著

文化发展出版社
Cultural Development Press
·北京·

图书在版编目（CIP）数据

中小企业品牌与营销策略研究 / 杨枫著. — 北京 ：
文化发展出版社，2024.1
ISBN 978-7-5142-4303-1

Ⅰ. ①中… Ⅱ. ①杨… Ⅲ. ①中小企业－品牌营销－研究－中国 Ⅳ. ① F279.243

中国国家版本馆 CIP 数据核字 (2024) 第 014161 号

中小企业品牌与营销策略研究

杨 枫 著

出 版 人：宋 娜
责任编辑：袁兆英　　责任校对：岳智勇
责任印制：邓辉明　　封面设计：张 肖
出版发行：文化发展出版社（北京市翠微路 2 号 邮编：100036）
网　　址：www.wenhuafazhan.com
经　　销：全国新华书店
印　　刷：天津和萱印刷有限公司

开　　本：710mm×1000mm 1/16
字　　数：250 千字
印　　张：14
版　　次：2024 年 1 月第 1 版
印　　次：2024 年 1 月第 1 次印刷

定　　价：72.00 元
I S B N：978-7-5142-4303-1

作者简介

杨枫，男，1964年5月出生，黑龙江省海伦市人，1987年毕业于贵州民族学院（今贵州民族大学），现为贵州财经大学副教授、贵州财经大学文化产业研究院负责人、多彩贵州文化旅游研究院特聘专家、中国广告协会学术委员会委员、贵州广告协会学术委员会副主任委员。研究方向：广告创意、品牌传播与管理。主持并完成都匀市文化事业和文化产业第十三个五年发展规划等课题，发表论文十余篇。

前言

在当今竞争激烈的市场环境中，中小企业扮演着重要的角色。它们不仅是经济增长的重要推动力量，也为发展创新和稳定就业提供了宝贵的机会。然而，由于资源限制和市场竞争的挑战，部分中小企业面临品牌建设和营销策略方面的困境。因此，了解中小企业品牌与营销策略之间的关系并深入研究如何通过有效的品牌建设与营销策略来提升中小企业的竞争力和市场地位显得尤为重要。品牌建设是企业塑造自身独特形象和价值观的过程，而营销策略则是为了实现企业营销目标而采取的行动计划。

品牌对于企业来说不仅是一个标识和名称，更是传递企业核心价值观、产品特点和消费体验的重要媒介。一个强大的品牌可以帮助中小企业树立信誉、提高知名度并赢得客户。所以，探索如何有效地建立和管理品牌对于中小企业的长远发展至关重要。

市场竞争激烈，中小企业需要制定差异化、创新性的营销策略，以吸引目标消费者并提高销售额。经营者应探讨不同类型的营销策略，如市场细分、定位、产品定价、促销策略等，并分析针对中小企业的实用建议和案例。

一个明智的品牌战略可以塑造营销策略，而有效的营销策略也会提升品牌的认知度和影响力。因此，有必要研究如何将品牌策略与营销策略结合，以实现最佳的业务结果促进中小企业长期可持续发展。

本书共六章。第一章为企业品牌与企业营销，共分为三节：企业品牌形象与品牌形象策划、市场营销理论概述、企业品牌营销战略。第二章主要介绍中小企业品牌塑造初期策略，包括三部分：中小企业品牌筹备、中小企业品牌建设、中小企业品牌防御。第三章的分析重点是中小企业品牌推广策略，从中小企业品牌进攻、中小企业品牌合作、中小企业品牌扩张与持续发展三个方面进行论述。第四章主要介绍中小企业营销管理，包括中小企业市场环境与消费者研究、中小企业产品分析与目标市场、中小企业的多种营销方式与销售控制三节内容。第五章的分析对象是中小企业品牌营销的关键问题，包括三部分：中小企业品牌营销的核心价值、中小企业品牌营销的重点环节、中小企业品牌营销的内容与规划。第六章围绕中小企业的整合营销传播展开论述，主要介绍整合营销传播概论、中小企业整合营销传播的规划阶段、中小企业整合营销传播的预算分析与环境分析、中小企业整合营销传播的方法与媒介选择四个方面。

笔者写作本书参考了许多专家学者的研究资料，在此特表示感谢。由于笔者水平有限，书中部分内容存在疏漏，望广大读者批评指正。

杨枫

2023 年 6 月

目 录

第一章　企业品牌与企业营销

在就中小企业的品牌与营销策略进行分析之前，首先应当厘清品牌和营销各自的概念。本章为企业品牌与企业营销，共包括三部分内容，分别是企业品牌形象与品牌形象策划、市场营销理论概述、企业品牌营销战略。

第一节　企业品牌形象与品牌形象策划

一、企业品牌与品牌形象概述

品牌是消费者对产品及产品系列的认知程度。品牌是指消费者对某一产品或服务提供者的总体印象，通常包括企业的知名度、美誉度和信任度等多方面。这些印象通常是在消费者购买前形成和塑造的，并且受到企业形象、广告宣传、口碑传播等多种因素的影响。因此，品牌是一种无形的资产，对于企业的生存和发展具有重要的意义。

（一）企业品牌的内涵特征

形象的魅力对于国家、企业或个人来说都是非常重要的。一个国家通过经济、政治、军事、文化、外交等多种途径来打造自己的形象，以赢得良好的国际地位和声誉，并获得广泛的尊重和支持。类似地，一家企业在激烈的市场竞争中，必须通过外部形象、产品质量、商品特色和销售服务等方面共同打造品牌形象，才能生存和发展。这就好比对于一个人来说，要在社会上有所成就并获得认同，就需要全面提升自身的素质，包括言谈举止、文化思想、工作能力、知识水平等方面。只有全面提升自己的综合素质，个人的价值才能展现出无限的潜力，从而赢得人们的钦佩和尊敬。形象的魅力具有巨大的力量，能够帮助一个国家、企业或个人在相应领域中获得成功和影响力。

在当今的消费市场，品牌形象的重要性越发凸显。随着商品的日益丰富，产品之间的功能、质量、技术水准和寿命等方面的差异越来越模糊。对于消费者来说，很多时候他们无法深入了解产品的细节和差异，因此，他们更倾向于选择那些具备良好形象和信誉的品牌。以饮料为例，“可口可乐”和“百事可乐”这两个品牌在市场上备受消费者的青睐，而其他品牌则很难获得大众的接纳。这是因为这两个品牌在长期的市场竞争中积累了良好的品牌形象和信誉，消费者对它们的产品持有一定的信任感，认为它们能够提供优质的饮料产品，这种信任感和好的形象使得这两个品牌能够在激烈的市场竞争中脱颖而出。同时广告宣传在很大程度上帮助这些品牌树立良好的形象，并且使其总是与愉悦的场景联系在一起。长期而广泛的宣传可以使产品在市场和消费者心中建立品牌的形象，使其成为特定场合不可或缺的符号，与快乐紧密相连。再以脑白金品牌为例，它将关爱老人和享受健康人生的概念联系在一起，这种联系在品牌信誉的感召下得以流行，并且对人们的生活方式产生影响。这样的品牌宣传不仅给人带来美的享受，还提高了人们的生活品位。透过品牌宣传，消费者将品牌与积极的情感和愉悦的体验联系在一起，并因此选择和信任这些品牌。品牌的宣传和形象的塑造在引导消费的同时也塑造了人们的生活方式，通过与特定的价值观、情感和生活场景相关联，品牌成了人们生活中不可或缺的一部分。这种影响力可以潜移默化地改变人们的购买习惯和消费行为，提升人们的生活体验和品质。

形象对于品牌的生存和发展至关重要。品牌形象需要与时俱进，不断完善并优化其内涵和外延，以更好地满足人们的物质需求和精神需求。如果品牌形象未能跟上时代潮流，没有持续改进和适应市场需求，那么它很可能被市场淘汰。品牌形象本身是品牌在消费者心目中的形象和认知，一个良好的品牌形象能够赋予品牌独特的个性和价值观，使得品牌与众不同，受到消费者的青睐。同时，品牌形象也能够激发消费者的情感共鸣，建立起消费者对品牌的信任感。这种信任感不仅影响着消费者的购买决策，还决定着消费者与品牌的长期关系。然而，市场竞争激烈，消费者需求不断变化，所以品牌形象必须与时俱进，品牌需要不断改进和创新，以保持竞争力和吸引力。商家构建品牌形象时需要综合考虑消费者的物质和精神需求，与他们的价值观相契合，为他们提供独特而有价值的体验。只有不断完善和优化品牌形象，品牌才能在市场中立于不败之地，以适应消费者的需求并与他们建立稳固的关系。

（二）企业品牌形象的作用与功能

形象的原意是指事物显露在外的客观状态。通常认为形象是能引起人思想或感情活动的具体形状或姿态。它不同于印象，印象是人们受外界事物的刺激而留存于大脑中的对事物客观状态的主观认识。人们的主观认识和事物的客观状态有可能一致，也可能不一致。两者是否一致取决于人们的主观认识能力和事物本身的显露程度及事物本身对人们思想认识和情感的影响力大小。印象的好坏直接影响和决定着人们对事物是否接受以及接受的程度。

1. 企业品牌形象的作用

（1）易于人们接受和识别，便于提高企业的知名度

人们对事物的认识是通过感知器官获得的，形象主要是通过视觉来感知的，而视觉是人们认知事物的主要途径。所以，形象最容易被人们所了解、认识和识别。

（2）可以影响和改变人们的态度和行为

好的形象可以使人们认可、喜欢和接受，差的形象容易使人们产生反感和抵制。形象的变化可以使人们的态度发生变化，一旦形象变坏，想再扭转人们的态度将非常困难。

（3）获得关系者的支持和理解

任何个人或企业要想使其关系者支持和理解它，就必须让其关系者对其产生好的评价和印象。

2. 企业品牌形象的功能

（1）文化教育功能

企业品牌形象的建立依赖于企业文化，同时对企业文化建设也具有积极的推动作用，这两者紧密相连，缺一不可。一旦企业品牌形象得以建立，其中所蕴含的共同的价值观和经营理念可以巩固和强化老员工的凝聚力，促使新老员工忠诚于企业，同时将有助于增强新员工对企业精神和文化的认同。

（2）协调功能

好的企业品牌形象能提高员工的协作意识和大局观念，同时使全体员工更有归属感，从而增强员工凝聚力，进而使得员工能齐心协力地密切合作，形成强有力的团队。

（3）传播功能

企业品牌形象是企业各种信息展示的结果，信息的统一和较强的感染力有利于企业品牌形象的快速形成。所以，企业品牌形象有利于企业信息更经济有效地传播，有利于企业知名度和美誉度的提高。

（4）管理功能

企业品牌形象能够对企业全体员工产生约束作用，使员工自觉地维护企业良好的形象，因此，在管理上员工就能自觉地遵守各种规章制度，增强责任心，加强自我管理，提高工作效率。

（5）识别功能

企业品牌形象最基本的功能就是把自己与其他企业区别开来，使企业在公众心目中确立独特的地位。

二、企业品牌形象策划概述

（一）企业品牌形象策划的兴起

1. 企业品牌形象策划在日本兴起的原因

自 20 世纪 70 年代以来，日本经济取得了飞速的发展，产品种类也日益丰富。在此背景下，日本企业开始意识到，只有在市场竞争中突出企业和产品的独特个性，才能获得成功。因此，日本企业界兴起了企业形象识别系统（CIS）的热潮。具体来说，CIS 在日本兴起的原因包括以下三个方面。

（1）改变旧形象的需要

日本有许多具有悠久历史的百年老店，这些企业有信誉保证但过于保守，给人以陈腐老旧的印象，已经不能适应变化了的市场需要。为塑造新的企业品牌形象，它们不得不导入 CIS。

（2）竞争的需要

随着产品在日本国内市场的生产规模不断扩大，市场逐渐趋于饱和。在这种情况下，日本的大企业开始把目光投向国际市场，积极开拓海外业务。在技术条件有限、生产规模不大的情况下，市场竞争的焦点一般集中在价格上。然而，随着生产规模的持续扩大，产品价格之间的差距呈现逐渐缩小的趋势。因此，企业要在竞争中获得优势，就必须从多方面提高自身的竞争力。在这种情况下，树立良好的企业品牌形象就成为企业在市场竞争中取胜的重要因素之一。特别是在产品进入国际市场时，企业品牌形象对于产品销售和市场占有率有着直接的影响。一个良好的企业品牌形象可以帮助消费者更好地认识和了解企业的产品，提高消费者对产品的认可度和信任度，从而促进产品销售和市场占有率的提高。因此，对于日本大企业来说，树立良好的企业品牌形象是进军国际市场、提高自身竞争力的重要手段之一。

（3）消费者识别的需要

在多数企业规模扩张后，往往会采取多元化经营战略，相关系列产品也随之增多。在导入 CIS 之前，消费者仅能识别其原有认知的产品与服务，而企业推出的部分新产品及服务难以受到消费者的关注。导入 CIS 可以增强消费者对企业标识和商品标识的统一性认知，有助于实现企业扩大销售的目标。

2. 企业品牌形象策划在中国兴起的原因

企业品牌形象策划在中国兴起主要有以下原因。

（1）适应市场经济的需要

随着竞争的不断升级，为了在市场竞争中脱颖而出，企业亟须提升其经营管理水平，并研发和设计出具有品牌影响力的产品，以成功打入市场。

（2）消费者识别的需要

假冒伪劣产品给企业和消费者带来了很大的损失和伤害，为了维护企业及其产品的信誉，建立自己的识别系统是非常必要的。建立自己的识别系统是企业维护信誉、防止假冒伪劣产品冒冲自己的重要措施之一。

（3）适应居民消费行为变化的需要

随着生活水平的不断提高，消费者的消费观念逐渐由单纯追求数量向注重品质转变，消费者对企业产品的形状设计、广告、包装等方面的审美要求也日益提升。

（4）企业改革的需要

为推动企业进入市场，增强企业活力，提高企业经济效益，必须建立社会主义市场经济体制，不断进行企业改革，真正建立现代企业制度。从 1979 年开始，国有企业改革逐步启动，并先后经过了扩大企业经营自主权、承包经营责任制、股份制等阶段。运用 CIS 来打造知名品牌产品及企业成为提升企业整体竞争力的有效手段。

（5）参与国际化经营和应对世界市场激烈竞争的需要

进入 21 世纪，中国企业面临着日益激烈的国际市场竞争。为应对这一挑战，企业不仅要关注产品质量的提升，还需要在塑造产品形象、创建名牌产品方面进行深耕。通过这样的努力，企业能够更好地树立品牌形象、增强市场竞争力，并赢得更多消费者的认可和信赖。

综上所述，尽管 CIS 在各国兴起的原因各不相同，但其实质是一致的。

（二）企业品牌形象策划的特征与对策

CIS 进入中国已经有很多年了，其间的发展历经了高潮和低谷，既有成功也有挫折。就目前而言，中国对 CIS 仍在或明或暗中慢慢摸索，努力走出一条具有中国式企业品牌形象特色的发展道路。

1. 企业品牌形象策划的特征

（1）战略性

导入 CIS 是对企业理念、行为方式和视觉表现进行统一设计和传播，塑造出富有个性的企业品牌形象以增强竞争力的现代经营战略，是作为一项长远战略来实施的。企业品牌形象策划必须站在全局的角度考虑，在企业各个方面表现出一定的超前性；当企业的战略目标与近期或眼前利益发生矛盾和冲突的时候，应着重于长远利益，不为眼前利益所迷惑，甚至要为长远利益舍弃眼前利益；当企业品牌形象价值与经济利益发生不可调和的矛盾时，应把企业品牌形象价值摆在第一位，即使暂时牺牲经济效益也应维护企业形象。导入 CIS 有一定的周期性，时间或长或短，这是由企业发展的实际情况决定的。社会发展及市场的不断变化使得一项 CIS 策划经过若干个周期后会变得陈旧、落伍，需要及时调整、改良和创新。

（2）系统性

企业品牌形象策划是涵盖企业各个方面的系统工程，要求企业各个方面都应在企业精神、文化、宗旨的指导下规范实施，由此所树立的企业品牌形象才能成为包含企业哲学、经营和美学理念的综合符号系统。

（3）差异性

差异性就是个性，创造差异是 CIS 的生命。理念雷同、概念模糊、形象不便识别和记忆等都是 CIS 的大忌。CIS 策略归根结底是一种差异化战略，行为规范、管理制度、企业名称、品牌、企业风格、经营策略、广告、标识、口号等，都应刻意体现鲜明的特色、区别度和易识别性。特别是在当今许多企业产品间的竞争实力已难分伯仲之时，这种差异性就更为重要了。这种“既要大众认同，更要与众不同”的差异化设计理念同样应贯穿于产品的整个研发设计过程中。

（4）竞争性

CIS 导入应立足于为企业竞争奠定坚实的基础，使企业能够适应复杂多变、日趋激烈的市场环境。

2. 企业品牌形象策划的对策

（1）在可靠的产品质量和服务基础上导入 CIS

产品质量如果出现问题，不仅会给消费者带来直接损失，也会给企业的形象带来严重的损害。现代意义上的产品包括核心产品（产品的基本功能）、有形产品（质量、包装、品牌、特色等）和附加产品（提供信贷、交货及时性、安装使用方便性及售前售后服务等）三大层次。企业的首要任务仍是一如既往地追求产品质量的提升，做好产品识别系统（PIS）的推广。良好产品形象的塑造应着眼于产品终端的表现力，以视觉最大化的方式呈现出产品系列整体的风貌，而且应更注重对上市产品的跟踪服务。

（2）充分重视对企业品牌形象问题的诊断

企业品牌形象策划具有改革特质，因此对现有存在不足的企业应采取认真对待的态度，深入分析问题，并找出根本原因，对待问题不能回避或轻视。在实施 CIS 的过程中，应把握这一契机，弥补企业的不足之处。这就要求企业进行全方位的企业品牌形象问题的诊断，只有在此基础上才有可能制定出实事求是的企业品牌形象策划策略。诊断时应遵循以下四项原则。

客观性原则：依据企业现状，坚持实事求是的态度，避免主观臆断。尤其是企业管理者应该正视现有的问题，既不过高估计优势而看不到潜在的危机，也不夸大劣势而失去信心。

系统性原则：即进行全方位的诊断，纵向诊断上须注意企业过去、现状的比较，并考虑到以后发展的方向；横向诊断上涉及管理、研发、生产、营销等诸多方面，应注意吸取同行业企业的经验和教训。

效率性原则：诊断力求快速、准确，且不影响企业的日常运作。

双向性原则：企业员工须密切配合诊断者，保证诊断过程的顺利进行。

导入 CIS 是一种企业形象塑造活动，它的实施不仅需要全体员工的积极参与，还需要通过这一活动达到提高企业全员素质、展示优良企业品牌形象的效果。要保持一个企业的生命力和活力，最基本的一条就是企业所有员工都能够畅所欲言。因此，在进行企业形象规划和建设时，充分了解和掌握员工对企业形象的看法和期望是至关重要的。在整个 CIS 构建过程中，以下几个方面应予以重视。首先，提高员工对企业文化形象重要性的认识是必要的。通过宣传教育活动，使员工更加明确企业形象在企业发展中的关键作用，并提高他们的关注度和参与度，增强实施企业品牌形象策划的信心。其次，采取具体有效的措施吸引员工的参与。这些措施可以包括各种生动、形象的方案，如举办企业文化周活动、组织员工分享会以及制订形象塑造计划等，以便让员工更加积极地参与其中，并增强他们对企业的认同感。例如，在制定公司名称、企业理念和发展战略，以及设计标志和广告语的过程中，可以举办广泛征集和评议活动，收集员工对当前 CIS 活动的意见、批评和建议；可以定期发布公司内部 CIS 实施情况的新闻。这些都是促使员工积极主动参与 CIS 实施的好方式，既听取了来自不同层面、不同方向的意见和改进措施，真正实现了全员参与，又进一步扩大了活动的影响力，培养了员工的主人翁精神。

（3）注重并处理好 CIS 战略与企业文化建设的关系

企业文化是企业全员在漫长的创业历程中，逐渐形成共识并坚守的崇高目标、坚定价值、核心信念以及规范行为的精华汇集。当初日本在引进欧美“视觉型 CIS”的时候就注意到了它的局限性，于是创造性地在企业经营理念和文化建设上下功夫，注入东方民族的人文思想和精神理念，由此发展成日本独特的“文化型 CIS”，将 CIS 战略向前推进了一大步。

（4）企业品牌形象要努力同国际接轨，形成中国式 CIS 的发展模式

在设计领域，行为识别和视觉识别需要以标准化为基础，同时根据所在市场的文化背景进行相应的变化。企业理念应直接触动心灵，通过管理哲学来呈现个性化的企业理念。因此，企业理念的设计需要从管理哲学的角度出发，以个性化的方式呈现，以触动目标受众的心灵为目的。中国企业 CIS 的导入需要与本民族文化有机结合，以增强 CIS 的民族化和个性化特征。在 CIS 设计中，除了宣传民族文化的特性，还应切合民族的心理、情趣、习惯和审美价值取向。同时，要融入具有“后现代”特点的语言，补充自身不足。如此，中国式的 CIS 才能得到国内外的认同，越是民族化，就越是国际化。

总的来说，我们在引进、借鉴国外 CIS 的理论和技法时，必须善于吸收、消化和创新，不断从失败中总结经验教训，把中国传统文化的精髓、现代商品经济的观念及现代企业先进的管理方法加以融合，努力创造洋溢着时代色彩的中国式的 CIS 和企业文化氛围。只有这样，CIS 才能真正在中国茁壮成长并逐步显示出巨大的能量。

（三）企业品牌形象策划的要求与性质

1. 企业品牌形象策划的要求

（1）新颖性

要有创造性思维活动产生的新奇意境，必须塑造企业鲜明的个性形象，做到与

众不同。无论是企业的理念、精神、口号还是行为规范都要做到新颖、独特。

（2）系统整合

无论是企业拥有的资源还是社会上可以利用的资源，只要对企业品牌形象塑造有用，都要纳入形象策划系统加以使用，以较少的投入实现最佳的形象塑造效果。

（3）统一性

企业品牌形象的各个组成部分之间要协调一致，形成一个统一的标准化的形象。企业品牌形象战略是企业总体战略的重要组成部分，它要与企业的其他战略相协调，要统领与形象塑造相关的一切资源和要素。

（4）稳定性

企业品牌形象一旦确定就要保持长时期内的稳定，不要轻易变动，因为经常变动会使企业品牌形象模糊，不利于发挥形象的功能和作用，同时也会浪费企业的资源。

（5）有效传播

形象的策划和实施实际上是信息的传播活动，企业品牌形象能否快速塑造好，关键是能否快速有效地把与企业品牌形象有关的信息传播出去。所以，传播的途径要多种多样，如做公益广告、开展公共关系活动等。

（6）操作性

企业品牌形象要能被顾客认同和接受，同时，开展的相关活动要符合企业实际，行之有效，可以执行和控制。

2. 企业品牌形象策划的性质

（1）综合性

企业品牌形象策划是集多门学科于一体的综合性学科，与市场营销学、美术设计、语言学、逻辑学、社会学、管理学等关系密切。企业品牌形象策划的理论依据是市场营销学，其目的与市场营销学完全一致，都是通过扩大产品销售来实现企业长期合理的经济效益，营销学中的公共关系和广告宣传与形象策划相互补充、相互促进。企业品牌形象中涉及视觉的部分（色彩、图案、线条、字形、结构等）要符合人们的审美观，要有审美价值，就要运用美学理论和知识设计出让消费者心动的产品。

企业品牌形象中涉及文字表达的部分，如企业精神、口号、标语、广告、品牌名称等要运用语言学的知识，以增强语言的感染力和影响力，提升语言传播效果。企业品牌形象策划必须发挥创造性思维，思维活动离不开逻辑学知识，从概念的提炼和确定，到决策的制定和实施，都需要逻辑学的指导。企业品牌形象策划创意和方案的实施要运用到大量的社会学知识，要符合民俗风情和地域特色，否则，方案往往很难具有操作性和有效性。企业品牌形象策划方案的实施需要通过计划、组织、协调、控制等管理活动来加以保证。没有管理活动，就不可能顺利地形成科学、可行的方案，也不可能顺利地实现预期的目标。所以，企业品牌形象策划离不开管理学的指导。

（2）实践性

企业品牌形象策划的应用范围很广，良好的形象是所有企业都需要的，形象策划是所有企业都需要实施的。同时，企业品牌形象策划的操作性很强，策划者必须有很强的动手能力和实践工作经验，所策划出来的方案必须能够加以执行和实施。

（四）企业品牌形象策划与相关学科和活动的关系

企业品牌形象策划与市场营销、企业文化建设、公共关系、广告、宣传等有着密切的联系，搞好企业品牌形象策划，要处理好与这些学科和活动的关系。

1. 企业品牌形象策划与市场营销的关系

市场营销是企业创造和满足消费者需求、塑造良好的企业品牌形象，以获取长期合理利润的全部经济活动，包括企业的内部活动和外部活动。从企业内部来看，企业的一切内部活动都是为了向消费者提供适销对路的能让消费者满意的产品和服务。这些活动，除了与产品生产直接相关的活动，还有塑造内部员工对企业品牌形象认同的活动。企业全体员工对企业品牌形象的评价和认同会直接影响员工的工作和服务质量，从而影响向顾客提供的产品和服务的质量以及顾客的满意度、企业的外部形象和企业的前途命运。企业的外部活动是指企业为促进产品销售而对消费者的心理和行为施加影响的一切活动，除各种促销手段的运用外，企业外部形象塑造也是一项重要内容。

企业外部形象针对的不只是企业的顾客，还包括更多的与企业利益密切相关的关系者，如政府、融资者、新闻媒体等。企业的公众形象对其在消费者心目中的印象和评价有重要影响，从而影响消费者对企业产品和服务的态度与选择。就营销理念来讲，形象营销已经成为企业的重要营销理念，成为企业塑造形象的主要手段。形象营销是聚焦于企业品牌形象的塑造，以形象力来实现企业营销目标的营销活动。企业开展形象营销的主要途径：确立正确的经营理念；导入 CIS；

利用新闻宣传、事件、名人、公益活动、形象广告、企业文化等树立企业良好形象；生产优质产品，提供优质服务。可见，企业品牌形象策划与市场营销的关系密切，企业品牌形象的塑造可以配合企业的其他促销手段来实现。

2. 企业品牌形象策划与企业文化建设的关系

企业品牌形象包含着丰富的内容，企业文化也是其中的一项。企业文化是企业员工在漫长的生产运营活动中形成的共同观念、行为准则和行为方式的总和。进行企业文化建设，可以提高员工的素质，增强员工对企业的忠诚意识和对外的亲和力，促进企业快速成长和发展。

企业品牌形象策划与企业文化建设具有相同的目标和功能，都能增强员工的凝聚力，都能规范和改善员工的行为，提高员工的工作效率和积极性，提高管理的效率和效益。企业品牌形象策划主要是对外的行为，而企业文化建设主要是对内的行为。企业品牌形象策划的工作内容主要是对外形象的展示，企业文化建设的主要内容是团队精神的培育与建设。虽然两者的工作范围与内容有所不同，但它们都有培育企业精神、塑造共同价值观念、遵守共同的行为规范的内容。具体来讲，它们有三项共同的内容：一是经营理念，它是企业品牌形象的灵魂，是企业文化建设的核心；二是企业制度和员工行为规划，企业品牌形象策划要进行行为策划，而企业文化建设要求员工的行为方式和准则必须是统一的；三是企业和员工的精神面貌，企业品牌形象策划需要设计和塑造企业的视觉识别系统，同时，企业和员工的精神外貌也是企业文化建设所要追求的结果。

因此，可以说企业品牌形象策划与企业文化建设能起到相互促进的作用，企业品牌形象策划要依赖于企业文化建设，企业文化建设也离不开企业品牌形象策划的支持和配合。

3. 企业品牌形象策划与公共关系的关系

企业品牌形象策划与公共关系的关系非常密切，因为它们的目标都是树立良好的企业品牌形象。公共关系是一种信息传播活动，旨在通过社会组织与公众之间的沟通树立良好的组织形象，并获取公众的理解和支持。对于企业而言，通过实施公共关系活动，积极面对社会公众，真诚地与公众进行沟通，可以给公众留下良好的印象。公共关系和形象策划在塑造企业品牌形象时注重的方面略有差异。企业品牌形象策划是一种战略，将企业理念、企业行为（包含公共关系行为）和企业视觉统一起来，通过整合企业的经营管理资源来树立企业品牌形象。公共关系的重点是通过与社会公众的双向沟通，传播公众关心的内容，并争取公众的支持与合作，从而塑造企业的形象。这种关系建立在倾听公众声音、关注社会需求和利益以及解决问题的基础上，通过与公众建立良好的互动和信任，提升企业品牌的认知度和美誉度。虽然两者的工作侧重点与方式不同，但是它们都能够通过塑造良好形象达到促进产品销售、顺利实现营销目标的目的。

4. 企业品牌形象策划与广告的关系

广义的广告是广泛告知公众某种事物或信息的一种宣传活动。狭义的广告是为了促进产品销售，通过传播媒体向目标顾客传播销售信息的活动。企业品牌形象策划的目标是塑造企业良好形象，而广告的目的是促进产品的销售，广告的对象是目标顾客，企业进行形象策划活动时的影响对象除了目标顾客，还有企业内部员工、社会公众。这是企业品牌形象策划与广告的不同之处。但是，两者也有密切的关系。广告也有提高企业知名度、宣传企业经营理念、塑造企业品牌形象的作用，如公益广告、公共关系广告（解释广告、致意广告、倡议广告等）、企业广告（宣传性广告、声誉广告、售后服务广告）等。两者的最终目的都是促进产品的销售。所以，企业在进行形象策划时要考虑与广告的配合，在做广告时要考虑对企业品牌形象塑造支持作用的发挥。

5. 企业品牌形象策划与宣传的关系

企业品牌形象策划与宣传有着非常密切的关系，宣传是企业品牌形象的重要支撑因素之一。宣传是指发起者通过在某种出版媒体上发布重要新闻，或者在广播、电视银幕、舞台上获得有利的报道、展示、演出等手段，无须投入资金，利用非人员形式来激发目标受众对某种产品、服务产生需求的行为。这个定义强调的是，宣传利用非人员信息的传播对目标顾客施加影响，使顾客对宣传者的产品和服务产生需求，并没有反映宣传的核心内涵和特征。

宣传是企业为实现销售目标，在所有媒体上付费获得编排的版面和播放时间，供企业或目标受众读、看、听的各种活动。这个定义是一种从企业产品销售的角度对宣传进行的定义。宣传是指持有一定立场和观点的人，通过大众传播媒体公布自己的主张，以谋求公众支持的信息传播活动。宣传的基本内涵是通过信息传播使被影响者的价值观和态度发生对宣传者有利的变化，它可以使公众（包含目标消费者）认同和接受宣传者的观点和主张，从而有利于宣传者目标的实现。其特征如下：有高度的真实感，可信度高，有利于公众快速形成对宣传者的正确的、好的评价；不易受人抵制。它不像其他促销方式会给顾客施加心理压力，让顾客反感。企业通过宣传能使公众和顾客在潜移默化的宣传影响中对企业产生好感，从而有利于产品的销售。通过宣传活动，企业可以增加其知名度，树立品牌形象，开拓新的市场和改善原有的市场定位，同时增强消费者对其产品或服务的信心和购买欲望。这些都有助于企业品牌形象的策划和塑造，使其更加稳健、可信、有吸引力。

（五）企业品牌形象评价与管理

1. 企业品牌形象评价的程序

第一步，明确评价目的。

第二步，确定评价对象。

第三步，建立评价组织，明确评价人员的职责。

第四步，做好评价前的准备，拟定评价方案。

第五步，进行形象调查和数据分析。

第六步，写出调查评价结论。

2. 企业品牌形象管理的对象

（1）产品和服务

产品和服务是企业品牌形象的基础。产品和服务管理主要是其质量管理，企业不仅要开发和生产适销对路的产品和服务，还要提供优于竞争对手的好的产品和服务。这就要求企业在生产经营的各个环节加强质量监督与控制，使企业品牌形象建立在可靠的产品和服务质量的基础上。

（2）员工素质与行为

加强员工素质与行为管理是企业品牌形象管理的根本，因为企业的一切活动和表现最终取决于员工的素质和能力，企业品牌形象就是员工素质的最终体现。企业要加强制度建设，加强对员工的绩效考核和团队精神的培育，不断地提高员工的政治思想、科学文化、职业技能等素质。

（3）公共关系

公共关系管理主要是指树立全员公关意识，内求团结，外求发展，管理好各种公共关系活动，充分发挥公共关系对企业品牌形象塑造的作用。

（4）企业文化

企业品牌形象塑造的重要环节在于企业文化的管理，这构成了企业品牌形象管理的核心和基础。企业通过企业精神、价值观的培育，团队精神的建设等发挥企业文化的作用，配合企业品牌形象的塑造。

（5）经营危机

建立经营危机预警系统，对企业的经营危机做出预判并制定出应对措施，防止经营危机给企业带来不利的影响，增强消费者和公众对企业的信心。经营危机出现后，要迅速做出正确处理，把危机损失降到最低限度。危机处理之后，要继续向公众宣传企业对形象维护所做的工作和努力。

3. 企业品牌形象管理的原则

（1）信誉至上

信誉至上是企业品牌形象管理的根本原则。树立信誉是企业品牌形象塑造的主要内容，企业品牌形象管理要突出信誉至上的理念，使企业有良好的口碑。

（2）持续发展

企业存在的价值在于长期为社会提供优质的产品和服务，为社会谋福利。树立良好的形象就是要实现企业的持续发展，所以形象管理要坚持持续发展的原则。

（3）显示个性和特色

要给公众留下深刻的企业印象，必须做到与众不同，显示出企业的个性和特色。要研究消费者的需求及对手的战略、策略和形象特征，与竞争对手区别开来。

（4）社会认同

社会公众对企业品牌形象的认同是衡量企业品牌形象管理工作的唯一标准。无论如何塑造企业品牌形象，最终的目的都是让顾客认可、接受和赞同，这样才能达到树立良好形象的目标。

4. 企业品牌形象管理的误区

（1）重 VIS，轻 CIS

有些品牌形象管理人员认为 CIS 的重点在于视觉识别系统（VIS），做不好 VIS 就算成功地导入了 CIS，也达不到预期的整体效果。

（2）重设计，轻执行

有的企业花费很大的代价设计了 CIS，但在执行过程中不注意加强管理，使 CIS 得不到很好的落实，达不到预期的效果。

（3）重对外，轻对内

只重视对外的形象宣传和塑造，而不重视内部员工对企业的态度和行为，容易导致后院起火。

（4）重局部，轻整体

只重视局部的利益和形象，结果可能使 CIS 的作用不能充分发挥出来，不能实现企业的总体营销目标。

（5）重短期，轻长期

只注意和重视短期的效果，而忽视了企业品牌形象是一个长期积累的过程，结果导致 CIS 不能长期稳定地保持下去，企业形象可能仅仅是昙花一现。

（6）重媒体，轻客户

只重视处理与媒体的关系，而不注意研究顾客的需求及其变化，其结果是不能满足客户的利益和需求，企业最终被顾客所抛弃。

（7）重宣传，轻维护

如果只注意扩大企业的知名度和影响力，而不注意对形象成果进行维护和管理，其结果只能是企业品牌形象不统一或模糊不清，甚至由好变坏。

（8）重形式，轻实效

在企业形象设计（CI）的过程中，只重视外部的宣传和包装，哗众取宠，不注重对公众和客户利益的满足。

（9）重主观，轻调研

管理者不是依靠调研，不是依据企业的形象状况和公众与顾客的需求和心理，而是凭自己的主观想象来设计和管理 CIS，结果导致 CIS 脱离实际，只开花，不结果。

（10）重利，轻义

只重企业的利益而忽略顾客的利益，或者为了企业的利益而不讲商业道德，说的是一套，做的是另一套，不惜损害企业的形象。要正确处理企业、社会与消费者的关系，不能只看重企业自身的利益。

（11）重仿效，轻创新

照搬其他企业的做法，而没有自己的亮点和创新之处，导致企业品牌形象不够独特，影响 CIS 发挥应有的作用。

（12）重产品，轻形象

认为只要产品和服务好就一定能得到消费者的青睐，只注意在产品和服务质量上下功夫，而不注意宣传和形象塑造，只做不说。这会导致企业在激烈的市场竞争中失去抢先打动消费者和占领市场的机会。

5. 企业品牌形象管理的措施

企业品牌形象管理的措施包括以下内容。加强产品和服务质量管理，树立优质的企业品牌形象。导入 CIS，加强企业品牌形象资源的整合与管理，整体推出企业品牌形象。制作 CI 手册，增强全员形象意识，加强全员自律，树立人员形象。加强与社会各界的沟通，传播企业品牌形象。树立形象危机预防系统并对企业品牌形象状况进行不断的监控。对发生的形象危机进行快速有效的处理。企业品牌形象策划是树立企业良好形象的必要步骤，企业品牌形象是企业营销策略中的一项关键内容，其策划也是企业营销策划中的核心环节。企业品牌形象策划的目标是塑造和树立企业良好的形象与声誉，从而促进消费者对企业及其产品的认可与信任，增强企业员工的凝聚力，提高企业管理水平，体现企业社会价值。

三、企业品牌策划的关键

品牌策划具有至关重要的意义，能够通过精心的规划和设计，将企业形象与产品融为一体，构建出独特的产品卖点、文化价值和品牌故事等。这种有意识的品牌塑造和推广可以形成强大的品牌影响力，有效地吸引目标消费者，并激发消费者对产品的购买欲望。通过有效的品牌策划，企业可以更好地实现市场拓展和业务增长，提升自身竞争力和市场地位。

（一）企业的品牌战略

品牌战略即企业打造强势品牌以提高核心竞争力，并获得差别利润的企业总体经营战略。企业实现快速发展的必要条件就是品牌战略，而品牌战略的关键在于品牌的识别度，只有较高的识别度才能为企业创造较高的价值，品牌识别度的发展方式包括品牌战略的规划、构建和方向确定等方面，为今后企业的品牌战略奠定基础。在企业战略策划框架内，品牌战略作为一种职能战略，既需要满足企业总体战略所设定的目标和整体规划，又应该与各项子战略保持一致。

1. 企业品牌战略的内涵、特征与作用

（1）品牌战略的内涵

品牌战略是指企业为提升其竞争优势，围绕产品或企业品牌所制定的一系列长期性的、根本性的总体发展规划和行动方案。品牌战略的核心目标是将品牌作为企业的核心竞争力，通过获取差异化利润和价值确保企业的长期稳定发展。由于不同企业所涉及的产品领域、市场环境、品牌观念、文化背景以及思维方式等多个方面的差异，致使每家企业所采取的品牌战略各不相同。这些差异不仅体现在企业间，甚至在同一企业内部，不同领导人的个人风格也会对品牌战略的制定和实施产生影响。企业战略包含企业经营战略、企业发展战略、企业营销战略、企业品牌战略、企业竞争战略、企业资源战略、企业设计战略等，其中企业品牌战略应该是企业战略中的核心部分。

（2）品牌战略的特征

①全局性。品牌战略的策划要求从全局出发，在全局观指导下的品牌战略才具有生命力，才可以达到扩大品牌资产和提高品牌价值的目标。

②长期性。品牌战略是在市场调查的基础上经过分析研究制定的，是一个长期的概念，最常见的是五年发展战略，它的着眼点不在于短期提升品牌的经营业绩，而在于品牌的长远发展大计，具有相对稳定性。

③导向性。品牌战略制定的目的在于为品牌发展指明方向，是指导品牌定位、品牌发展和品牌传播等一系列活动的准绳。

④创新性。品牌战略策划是企业自身评估的过程，是企业根据自身愿景与优势进行挖掘创新的过程。品牌战略围绕"以品牌为核心"进行，成为企业服务定位的创新。

（3）品牌战略的作用

①可以提升品牌溢价与附加值。在同等成本、技术、功能与品质下可以比其他竞争品牌卖出更高的价格。

②降低对促销与价格战的依赖。消费者对品牌的情感和审美认同的价值在整体顾客价值构成中的权重越来越高。

③吸引新顾客，提升顾客满意度。顾客喜欢某个品牌后，会形成正面心理暗示，在这种心理机制驱动下，顾客会选择性地记住有利于这个品牌的信息。

2. 企业品牌战略的基本前提

企业的品牌战略必须建立在一定的客观环境基础上，不能仅靠主观臆断，所以，准确地把握客观环境是成功进行品牌战略策划的前提。

（1）品牌市场需求分析

消费者对品牌的需求表现为两种：一是功能性需求，即要求品牌具有帮助消费者或用户识别企业特定产品的功能；二是情感性需求，即要求品牌能够寄托消费者或用户的某种感情，如愉悦、信任、崇拜、敬仰、自豪等。分析市场需求一般从市场调查开始，企业市场调查不仅限于产品的调查，而且要对品牌进行调查研究。

（2）竞争者品牌战略分析

企业竞争来自很多方面，而及时发现和分析竞争者是制订竞争方案的关键，否则很难确定正确的方案。竞争关系的存在形式有很多种，企业与消费者、工厂与企业之间都存在着竞争关系，同类型的品牌产品和服务项目之间也存在竞争，品牌竞争者是市场竞争的一种类型，指生产相同规格、型号、款式的产品，但品牌不同的竞争者。以奶茶为例，统一、香飘飘、优乐美、娃哈哈等众多产品生产商互为品牌竞争者。

（3）品牌政策环境分析

国家出台了许多对企业品牌的法律保护政策和知名品牌的产业支持政策，在国民经济和社会发展规划中指出，经济社会发展的目标之一就是形成一批拥有自主知识产权和知名品牌、国际竞争力较强的优势企业。建设创新型国家，要形成一批拥有国际竞争力、知名品牌和自主知识产权的优势产业，加快培育我国的跨国公司和国际知名品牌。要形成以技术、品牌、质量、服务为核心的出口竞争新优势，这是对改革开放多年来形成的传统出口模式的挑战，是对以劳动密集、廉价低级制造业为出口的导向模式的变革。

（4）企业品牌资源条件分析

企业品牌资源可分为三种：产品品牌、服务品牌和企业品牌。三者中的每一个对企业品牌资源发展都是非常重要的。其目的在于明确企业现状，明确企业在市场上所具有的优势和劣势，对以后企业发展规划有很大的帮助。企业品牌资源是一种无形的资源，它代表着企业的身份和知名度。

3. 企业品牌战略的重要内容

（1）品牌化决策

品牌创立之前，需要解决一系列品牌属性问题，品牌化决策就是解决这些问题的关键。自品牌创立开始，就要决定品牌是选择制造商还是经销商、自创还是加盟，不同的经营方式决定了企业不同的发展方向。

（2）品牌模式选择

品牌的结构与品牌模式的选择有关，品牌模式没有优劣之分，但有很多种类，如单一品牌、多元品牌、联合品牌等，品牌模式的正确选择有利于行业的适用。

（3）品牌识别界定

品牌识别系统由三个基本要素构成，分别是品牌视觉识别（BVI）、品牌行为识别（BBI）以及品牌理念识别（BMI）。该系统对品牌的外表、行为和思想进行规范，为品牌在视觉、听觉和触觉等方面的表现提供了基本标准。这一系统的存在使得品牌识别与企业营销传播活动的对接更具有实际操作性和可执行性。

（4）品牌延伸规划

品牌延伸是指为有一定影响力的品牌在原有市场上开辟不同的新市场，根据品牌在市场上的影响力促进产品在新市场地位的提升。品牌延伸规划有助于把握品牌未来发展方向，在低风险条件下计划品牌的发展领域和行业的发展状况，使所得利益最大。品牌延伸规划也要注意新市场和原有市场之间的联系，要具有相同的核心价值理念，注意产品之间的相关性和市场发展。

（5）品牌管理规划

品牌管理规划从组织机构和管理制度两方面推动品牌建设发展。品牌管理的主要规划工作分为五个方面，分别是品牌管理、品牌承诺、品牌定位、品牌形象和品牌特色。保持品牌在消费者心中原有的形象，明确品牌所处的发展阶段，事先做好详细的规划，为品牌长远发展提供可能。品牌管理规划的第一步是明确品牌本身的组成；第二步则是结合品牌发展，制定明确的发展方向和发展目标；第三步是根据产品的资产目标，尽可能在保证产品质量的前提下降低成本，加大品牌宣传力度。

（6）品牌愿景设立

品牌愿景贯穿品牌的始终，在品牌规划之初，品牌愿景最先为品牌提出一种假设愿景，这种愿景是一种理想的顾客价值假设，假设之后我们要求证这一价值的现实性、合理性、可行性。在品牌战略规划中，我们求证这一假设愿景的过程便形成了前面我们所讲的五项：品牌化决策、品牌模式选择、品牌识别界定、品牌延伸规划、品牌管理规划。最后在上述规划的基础上，再为品牌的发展设立一个切实的、可行的、合理的愿景。

（二）品牌架构组合设计与类型

品牌架构是指一家企业旗下不同产品品牌的组合，其作用在于明确品牌各自的角色和相互间的关系。合理的品牌架构可协助企业寻找共性，实现协同效益，并确保多个品牌之间的管理有条不紊，减少对品牌识别的损害。此外，通过及时调整和高效分配资源，可进一步优化品牌架构的合理性。

1.品牌架构组合设计

品牌架构组合设计的目的在于建立有效的、强大的品牌，配置创建品牌的资源，进行战略整合，平衡品牌资产，提供选择未来发展模式的指导。

（1）品牌架构的内涵

品牌架构定义为企业在其产品组合中不同品牌之间的关系和作用，以及各品牌在各自的品牌系统中扮演的不同角色。简言之，品牌架构旨在解决一家企业在建立和管理品牌时需要创建多少个品牌，以及这些品牌之间如何相互协调和共处的问题。

品牌架构问题可以归结为三类：企业销售策略、业务或资本扩张、产品线延伸。

品牌架构解决以下问题：集团品牌与产业品牌、产品品牌的关系如何界定；各品牌一体化时如何定位各自的品牌内涵；应采用单品牌策略还是采用多品牌策略；并购中的品牌整合保留还是放弃。

（2）影响品牌架构的层面和因素

①影响品牌架构的层面。从战略层面考虑，是选择以集团品牌为主导的战略还是选择以产品品牌为主导的战略。从战术层面上加以考虑，选择何种具体的品牌架构类型。

②影响品牌架构的因素。影响品牌架构战略选择的外部因素：消费者对产品功能的重视程度、市场的同质化程度、社会文化。影响品牌架构战略选择的内部因素：企业战略、企业权力的集中程度、企业文化、产品对体现个性化特点的要求程度、企业品牌与产品品牌核心价值的兼容程度。

（3）设计品牌架构的基本作用

品牌架构主要在界定业务范围和业务重点、让消费者清晰地认知品牌、进行有效的品牌延伸和品牌区隔、扩大品牌的资产、防范品牌风险等方面发挥作用。如某运动品牌的三大系列：运动表现系列、运动经典系列、运动时尚系列。传统体育用品企业以服装和鞋类进行分类，而这一品牌的三大系列改变了传统体育用品企业的分类方式，将消费人群分为专业运动员和普通人两类，而普通人又可分为学生、公务员等。通过积累不同类型消费者的消费理念，将这三大系列对应不同的群体，以不同的品牌标识存在于不同类型消费者的消费场所中，从而实现对消费群体的大范围覆盖。

2. 品牌架构组合的类型

(1) 单一品牌架构

单一品牌架构指的是将一个品牌作为企业核心，从这一品牌衍生出不同的产品和项目作为不同的服务单元。产品的功能以及性质等各方面都大不相同，但在品牌划分时都同属一个品牌。单一品牌架构的缺点在于，难以塑造鲜明的品牌形象，也不容易打造具有个性特色的品牌宣传。因此，不同产品之间容易造成品牌冲突，一个产品的失败就很有可能带来整个品牌的陨落。而单一品牌架构的优点在于更有利于品牌全面占领市场份额，抓住消费者，在消费者心中获得完整统一的品牌形象。

(2) 主副品牌架构

主副品牌架构也可以称作双品牌架构，指的是以一个主品牌涵盖了企业的其他系列产品，而对不同的产品则开设子品牌，也可以称为副品牌，通过副品牌来凸显产品的不同定位，用以满足日渐增多的市场需求。

主品牌指的是在各自产品领域扮演主要推动者角色的品牌，而副品牌则要更弱化一些，仅扮演次要的角色。这种品牌架构的优点在于，可以利用主品牌的影响力来推动副品牌的发展，也可以利用不同定位的副品牌来丰富整个文化内涵。而劣势在于，不论主副品牌，任何一个出现问题时，都势必会对另一个品牌产生影响，且在品牌宣传时，有可能出现本末倒置的现象。在对主副品牌进行策划时，应当注重主次，并且需要降低风险，在设计副品牌时要适当简洁，避免过多的副品牌让消费者眼花缭乱，使得消费者难以选择心仪的产品，造成负面效果。

(3) 背书品牌架构

背书品牌架构是指企业品牌为受托品牌提供担保的一种架构模式，受托品牌可以从中获利。背书品牌架构的优点在于，在背书品牌的帮助下，受托品牌能够更快、更准确地找准市场定位，并且打造品牌个性。而背书品牌架构的缺点在于，当品牌自身出现问题时，也会给背书品牌带来一定的影响，犹如城门失火，殃及池鱼。

背书品牌在建立架构时，应该注重打造品牌的正面形象，尝试让品牌带来更加积极正面的影响。当背书品牌给品牌带来不利的影响，或者是背书品牌所呈现的品牌形象同受托品牌的形象内涵差距较大时，就不能够使用背书品牌。例如，同属宝洁旗下的SK－Ⅱ以及玉兰油都在化妆品领域，由于两者的消费定位差距较大，并且宝洁在大众心中的定位属于大众消费品牌，将这种品牌形象同样用在化妆品领域，尤其是高端化妆品的定位上，会给消费者带来不专业的影响，甚至还会影响产品的定价。

（4）独立品牌架构

对于不同产品使用不同品牌，品牌之间相互独立，互不关联，这样的品牌称为独立品牌。独立品牌的好处在于可以竭尽所有资源投注到这类产品中，品牌定位更加精准，在市场中的风险也相对较小。而缺点在于，打造品牌的过程中所需要的资金成本更高，投入的人力、物力较大，且建设时间长。如路易威登、迪奥、纪梵希、娇兰等这些为大众所熟悉的品牌，都属于奢侈品集团酩悦·轩尼诗-路易·威登集团（LVMH）。但如果作为消费者没有刻意了解品牌幕后，便很难获知这一点，而LVMH集团也从未大肆宣扬过这一点，各个品牌之间是相互独立的。LVMH也正是靠着企业的自身品牌和这些完全独立的品牌，才保证了每个品牌的纯正性。独立品牌有很强的独立性和品牌文化特性，这种文化特性强的品牌并不适宜采用品牌延伸的手段。一个品牌的创立需要消耗大量的资源和时间，所以，在品牌创立之初就应该充分考虑到品牌成长过程中需要付出的成本和品牌未来的走向及发展。

（三）品牌策划的实施要点

品牌战略规划已经历了几十年的发展，早年的品牌战略规划在内容和形式上都比较简单。虽然有些领先的企业制定了品牌战略规划，但是绝大多数企业的品牌战略规划活动都还处于探索阶段，主要强调的还是股东价值或顾客价值的供给与需求预测、品牌资产价值的增值以及品牌战略规划的制定等单一的行为。企业的品牌战略规划还没有形成一套系统的、专门化的职能。此外，企业在单纯强调品牌战略规划的同时，没有很好地将企业战略与品牌战略进行融合，也没有在品牌战略的指导下制定品牌规划。总的来说，如何将品牌战略与品牌规划联系起来，从品牌资产评估、品牌基点状态评价、品牌环境分析、制定品牌战略、进行利益相关者价值供给与需求预测、制订品牌规划方案，以及品牌战略规划的评价与控制等方面，构建一个统一的品牌战略规划体系，是很多企业长期以来都试图解决但一直都没有解决好的一个重点和难点问题。

1. 品牌识别规划

在打造品牌时，需要考虑到品牌识别的问题，品牌识别是一个品牌发展的基础，是品牌管理的核心问题，也是品牌进行资源积累的重要手段，是顾客和投资者对于品牌的印象。所以，想要打造一个强有力的品牌，就需要塑造有识别度和有丰富内容的品牌。

品牌识别是指为了塑造品牌的形象，通过品牌形象传达设计者的创作理念使顾客看到品牌的同时会产生一系列联想，而这些联想就是顾客对于品牌的印象。从这一定义可见，品牌识别不是简单地建立或设计某一标识物，关键在于要让它能够引发一系列的联想，突出品牌的本质，以积累品牌资产。因此，构建品牌识别的最终目的或方向，主要是让品牌识别通过形成功能性、情感性或自我表现利益的价值主张建立品牌与顾客等利益相关者之间的关系。品牌识别规划是品牌识别的重要方面。品牌识别规划的内容包括品牌原型、品牌核心价值、品牌核心识别和品牌延伸识别等方面，也包括对品牌的内涵（品牌个性等人格化特征、品牌标识等物格化特征）和外延的规划。

2. 品牌建设行动计划

品牌战略规划完成之后，就需要制订品牌建设行动计划，或称品牌战略实施计划，这主要包括六个步骤：第一步，对品牌建设行动进行阶段划分，然后在此基础上依据品牌组合战略、品牌识别规划以及品牌定位，对每个阶段的品牌元素、战略意图、重点突破区域和重点目标客户进行安排，并对里程碑式的结果进行节点界定，从而形成品牌战略；第二步，需要对每个阶段品牌的状态进行刻画，并形成品牌状态转移图景；第三步，需要选择品牌战略标准、品牌接触点标准、定性和定量评价指标，对每个阶段所需要达成的目标进行设定；第四步，依据品牌战略、状态转移和阶段目标，确定与不同阶段相适应的品牌发展模式与路径；第五步，制订品牌建设的长期实施计划；第六步，制订一年的品牌建设短期计划。

第二节　市场营销理论概述

一、市场营销的概念

人类社会的一个显著特点是分工，在自给自足的社会里，人们自己生产自己需要的东西。在人类社会的初始阶段，人们通过最简单的物物交换来满足各自的需求。随着社会的发展、技术的进步、生产率的提高，人与人之间相互作用和相互依存的程度提高，社会生活更离不开交换。基于经济分工，企业作为基本的经济组织出现并发展起来了。于是以市场中交换活动规律为研究对象的市场营销学应运而生。那么市场营销到底是什么呢？不同的人或许有着不同的理解。我们认为，营销是一系列在组织中执行的管理活动或者职能。现代营销学之父菲利普·科特勒（Philip Kotler）对营销定义如下：市场营销是个人和集体通过创造，并同他人自由交换产品和价值，以获得所需所欲之物的一种社会过程。市场营销不等于推销，推销以产品为中心，而市场营销则以顾客为中心。市场营销是企业经营管理的重要职能，应该正确认识并深刻理解这一点。它有三个基本的含义：市场营销既具有社会性，又具有管理性；市场交换是市场营销的核心；市场营销活动形式上是在出售产品，但本质是为满足需要进行的创造性活动。要理解和掌握市场营销的概念，就必须理解掌握市场营销涉及的基本概念。

（一）需要、欲求、需求的区别

需要、欲求和需求是市场营销中最基本的概念，它们之间既相互关联又相互区别。需要指一个人对没有得到的基本物质与精神满足的一种感受状态。如饥饿时对食物的需要，寂寞时对朋友的需要，对知识和美的需要。市场营销者不能创造这种需要，而只能适应它。欲求是需要的表现，是消费者深层次的需求，是获得某种具体满足或者某物的愿望，而且欲求随着环境因素的不同呈现出不同的表现形式。需求是指消费者在特定时期内，在各种可能的价格下，愿意而且能够购买的某种商品的数量。不同地域和文化背景的消费者，其需求具有明显的差异。例如，中国人对大米饭的需求较高，而美国人则更倾向于汉堡包，法国人则偏爱面包。因此，市场营销者需要深入了解目标市场的消费者需求及其购买能力，以制定更为精准的市场营销策略。可见，任何企业要想进行营销活动，都要以需要为前提。营销活动通过影响欲求的产生，经过营销者的营销努力，使欲求转变为需求。只有有了需求，营销者才能将自己的产品出售给市场。因此，市场营销就是需求的创造活动，这就是所谓好的企业满足市场需求，优秀的企业则创造市场需求。

（二）产品

产品在市场营销学中指满足需要和欲求的媒介物。顾客购买产品以满足其需要和欲求，企业将自己的产品销售出去后换回能满足自己需要和欲求的东西。因此在营销中，产品对于它的顾客来说，是需要和欲求的满足；对于销售者来说，是用一种价值物换回另一种价值物。可见，产品都是用来满足交换需要的。销售者过于钟爱自己的产品可能会导致他们忽略一个重要的事实，即顾客购买产品是为了满足某种需要。市场营销活动的中心应该是满足顾客的预期需求，而不是营销者的产品。因此，销售者应该更加关注顾客的需求和需要，而不是仅仅关注产品的特点和优势。如果不能做到这一点，企业将面临“市场营销短视”的风险，即在市场营销管理中缺乏战略视野，只局限于提升产品的质量，却忽视了市场需求的变化趋势，最终可能会导致企业的业务发展陷入困境。

（三）效用和满足

在选择能够满足特定需求的产品时，人们通常会根据产品的效用和价值来进行评估和判断。效用是指消费者对产品满足其需求的能力进行的评价，它反映了产品对人们欲望的满足程度。实际上，效用是一个人主观的心理感受，它源自个体对产品的主观评价。一个能满足欲望的产品到底能值多少钱呢？经济学上将产品的价值看成对人的效用的大小。消费者将各种不同的产品组合和自己的需求组合相结合，来选择满足自己需求的效用最大化的产品。市场营销学中的商品效用指消费者对产品满足其各种需要的能力的评估，而不是指产品本身价值的大小。消费者可以根据自己的喜好来选择最喜欢的那个产品，因为此产品对他来说效用最大。需要注意的是，顾客在选择产品时，效用是需要考虑的一个方面，商品价格也是需要考虑的一个方面。所以消费者在选择产品过程中，不是追求单纯的效用最大化，而是追求单位价格里的最大效用。

（四）交换和交易

交换是市场经济中的核心概念，指的是个人或集体通过提供某种东西作为回报，从别人那里获取所需的物品或服务。当个人或集体决定以交换的方式来满足需要或欲望时，市场营销就出现了。为了进行交换，必须满足以下条件：第一，交换需要至少两方参与；第二，每一方都必须拥有对方认为有价值的东西；第三，每一方都应具备沟通和传递信息的能力；第四，每一方都应该有自由选择的权利，可以接受或拒绝对方的产品或服务；第五，每一方都应认为与对方进行交换是适当的或称心如意的。具备上述条件后，交换行为就有可能发生。然而，交换能否真正实现取决于双方是否能够达到交换条件，即交换后双方都感到比交换前更好，或者至少不出现感到比以前更差的情况。通过交换，个人或集体可以满足彼此的需求，并创造经济价值。市场营销的目标之一是通过有效的交换来满足消费者的需求，同时实现生产者的利益最大化。通过市场营销活动，消费者和企业可以共同获得双赢的局面。交换是由一系列事件组成的，即便是一项最简单的交换活动，也需要各参与方相互之间进行货物查看、价格谈判、货物转移和支付与结算。只有当交换的所有参与者对上述条件都达成一致时，双方才会将原来属于自己的东西拿给对方，并从对方手中获得作为回报的东西，这就是交易。交易是指在达成交换条件后，参与交换的双方进行的具体行为，这个行为包含了从一方向另一方传递有价值物品或服务的过程。

（五）市场

市场由那些有特定需求或欲望、愿意通过交换来满足这些需求和欲望的潜在顾客组成。市场通常被视为买卖双方进行交换的场所。市场营销学主要研究的是企业作为销售者在市场上的营销活动，即如何通过整体的营销活动来适应并满足买方的需求，从而实现经营目标。因此，在这个角度上，市场指的是某种产品的现实购买者和潜在购买者需求的总和。从销售者的角度看，同行供应者是竞争者，而不是市场。销售者所在的行业由多个竞争者组成，而购买者构成了市场。在市场营销的过程中，企业需要了解市场的需求和潜在顾客的特征，然后通过定位、市场细分、产品策略、定价、促销等手段来满足消费者的需求，与竞争对手进行竞争，并最终实现商业目标。

（六）市场营销者

市场营销可以被理解为与市场有关的人类活动，旨在通过市场实现潜在交换的转变，以满足人类各种需求和欲望。在市场营销中，市场营销者是指那些希望获取资源并愿意以某种有价值的物品来交换的人。市场营销者可以是卖方，也可以是买方。举个例子，如果有几个人都希望购买市场上正在出售的某种稀缺产品，每个准备购买的人都会尽力使自己被卖方选择，这些购买者都在进行市场营销活动。此外，在某些情况下，买卖双方都积极寻求交换，双方都扮演着市场营销者的角色，这种情况被称为相互市场营销。在相互市场营销中，买方和卖方都努力满足彼此的需求，并通过交换来实现双方的利益。

二、市场营销学

市场营销学最早出现于美国，后来传播到日本、西欧等国家和地区，自问世以来，一直受到各国工商界、学术界的推崇和理论界的重视。从时间上看，市场营销学起源于20世纪初期，在第二次世界大战之后，特别是20世纪50年代以后迅速发展。其内容体系更加丰富，使用范围更加广泛，社会实践更加普及，研究方法也更加系统、完善，为推动西方企业的市场经营活动，促进现代市场经济的发展起到了重要的作用。我国在改革开放之初开始引进和研究市场营销学，市场营销学在我国发展至今，已有近30年的历史。我国对市场营销学的研究、应用和发展虽然取得了长足的进步，但由于市场经济不完善等外部原因，以及企业自身的原因，市场营销学在中国企业的应用仍存在一些问题，这就给市场营销学的理论研究提出了更多的课题。

21世纪，世界经济进入了一个剧烈变动的时期，中国加入世界贸易组织（WTO），对正处于转型期的中国而言，变化是永恒的，但变化的速度如此迅猛，如此捉摸不定，却是人们始料不及的。我们已经看到，在20世纪80至90年代还被称为现代经营理念、现代管理方法、现代营销策略的种种原理与方法，正日渐失去昨日的辉煌。几乎所有的企业都在努力寻找新的定位，探索新的生存与发展方式。置身于剧烈变动的市场环境之中，人们越来越深切地感受到市场营销的重要性。因为以满足顾客需求为宗旨，以重视有效交换为目标的市场营销是企业适应环境变化、求得长期持续发展的主要职能和重要工具。市场营销学的原理、方法和技巧成为人们普遍关注的焦点。可以预见，将来的市场营销学正如它最初为人们所认识的一样，仍会散发出夺目的光芒，为促进企业的发展提供充足的动力。

第三节　企业品牌营销战略

一、企业品牌营销的重要性

（一）增加经济效益

在新经济形势下，企业面临更激烈的竞争形势，企业的一切经营行为都要充分考虑经济效益。通过有针对性的品牌营销活动，企业可以推出自己的“特色产品”“优质服务”，以此吸引消费者眼球，提升产品销量，为企业创造经济效益。除此之外，在不同的经营阶段，企业往往设置不同的销售目标，为了更顺利地实现销售目标，企业需要策划以销售为导向的市场营销方案，在短时间内进行“冲刺销售”“活动销售”，朝着企业阶段性销售目标不断努力，保证企业在不同阶段的经济效益。

（二）提高消费者信任程度

企业通过品牌塑造和传播，可以在消费者心中树立起积极的形象和较好的声誉，一个有声誉的品牌能够向消费者传递出专业、可靠、负责任的信息，使消费者对产品或服务产生信任感。企业通过持续提供优质的产品或服务，并建立良好的售后服务体系，展现出对质量的承诺和责任，这将为消费者带来信心。消费者经历过良好的购买和使用体验后，会对企业的信誉建立更为坚定的信任。

企业在营销过程中注重与消费者的沟通，通过透明的信息传递，如产品成分、制造过程、产地等，让消费者了解产品或服务的真实情况。透明沟通有助于建立消费者与企业之间的互信关系，使消费者相信企业不隐藏问题，能够提供真实和可靠的信息。

消费者在做出购买决策时，通常会倾向于参考他人的意见和经验。好的社交证据和口碑传播可以建立起消费者之间的信任链条。企业通过积极管理客户关系、鼓励用户评价和分享使用体验，可以让消费者通过其他消费者的推荐和评价来形成对企业的信任。

（三）企业综合竞争力组成

企业品牌营销以市场为导向，通过深入了解消费者需求和市场趋势，制订相应的营销策略和计划，有助于企业抓住市场机遇，满足客户需求，提高产品或服务的竞争力。企业品牌营销可以帮助企业建立并提升品牌价值。品牌的影响力和认知度对企业的综合竞争力至关重要。

企业品牌营销需要不断创新和调整策略，通过提供创新的产品或服务满足消费者不断变化的需求。良好的创新能力和市场适应能力是企业综合竞争力的重要组成部分。

企业品牌营销涉及资源的有效配置和管理，包括人力资源、财务资源、市场推广资源等。合理配置和有效利用这些资源，使其最大限度地支持企业的营销目标和战略，可以提高企业的竞争优势和综合竞争力。

企业品牌营销旨在推动产品或服务的销售和收入增长。有效的营销策略可以促进销售业绩的提升，实现收入的增长。销售和收入的增长直接关系到企业的盈利能力和长期发展。

二、企业品牌营销的有效策略

（一）分析品牌内涵

品牌的定位是指将品牌在目标市场中的位置明确化，包括品牌的市场定位、产品定位以及目标消费者的定位。明确定位和目标消费者将有助于确定品牌内涵。

品牌内涵应该与企业的核心价值观和使命相一致。企业应该了解自己的核心价值观和使命，并将其与品牌内涵相联系。品牌的价值观和使命可以是社会责任、创新、可靠性、质量等。

品牌内涵的确定应该基于目标市场的需求。了解目标市场的消费者喜好、偏好和期望，可以帮助企业确定品牌内涵的内容。通过满足目标市场的需求，品牌内涵能够更好地与消费者产生共鸣。

品牌内涵可以通过品牌故事和情感的传递来体现。品牌故事可以让消费者更容易理解品牌的价值和个性，通过情感的共鸣建立起消费者与品牌的情感纽带。

确定品牌内涵后，企业需要确保品牌内涵在所有品牌传播和体验中的一致性和持续性。无论是品牌的广告宣传、产品设计、包装，还是员工服务等，都应与品牌内涵相符合，形成完整的品牌体验。

（二）构建多样化营销格局

1．多渠道营销

利用多种渠道进行品牌推广和销售，包括线上渠道（如官方网站、电子商务平台、社交媒体等）和线下渠道（如实体店铺、展示会、代理商等）。多渠道营销可以增加品牌曝光度，满足不同消费者购买习惯和需求。

2．区域化营销

根据不同地区的文化、消费习惯和市场特点，制定适应性强的营销策略。通过针对性的品牌推广、产品定价和促销活动，满足不同地区消费者的需求，并提高品牌在各个地区的知名度和认可度。

3．个性化营销

基于消费者的个体特征和偏好，采用个性化的营销方式与其进行互动。利用数据分析和个人化推荐系统，向消费者提供定制化的产品信息、服务和购物体验，增加消费者的忠诚度和购买意愿。

4. 社交媒体营销

利用社交媒体平台进行内容营销、用户互动和品牌宣传是推广和营销过程中的重要一环。通过发布有趣、有用的内容，与用户进行互动和沟通，可以提高品牌的曝光度和用户参与度，并建立良好的品牌形象和用户关系。

5. 事件营销

根据当前热门事件、节假日或社会话题，及时调整营销策略并结合相关事件进行宣传推广。通过与事件相关的营销活动吸引更多消费者的关注和参与，提高品牌知名度和声誉。

6. 品牌体验营销

通过举办线下活动、展示会或体验活动等形式，让消费者身临其境地感受品牌的独特之处以及其价值所在，从而提高其对品牌的忠诚度和认知度。品牌体验营销可以创造深层次的消费者互动和情感连接。

（三）重视售后服务

1. 提供及时响应和解决问题的渠道

健全的客户服务体系包括电话热线、在线客服、邮件反馈等多种渠道，确保客户能够方便地联系到企业并得到及时的回应和支持，对客户提出的问题或投诉进行快速处理，解决他们的困扰。

2. 提供专业的技术支持和咨询服务

培养一支具备丰富的产品知识和技术经验的专业售后服务团队，为客户提供准确、及时的技术支持和咨询服务，解答他们在产品使用、故障排除等方面的问题，增加客户对产品的信任度。

3. 提供贴心的售后保修和维修服务

建立完善的售后保修政策，针对产品故障或质量问题提供合理的保修期限和保修范围。同时，为客户提供便捷的维修服务，如上门取送、快速维修等，使客户在遇到问题时能够得到及时、方便的解决方案，提高客户满意度。

4. 积极收集客户反馈和建议

鼓励客户提供产品使用体验、意见和建议，倾听客户的声音，并及时改进产品和服务。通过积极采纳客户反馈，不仅可以提升产品质量和用户体验，还能建立起与客户之间的紧密联系，增加客户忠诚度和口碑传播。

5. 关注售后数据分析和趋势预测

通过对售后服务数据的分析，了解客户需求和痛点，及时发现并解决潜在问题。同时，通过对售后数据的挖掘和分析，预测产品质量和服务的趋势，为企业的产品升级和售后服务策略制定提供依据。

第二章　中小企业品牌塑造初期策略

中小企业要想建设和拓展自身的品牌，必须稳固地立足市场。本章要论述的重点是中小企业品牌塑造初期策略，将从三个方面进行论述：中小企业品牌筹备、中小企业品牌建设、中小企业品牌防御。

第一节　中小企业品牌筹备

一、产品战略规划

（一）营销差异化

企业在市场上立足并成功推广产品是非常重要的。在竞争日益激烈、产品同质化程度高的环境下，企业需要从产品的吸引力入手。创新是企业在产品开发过程中的关键。企业应该致力于不断地创新，为消费者提供独特的产品或服务。持续推出独具特色的新产品是企业发展的关键。企业不仅要满足现有的消费者需求，还要深入了解潜在的消费者需求，并寻找新的增长点。企业需要实现业务、产品和价格的优化组合。创新、差异化、持续推出独特产品和优化组合是企业在市场上成功推广产品的关键要素。通过不断追求卓越和满足消费者需求，企业能够在激烈的市场竞争中脱颖而出，并建立起持久的竞争优势。美国管理学家迈克尔·波特（Michael Porter）所提出的竞争战略观点是非常经典和实用的。他强调企业在市场竞争中要么具备成本优势，要么实行差异化战略，如此才能取得成功。[①] 当下所探讨的产品差异化，已不仅局限于开发不同类型的产品，而是一套涉及多方面的差异化策略。这一策略不仅要求产品在定位上具备独特性，还要求企业在服务理念和其他相关领域，如招商方面展现出差异化特征。

① 波特．竞争战略[M]．北京：中信出版社，2014．

1. 产品定位差异化

在竞争激烈的市场中，企业需要制造独特的卖点，以并吸引消费者。通过提供与其他产品不同的特点和价值，企业可以建立竞争优势，吸引更多的消费者选择他们的产品。如果企业的产品与其他产品没有明显的差异，消费者往往会更关注价格。为了避免陷入价格战，企业需要通过创造与其他产品不同的核心卖点来提供独特的价值，使消费者更愿意为其产品支付更高的价格。

中小企业在产品定位时，体现产品的独特性和品牌广告潜力非常重要。这两点可以帮助企业在市场竞争中脱颖而出，吸引消费者的关注并建立品牌忠诚度。一般来说，中小企业会通过以下方式展现产品的独特性：确定产品的独特功能、性能或设计，使其与竞争对手的产品有所区别，包括创新技术、特殊材料或个性化定制等；确保产品的质量和可靠性，以提供与其他产品不同的价值和体验；将产品定位于特定的目标客户群体，满足其特定需求和偏好。这样可以更准确地传达产品的独特性，提高市场接受度。

中小企业可以通过以下方式展现产品的品牌广告潜力：首先，可以打造引人入胜的品牌故事，以传达产品的独特性和与消费者的情感共鸣，如讲述企业的创始故事、产品背后的价值观或独特的品牌理念等；其次，可以给消费者提供参与和体验品牌的机会，如举办活动、展示产品示范或提供试用机会，增加消费者对产品的认知和好感度，进而提升品牌广告的效果；利用社交媒体平台扩大品牌曝光度，通过发布有趣、有用的内容吸引粉丝和潜在客户，建立品牌形象和忠诚度。

中小企业不能进行单一的产品运作，因为这样会使企业过于依赖某一产品，风险较高。如果该产品市场需求下降或遇到竞争对手的挑战，企业可能会面临销售下降、利润下降等问题。此外，只有单一产品无法满足消费者更广泛的需求和偏好，因此企业需要拓展产品系列，以满足更多消费者的需求。通过开发多个产品，企业可以分散风险，减少对单一产品的依赖性，从而降低经营风险；消费者有不同的需求和偏好，只有拓展产品系列，企业才可以提供更多样化的产品，满足消费者的不同需求和偏好，增加市场份额。

此外，丰富产品的包装工艺可以提高产品的附加值，吸引消费者的眼球，提高产品的品牌认知度和忠诚度。通过创新包装设计、采用高品质材料等方式，企业可以增强产品的视觉效果、质感及触感，在市场中建立独特的品牌形象。

2. 服务理念差异化

在当今知识化、信息化的新时代，企业在推广产品时需要制定符合自身情况的差异化的服务策略。为了实现差异化的营销策略，企业可以通过以下关键做法来建立差异化的服务理念。首先，深入了解顾客需求，通过市场调研和数据分析了解目标顾客的需求和偏好，并制定相应的服务策略。其次，提供个性化服务，根据顾客的不同需求和偏好，提供定制化产品、个性化推荐、专属会员权益等。再次，注重创新和技术应用，运用新技术和创新方式，提供独特和前沿的服务体验，如人工智能、大数据分析等技术的运用。最后，强调顾客体验，将顾客的体验置于核心地位，提供顺畅、愉悦和令人满意的服务体验。此外，不断改进和反馈，与顾客建立良好的沟通和反馈机制，倾听顾客的建议和意见，不断改进和优化服务。建立品牌文化和价值观，通过塑造独特的品牌文化和价值观，让顾客对企业的服务有深层次的认同和情感连接。企业在制定差异化的服务理念时，需要深入了解顾客需求，提供个性化服务，注重创新和技术应用，强调顾客体验，不断改进和反馈，并建立品牌文化和价值观。这些策略将帮助企业实现差异化的服务，提高核心竞争力，并为顾客创造卓越的体验。符合时代发展的差异化服务理念将使企业发展更加适应时代需求，赢得市场竞争的优势。

（二）服务差异化

现代市场中服务差异化对中小企业的重要性不言而喻。在如今市场竞争激烈并且同质化趋势明显的情况下，企业需要关注个性化需求，并通过提供差异化的服务来满足客户的需求。在过去，企业主要关注产品的销售和服务。然而，如今的消费者更加注重体验和价值，他们期望企业提供超越传统的产品和服务价值。因此，企业应当将注意力从仅关注客户需求转向关注客户的整体体验。为了实现这一目标，企业需要转变观念，从卖产品和服务转向卖需求，这意味着企业需要专注于为客户提供超值的服务，以创造更大的价值。通过理解客户需求，提供个性化解决方案和定制化服务，企业能够与客户建立积极互动的关系，让客户感受到企业的特色服务。然而，中小企业往往在顾客服务系统方面存在一些问题，由于一些企业过于追求短期利润和经销商队伍的利益，导致忽略了顾客的权益。为了解决这个问题，企业需要建立完善的顾客服务系统，这涉及建立严谨的流程、拥有专业的人员以及耐心细致的工作。在服务方面，传统的方式如电话回访和上门回访仍然重要，然而，中小企业需要确保将制定的服务策略有效地执行。执行不到位将对企业形象、品牌形象和人员形象产生不良影响。当前，越来越多的企业意识到服务的重要性，并在维护顾客满意度方面做出了努力。然而，服务的广度已经扩展，但深度的挖掘仍然有待提升。企业应该更多地从消费者的情感驱动力出发，抓住顾客的消费心理，通过定向承诺和信用激励等服务手段激发他们的潜在购买力。在当前产品同质化越来越严重的情况下，市场营销不再是价格之战，而是价值之战。企业需要通过提供最有价值的产品和服务，创造新的竞争优势。这需要企业在物质价值和非物质价值上同时努力创新，如消费环境、品牌形象、服务质量等。因此，将产品营销转向服务营销是取得竞争优势的关键。中小企业可以积极借鉴服务行业的经验，结合自身行业特点，创造独特的服务营销模式。曲美在医保行业推出的“五星级服务”和罗氏制药建立的客户关系管理（CRM）系统是医药保健品企业在实现服务突围方面的有益尝试，这些措施展示了企业对于服务营销的重视。根据著名品牌营销专家于斐先生的观点，现代服务营销模式有两个基本要求。首先，要创造顾客满意度价值，这意味着企业需要提供超出顾客预期的优质服务；其次，要做好客户的数据库处理，通过有效收集和利用顾客数据，企业可以更好地了解顾客需求并提供个性化的服务。[①] 当前中国的大多数经销商并没有重视顾客资料的收集，并且对如何利用顾客数据库、完善作业流程、提升销售效果和提高顾客忠诚度等方面缺乏了解。这导致了他们无法真正领会服务的精髓。专家从实践中总结出的观点是，所谓服务的核心是让产品通过一系列的服务转化为“以服务为核心的产品”。这意味着企业需要在售前、售中和售后服务方面形成一个严密的体系，以提升产品的附加值和消费者的忠诚度。服务营销的核心不在产品本身，而在于提供全方位的服务体验。

二、品牌战略规划

（一）增强紧迫感，加大品牌的投入

市场经济中，中小企业稍不留神，就有可能倒闭破产。我国中小企业要有时间上的紧迫感，所谓时不我待。同时，中小企业要把握好调整产业结构的节奏，致力于技术创新，但万不可忽视品牌建设。

品牌建设是一种投资而不是支出。从世界企业史可以看出，在经济衰退期间进行品牌投资是一个有利举动。实际上，一些成功的品牌创建活动都是在经济困难时期启动的，而那些在经济低迷期坚持保持营销和品牌投资的企业，在经济复苏时取得的成长速度远远超过其他企业。这种现象的原因在于，危机和经济困难时期之后，市场竞争加剧，消费者对企业责任和品牌的依赖性更加明显。消费者

① 于斐．服务营销：开启保健品营销新模式[J]. 中国食品工业，2010（02）：20-21.

对有价值品牌的需求会进一步增加，市场会越来越向品牌价值较高的企业集中。

（二）规划品牌识别系统，并以此统领企业全部经营活动

品牌识别不仅是一个企业为其产品创建的名称和符号，更是企业希望消费者对品牌产生美好印象的联想物。这些联想物反映了企业对消费者的承诺。因此，品牌识别将指导品牌创建和传播的整个过程，企业必须全方位、多角度地规划品牌识别系统。首先，企业需要进行全面科学的市场调研，深入研究市场环境、目标消费群体和竞争对手，以提供准确和翔实的信息来指导品牌识别系统的决策。其次，在品牌调研的基础上，企业需要定义品牌识别，提炼出具有高度差异化、易于感知、具有包容性并能触动消费者内心世界的品牌核心价值。这确保了品牌识别所传达的品牌价值与消费者的利益需求相一致。再次，企业应规划以核心价值为中心的品牌识别系统。该系统可以帮助建立品牌与消费者之间的关系，使品牌识别核心价值具体化，并让消费者对品牌产生强烈的归属感。这为最终形成品牌忠诚奠定了基础，并使品牌建立与企业营销活动具有可操作性。

（三）协调品牌关系，优选品牌架构

简单来讲，品牌架构是指企业拥有多少个品牌以及它们之间的关系。不同的品牌架构适用于不同类型的企业，并具有各自的利弊。单品牌架构适用于市场定位明确、目标消费群体固定的企业，技术稳定、产品品质优良的成熟企业，在行业中处于领先地位的企业，以及品牌具有一定知名度、能够左右行情和价格的企业。多品牌架构适用于多元化发展的企业。这种架构适用于产品线广泛、产品种类多样，并为不同的市场和产品设定不同的定价策略的企业。这些企业需要在品牌管理上进行充分投入，建立适当的管理制度和政策，以确保各个品牌的独立性和市场地位。亚品牌架构适用于已经树立了一定形象，在消费者心目中具有固定形象的企业。亚品牌架构有两种情况：一是企业的产品进入不同档次市场或吸引有差异化消费偏好的群体；二是在主品牌之外，还有其他需要使用副品牌来展示功能或特征的情况。企业应根据自身特点和发展需求选择合适的品牌架构，正确的品牌架构能够帮助企业实现战略目标，提升市场竞争力，并有效管理和维护品牌形象。品牌的强大威力已为人们所认识。国家相关政策明确指出，要通过科技贡献和品牌贡献实现产品附加值。从中央到地方的各级政府，都很重视品牌这一强国富民的事业。各种针对知名品牌或商标的评选活动在品牌建设和品牌发展方面发挥了显著的积极推动作用。这些评选活动对中国品牌的培育起到了促进作用，唤醒了国人的品牌意识，引导人们重视品牌的影响和价值。

三、培养品牌创新模式

品牌创新是一个艰难的过程。要想在品牌上进行创新，中小企业必须注意以下几点。第一，引进国际成功的品牌模式，结合企业自身特点进行创新。尽管国际上存在许多成功的品牌营销范例，但并非每种模式都适用于中国企业的发展。因此，在借鉴国际品牌营销策略的同时，必须充分考虑中国的企业情况、市场环境和文化特征，创新出符合中国市场营销环境的模式。这种模式应当充分考虑消费者的需求和习惯，以及市场环境和竞争态势的变化，通过有效的营销策略和手段提升品牌价值和市场占有率。第二，构建差异化的自由品牌模式，有效满足目标顾客的需求。企业自主品牌定位的首要步骤应以行业产品为依据，全面展示其与众不同的功能性特点，从而在消费者群体中塑造出相应的品牌形象。星巴克公司创始人霍华德·舒尔茨（Howard Schultz）说："那些在星巴克门前排队等候的人们所图的不仅仅是一杯咖啡。"[①] 为了塑造一个品牌，企业必须建立与消费者之间的联系，并形成一个完整的体系。这个体系应该通过有形和无形的信息传播方式，在消费者心中创造一种联想，塑造一个独特的形象，从而帮助消费者在选择产品时做出明智的决定，并激发他们对企业的认同感和忠诚度。企业要在品牌内涵上创新，首先必须明确企业卖的是什么，可以是美丽、潇洒、纯真、前卫，也可以是一种体验、一种文化、一个美丽的梦等。

第二节　中小企业品牌建设

一、确定中小企业品牌的核心

（一）提炼品牌的核心价值

品牌核心价值的提炼和传播对企业非常重要。通过准确定义品牌核心价值，并将其贯穿于所有经营活动中，企业能够在市场中树立独特的品牌形象，吸引消费者的目光，从而提升品牌的价值和市场竞争力。品牌的核心价值是企业的灵魂，它需要通过全面科学的品牌调研与诊断来提炼，并在品牌战略决策中提供详细准确的信息导向。在此基础上，品牌的核心价值需要高度差异化、清晰明确、易感

---

① 切维顿．品牌实施[M]．北京：北京大学出版社，2005.

知、有包容性，并能触动和感染消费者的内心世界。一旦核心价值确定，企业需要将其贯穿于所有的经营活动中。白沙集团的核心价值是“飞翔”，白沙集团通过广告口号和形象代言人的选择来传达这一价值，使消费者能够与品牌产生共鸣。通过打造品牌个性和结合体育事件，白沙集团成功地展示了品牌核心价值“飞翔”的概念，并邀请体育明星刘翔作为形象代言人，进一步提升了品牌的价值。

（二）规范品牌识别系统

将品牌识别元素渗入企业的所有营销传播活动中，并制定品牌资产提升的目标体系，能够帮助企业塑造良好的品牌形象，引起消费者的关注。将品牌识别元素贯穿于企业的营销传播活动中，以品牌核心价值为中心，规范品牌识别系统的执行，能够确保每一次营销传播活动都能传达出品牌的核心价值和精神，从而增强品牌推广的效果，并积累品牌资产。一个成功的品牌识别系统需要多个元素的有机结合，远不止一个简单的品牌标识。拿麦当劳来说，它的“M”形标志真正成了一个引人注目的品牌识别元素，无论是街头巷尾还是进入餐厅内部，顾客都能随处看到“M”形标志的存在，无形中受到了视觉冲击。此外，麦当劳的品牌识别系统还包括其他元素，如纸巾、杯子、招牌等，这种全面的品牌识别系统使得麦当劳成为品牌识别执行到位的典型代表。

（三）建立品牌化模型

品牌化战略和决策对企业具有重要的影响。高水平的决策能够带来良好的经济效益，而低水平的决策可能导致损失。因此，在品牌战略规划中，企业应该注重整合资源、建立品牌化模型，并在决策过程中进行科学的分析和评估，以确保品牌的长期发展和企业的利益最大化。通过整合企业所有的资源，包括品牌属性、结构、模式、内容和愿景等方面，可以实现品牌价值的提升，并为营销策略的制定提供前瞻性、指导性、科学性和操作性的依据。在单一产品格局下，营销传播活动通常是围绕着提升同一个品牌的资产而展开的，这相对简单。然而，当企业的产品种类增加时，就会面临许多挑战和难题。这需要企业在品牌化战略和决策中考虑到每个环节，并通过乘数效应将其放大。品牌化战略和决策的水平高低直接影响着企业的效益。如果决策水平较高，企业获得几千万元甚至几亿元的利润是很常见的；而如果决策水平较低，可能会导致企业损失几千万元甚至上亿元。

（四）进行理性的品牌延伸扩张

科学性和前瞻性的品牌延伸规划是品牌战略规划中的重要内容之一。通过合理规划品牌的延伸，企业可以充分利用品牌资源，实现品牌价值的最大化，并为企业的跨越式发展奠定基础。然而，为了规避风险和保护品牌形象，必须谨慎地进行市场研究和评估，并确保品牌延伸与品牌核心价值的一致性。在品牌战略规划中，避免品牌稀释现象的发生，追求品牌价值的最大化，品牌延伸是一个重要的内容。品牌延伸的目的是持续获取较好的销售和利润，并实现企业的持续健康发展。通过具有科学性和前瞻性的规划，企业可以将品牌资源作为无形资产充分利用。由于无形资产的重复利用不需要额外成本，只要采取科学的态度和高超的智慧来规划品牌延伸战略，就能实现品牌价值的最大化。

（五）加强品牌管理

加强品牌的日常管理和维护，以避免品牌危机事件的发生，并累积丰厚的品牌资产，非常重要。深入了解品牌资产的各项指标，如知名度、品质认可度、品牌联想、溢价能力和品牌忠诚度，以及它们之间的关系。这将帮助企业准确评估品牌资产的状况，并找到提升的方向。结合企业实际情况，制定品牌建设的明确目标，确保品牌创建工作有一个明确的方向，避免资源的浪费，有的放矢。围绕品牌资产目标，制定低成本但具有创造性的营销传播策略，这可能包括利用社交媒体、内容营销等方式来积累品牌资产。建立一个品牌预警系统来识别潜在的品牌危机事件，包括监测市场和舆情，注意消费者的反馈和投诉，并及时采取措施解决问题，避免危机进一步蔓延。如果不幸发生了品牌危机事件，确保及时处理并减少品牌损失，包括积极沟通、道歉和采取纠正措施，恢复消费者信任并保护品牌形象等。

二、品牌战略规划的流程

（一）品牌诊断

通过对品牌的全面诊断，企业可以深入了解品牌在市场中的定位与竞争优势，识别存在的问题和机遇，并制定对应的品牌战略规划。这将为品牌的长期发展奠定坚实的基础。品牌诊断调研的内容包括品牌的战略目标、品牌架构、品牌组织、品牌与竞争品牌的关系、品牌与消费者的关系、品牌的资产情况、品牌所在市场环境等。

（二）规划品牌愿景

品牌愿景可以看作迷雾中的灯塔，为企业和所有利益相关者指明前进的方向。它是品牌的长远目标和期望的表达，同时也是激励和引导员工、消费者以及股东的重要元素。

（三）制定品牌中长期战略

品牌核心价值的确定是品牌战略规划的基础，围绕核心价值制定品牌战略可以确保品牌的一致性和战略性。品牌战略的制定是一个系统而复杂的过程，需要综合考虑市场环境、竞争对手、消费者需求等因素。通过明确的品牌战略规划，企业可以更好地引导和管理其营销传播活动，提升品牌的市场地位和竞争力。

1. 品牌战略架构主要确定的问题

企业面临着多种品牌战略的选择，包括单一品牌战略、多品牌战略或担保品牌战略。在处理企业品牌与产品品牌的关系时，有些企业会采用“宝洁—潘婷”类似的模式，将企业名称与产品品牌紧密关联。而另一些企业则可能选择像斯沃琪公司那样的策略，希望消费者将雷达和浪琴等品牌与斯沃琪公司本身区分开来。企业推出新产品时，有几种品牌策略可供选择，既可以选择创立全新的品牌，也可以选择在已有的品牌基础上进行延伸。同时，为了突出新产品的个性，还可以考虑采用副品牌策略。对于新品牌和副品牌的数量，要综合考虑市场需求、竞争状况和企业自身情况。过多的品牌不仅会使企业资源分散，还可能使消费者感到混淆和不安。因此，企业在决定品牌数量时应当充分考虑市场和消费者的需求以及企业的战略目标。副品牌可以产生对主品牌的积极影响，这种影响表现如下：副品牌可以突出主品牌的优势，增强主品牌的形象；副品牌可以保护主品牌，避免主品牌受到不良影响；副品牌可以产生更多的曝光机会，提高主品牌的知名度；副品牌可以为主品牌带来更多的新鲜感，吸引更多消费者。

2. 品牌识别系统

品牌识别系统包括多个方面，如产品识别、理念识别、视觉识别、气质识别、行为识别和责任识别等。这些方面共同定义了一个品牌的核心要素，并将品牌的属性、特点和目标传达给消费者。具体来说，品牌识别系统构建了品牌的企业理念文化、价值观和使命，体现了品牌的产品品质、特色、用途和档次。同时，它还涵盖了品牌的产品包装、影视广告、海报等视觉元素，以及品牌的气质特点和在行业中的地位。除此之外，品牌识别系统还涵盖了品牌的企业社会责任感和企业行为制度、员工行为制度等。这些因素塑造了消费者对品牌的认知和信任，同时也指导了企业的营销传播活动，并将品牌核心价值与企业的日常运营和各方面的表现对接起来。通过构建完善的品牌识别系统，企业能够统一品牌形象，提升品牌的知名度和认可度。品牌识别系统使品牌战略具体化，将抽象的品牌核心价值贯穿于产品研发、生产、品质、特色、渠道、广告、促销和服务等方面，甚至影响到每个员工的行为，这有助于企业实现长期的品牌价值和市场竞争优势。

（四）配置品牌机构和人才

对于许多企业来说，品牌管理的组织机构设置可能还不够科学和有效。品牌经理常常被设置在市场部中，主要承担广告宣传和视觉设计等职责，而在品牌战略管理层面的发挥有限。实力雄厚的企业可以设置一个由精通品牌的副总裁领导的品牌管理组织，市场部或公关企划部负责主要任务，其他部门也参与其中，形成一个协同合作的机构。这种设置可以有效地调动公司各个部门的资源，为品牌建设提供支持。品牌管理组织应该拥有产品开发制造权、市场费用支配权、产品价格制定权等，以便能够掌握品牌发展的整体方向。通过建立科学的品牌管理组织，企业可以更好地整合资源，并将品牌管理纳入战略层面。这有助于形成统一的品牌风格和形象，提升品牌的市场影响力和竞争力。然而，对于不同规模和特点的企业，适合的品牌管理组织结构可能会有所不同。因此，企业需要根据自身情况和发展需求，灵活地制定适合自己的品牌管理策略。中小企业的品牌战略应该集中于做好一个品牌，品牌经理制适用于规模较大、品牌数目较多的企业。

（五）维护品牌的一致性

一个强大的品牌是通过持之以恒的努力打造而成的，而不是仅靠创意来实现的。一旦确定了品牌的核心价值，企业的所有营销传播活动都应该以持久的耐心和定力来维护。这已经成为国际一流品牌建设百年品牌的秘诀之一。在纵向上，品牌在不同的时间段都应围绕着同一品牌核心价值来表达。这种持续的一致性有助于品牌塑造出强势地位，并且连续几十年坚守品牌对消费者的承诺。在横向上，品牌的产品包装、广告、公关和市场推广等各个方面都应围绕着同一主题和形象展开。一些叱咤风云的强大品牌，如可口可乐、吉利、力士、万宝路和钻石等，在品牌建设过程中都展示了持久的一致性。可口可乐演绎“乐观向上”百年未变，吉利诠释“男人的选择”达 100 年，钻石广告语“钻石恒久远，一颗永流传”已有 60 年。然而，国内许多品牌（甚至知名品牌）在品牌建设方面存在一些问题。

他们的品牌核心价值定位不清晰，广告主题频繁变化，甚至在换领导人、换标志、换广告公司和调整品牌定位上都不稳定。尽管这些企业在品牌建设上投入了大量资源，但品牌资产并没有得到有效提升。这种缺乏持续性和一致性的品牌管理会导致品牌形象和市场认可度的不稳定。

第三节　中小企业品牌防御

一、中小企业品牌防御概述

（一）中小企业品牌防御的内容

1. 知识产权

品牌知识产权涵盖了诸多方面，包括但不限于商标（包括文字和图形）、品牌标识、产品包装以及网络域名等。这些方面均与品牌的形象、声誉和价值紧密相关。一般而言，这些项目都需要企业根据《中华人民共和国商标法》《中华人民共和国专利法》等法律法规加以注册保护。“先注册，早受益”，所以品牌知识产权具有良好的防御性，容易实现自我保护。中小企业品牌所面临的知识产权安全问题主要体现为一些品牌商标未完成全球化注册，甚至在其他国家地区遭遇抢注。内地知名商标诸如三枪、森达、今麦郎、王守义、乐百氏、狗不理等在香港遭遇恶意抢注，均由深圳某公司向香港方面申请注册。对此，被抢注商标的企业应尽快采取维权行动，否则可能面临香港法律诉讼的困境。针对这种情况，可能被抢注的中小企业应当如何应对呢？

（1）预警措施

中小企业要时刻保持警惕，注意可能抢注本企业商标的人或企业。首先，要警惕来自目标市场的竞争对手。一些欧美公司通过商标抢注来制造知识产权纠纷，以此作为设置贸易壁垒的手段。海信与西门子之间的商标争议就是一个典型案例。如果行业竞争激烈，那么需要特别警惕竞争对手对商标的抢注行为。其次，要警惕在展览会上对产品市场情况了解得非常详细但并无合作意向的人。如果在参展期间发现有人对产品市场情况过于关注，但又没有合作意向，那么需要警惕，这个人可能是商标抢注者。近年来，一些东南亚国家和韩国、日本的投机商人曾多次利用企业在展览会上的疏忽，获取我国产品在海外市场的情况，并进行商标抢注，然后以侵权为由收取佣金或倒卖商标。最后，各方应高度重视那些寻求独家代理权的人员。某些海外业务伙伴可能会出于对本公司产品的国家市场垄断权益的考虑，提出独家代理权的要求。如果各方未同意此类要求，此类业务伙伴可能会采取不当措施，例如，在其所在国家或地区注册产品商标，从而导致产品在该国家或地区市场的地位受到破坏，甚至阻止其他人员代理该产品。

（2）商标防御体系

针对不同的情况，中小企业可以采取不同的商标保护策略。对于仅在国内市场拥有一定份额且没有领导市场能力的企业，可以委托国内商标事务所监测海外市场的商标注册情况，并保留商标原始凭证，一旦发现雷同或近似商标，及时提起商标异议。如果中小企业产品在国内市场已成为主流，带有较大出口业务并具备价值增值功能的商标，可以考虑马德里商标国际注册（马德里体系），以防止商标被抢注造成的无形资产损失。马德里体系的优点包括费用低、节省时间和简化手续。对于有明确海外发展计划的中小企业，最好的商标保护措施是委托当地专业事务所逐一进行海外商标注册。当地专业事务所熟悉本国或本地区的法律，可以提供准确的申请建议并确保商标注册申请的成功率。

（3）商标挽回机制

中小企业为保护自身商标品牌，可采取多种措施。若出现商标被抢注的情况，中小企业需采取相应的手段，以尽力挽回损失。中小企业要建立自己的商标挽回机制，采取措施夺回商标品牌。

最有效的挽回手段是依靠法律。根据《与贸易有关的知识产权协定》和《保护工业产权巴黎公约》的相关规定，企业可以通过提供商标的原始凭证和公证材料，依靠法律途径夺回被抢注的商标。例如，中国的雄鸡牌蚊香在非洲和南美洲一些国家很受欢迎，在尼日利亚被一商人抢注并要求巨额赔偿。在当地代理人的帮助下，中国企业了解到尼日利亚商标注册实行使用优先原则，并提供了先使用的证据。经过三年的努力，中国企业最终成功胜诉。然而，法律手段往往成本较高。搜集证据、委托律师等费用昂贵，而且法律程序往往漫长，导致企业错失发展机会。挽回商标的一种隐秘手段是商标谈判。如果企业能够与抢注者坐下来谈判，商标抢注者往往会考虑经济利益，商标谈判也许会得到一个兼顾市场与效益的解决方案。预防远比事后补救要有效，建立适合自身的防御体系是保护知识产权的根本。

2. 品牌资产

对于“国有资产流失”“国有资产保值增值”等表达，我们可谓耳熟能详。实际上，品牌是企业最宝贵的资产之一，其价值对企业的竞争力和市场地位至关重要。品牌资产的安全和增值是企业需要关注和努力的方面。品牌资产包括品牌知名度、品牌认知度、品牌忠诚度、品牌联想以及其他相关资产，增加这些要素的行为有助于提升品牌资产的价值。

3. 品牌形象

品牌形象是指品牌在不同利益相关者眼中的形象和印象。它可以分为三个方面。一是品牌属性形象，指品牌的核心价值观、品牌文化和品牌主张等。这些要素在品牌传播过程中的贯彻执行与偏离会直接影响品牌属性形象。如果品牌无法坚持其自身的核心价值观和传递给消费者的理念，就会对品牌属性形象造成负面影响。二是品牌市场形象，主要指品牌在渠道商、消费者和竞争对手眼中的形象。中小企业的品牌经营行为是否能够建立起良好的声誉和信誉，在渠道商和消费者之间建立信任，以及在竞争对手中建立竞争优势，这些都直接关系到品牌市场形象的塑造。三是品牌社会形象，主要指品牌在政府机构、行业协会、媒体、专家、金融机构、股东等社会力量眼中的形象。如果品牌在这些社会力量眼中没有树立起良好的形象，可能会受到负面的评价和批评，对品牌社会形象产生负面影响。

4. 品牌市场

品牌市场的成功与否可以通过销售量、销售额、货款以及市场占有率等指标来评估。如果一个品牌失去了这些市场要素的支撑，就很难被认为是一个好品牌。影响品牌市场的因素非常多样化，以下是其中三个重要的因素。第一，竞争对手挑战和促销行为：竞争对手的产品和营销策略可能构成对品牌的威胁，如价格战、产品创新、营销活动等。如果品牌无法有效应对竞争对手的挑战，可能会失去市场份额和影响力。第二，企业内部因素：企业内部的品牌管理团队以及销售人员的行为对品牌市场安全具有重要影响。不当的品牌管理决策、不恰当的销售行为等都可能损害品牌形象和市场表现。第三，合作伙伴问题：合作伙伴在品牌市场的问题也会对品牌构成威胁。例如，合作伙伴的不诚信行为，如假冒伪劣产品、违约行为等，可能会对品牌形象和市场地位造成负面影响。

5. 品牌经营

企业品牌经营行为在一定程度上会给品牌带来一定的危机与风险。具体来说，以下是几种常见的品牌经营行为，其中第六种特许授权包括特许加盟和品牌声望商品化。第一，品牌延伸：在品牌已有定位的基础上，企业通过推出与原有产品或服务相关的新品类来扩大市场份额。异业延伸和同业延伸都存在一定的风险，特别是异业延伸更容易引发消费者的认知混淆和品牌形象模糊。第二，品牌出租：企业将自己的品牌租给其他种类的生产经营企业使用，以获取租金或特许权使用费。这种行为存在一定的风险，因为品牌的真正价值和形象可能会受到使用方的管理和操作方式的影响。第三，品牌出售：企业将自己的品牌通过转让或被收购的方式进行出售。这可能会导致品牌的定位和形象发生改变，需要注意潜在的危机和风险。第四，品牌收购和并购：企业通过收购或合并其他品牌来扩大自身的品牌影响力和市场份额。这需要企业仔细评估并购对象的品牌价值和形象，以确保并购后的品牌整合能够带来利益与增值。第五，品牌联合：企业与其他企业共同推出联合品牌，以实现资源共享和市场扩展。这种合作需要注意合作伙伴的品牌形象和价值观是否与自身品牌相符，以避免对品牌形象造成负面影响。第六，品牌特许授权：品牌所有者通过特许方式许可其他合作伙伴使用品牌的权利。一种情况是特许加盟，即授权合作伙伴以特许的方式经营品牌的特定业态或地区。另外一种情况是把品牌声望商品化，即将品牌的知名度和形象转化为商品，授权给其他合作伙伴使用并收取相应的转让费。

6. 品牌属性

品牌作为一种竞争工具，其核心在于通过理念层面的差异化来与竞争对手相区别，并以此获得消费者的认同。品牌名称、品牌标识、品牌价值以及品牌主张等要素都可能受到模仿、抄袭或侵害，这些行为都可能导致品牌属性的改变。许多中小企业可能遇到别的企业傍牌，傍牌和冒牌不同，它游走于法律的边缘地带。这样打擦边球的小企业为数不少，毫无疑问，这对刚成长起来的中小企业的品牌属性构成了威胁。

7. 核心技术

强大的技术创新能力对于企业的持续发展和领先地位至关重要。拥有独特的核心技术可以构建起一道壁垒，阻碍竞争者进入市场并复制品牌的成功。技术壁垒同时也为品牌提供了持续发展的基础，确保其在市场上有持续竞争力。核心技术的保密性对于品牌的安全至关重要。如果关键技术泄露或外流，将会面临来自竞争对手的威胁，可能导致品牌形象和市场地位受损。拥有有效的技术专利保护可以确保品牌在市场上的安全地位。通过获得专利保护，品牌可以拥有独占权，防止他人未经授权使用其技术，从而增强品牌的竞争力，有利于长期发展。对于那些依赖其他供应商提供领先技术的品牌来说，确保供应的稳定性非常重要。如果无法保证技术供应的持续性和安全性，品牌将面临技术供应中断的风险，可能导致生产能力减退，失去市场竞争力。

（二）中小企业品牌防御的原则

1. 预防为主

中小企业品牌安全管理要纳入战略管理层面，这关系到品牌可持续发展的问题。企业应保证品牌持续安全，而不是为了今天的安全去透支品牌明天的安全。总体来说，品牌安全就如生产安全一样，要以“预防为主”为指导思想，并在具体经营管理行为中加强品牌安全管理。

2. 保持低调

太高调必然引起其他企业的注意。这无异于把自己置于风口浪尖之上，带来许多不必要的麻烦。与其如此，还不如低调一点发展自己，减少被攻击的可能。

3. 参与正当市场竞争

正当竞争就是企业在遵守国家政策法规、商业道德与市场活动规则的前提下，进行的提升企业绩效的经营行为。正当的经营行为受国家法律保护。中小企业如果进行不正当竞争，虽然可能短期成功，但迟早都会失败。

4. 知识产权保护先行

企业应将知识产权保护放在其经营管理的重要位置，以确保品牌知识产权的基本安全。品牌知识产权的保护主要通过注册方式实现，包括对近似商标进行纵向和横向的全方位注册。此外，还应对近似行业甚至所有行业进行注册，以更全面地保护品牌知识产权。

5. 清晰化品牌传播

在品牌传播过程中，严防做出与品牌核心价值不一致的行为，如推出与品牌核心价值不吻合的产品或产品概念，实施与品牌核心价值不一致的传播与活动。这在品牌传播上体现为以下两点：一是传播缺乏主线，前后偏离；二是媒体传播声音不一，不用一个声音说话。同时，在品牌传播过程中要注意四个问题：一是不要违法违规，要依法行事；二是避免文化冲突，尊重民族文化、消费文化；三是不涉及政治上的是非长短；四是不要有损社会公德与违背商业道德。

6. 寻求更深层次的保护

实际上，企业仅仅依赖于《中华人民共和国专利法》《中华人民共和国商标法》《中华人民共和国反不正当竞争法》是不够的，中小企业品牌应该利用自己的领先优势，寻求更深层次的保护。寻求更深层次的保护可以考虑以下两条途径：第一条途径是寻求法律更深层次的保护。《驰名商标认定和管理暂行规定》是中国第一个明确保护驰名商标的专门性法律文件，它启动了对驰名商标在不相同或不类似商品或服务上的保护。在这种情况下，如果该商标的所有者发现其商标遭到法律规定的侵权，其可以向国家主管机关提起保护申请。如果该商标被认定为驰名商标，它将可能享受法律上对驰名商标所提供的更广泛或特殊的保护措施。第二条途径是寻求行业协会或联盟组织的保护。中国轻工业企业投资发展协会、中国国际品牌协会等单位携手合作，成立了“中国国际品牌知识产权保护联盟”，保护企业品牌，维护企业合法权益。

二、中小企业品牌防御思路及策略

（一）防御思路

1. 打造市场壁垒

市场壁垒对于中小企业在区域市场中建立核心竞争优势和保持市场秩序非常重要。建立市场壁垒旨在将竞争的重心放到本区域市场之外，以确保核心市场不受竞争的影响，维持基本的市场秩序。因此，若要确保自身产品具备长期竞争优势，并形成区域市场的垄断地位，必须致力于构建四道屏障，以提升自身市场的免疫力。第一道屏障是价格屏障：本土品牌可以利用运输距离、市场推广等优势来实现产品定价的灵活性和竞争优势。相比于外地品牌，本土品牌能够在定价方面提供更大的空间，以满足消费者的需求并保持竞争优势。第二道屏障是品牌屏障：本土品牌能够借助品牌建设和消费者的乡土情结来建立其在区域市场中的优势地位。通过加强品牌建设和提供丰富的产品内涵，本土品牌可以增强消费者的信心和忠诚度。第三道屏障是渠道屏障：中小企业通过建立强大的渠道网络和合作伙伴关系，可以转嫁经营风险并利用渠道资源来增强市场竞争力。本土品牌通过扎实的渠道管理工作可以有效抵御外来品牌的市场进攻，让其在市场上难以立足。第四道屏障是产品屏障：通过拥有完整的产品线和丰富的产品类别，本土品牌能够占据市场空白，避免给竞争对手留下可乘之机。本土品牌可以选择市场缺位的产品进行渗透，以先获取一定的市场基础，然后大规模进入市场。这四道屏障共同构成了中小企业在区域市场中建立核心竞争优势和保持市场秩序的市场壁垒。通过这些壁垒，企业可以抵御竞争对手的攻击，确保产品的长期竞争优势和市场份额的稳定。同时，持续的品牌建设、价格策略的优化、产品线的完善和渠道管理的强化也非常重要，以保持市场壁垒的稳固性和竞争力。

2. 提高产品核心竞争力

产品质量决定了中小企业的发展速度、市场份额和声誉，同时也直接影响着企业的效益和可持续发展。制定明确的技术标准是确保产品质量的基础。严谨的工艺流程是确保产品质量稳定的重要因素。制定规章制度可以提高产品质量管理的科学化和规范化水平。市场推广运作的最终成果受到产品质量的影响。若产品缺乏核心竞争力，则该产品不具备有效抵御市场竞争的能力。在汽车行业，奔驰品牌就是高质量的代名词，这得益于它一贯严格的质量管理。在选材上，奔驰公司严格到甚至有点苛刻，如座位上的皮面选用世界上最好的德国南部地区的公牛皮，座位面料上的所有羊毛都是新西兰进口的，纺织时还要加入一定比例的中国真丝和印度羊绒。奔驰公司每年会对100辆新车在其126亩（1亩≈666.67平方米）的试验场地上进行破坏性试验。全球各地设有检测中心，每年抽检汽车上万辆。①

3. 增强服务意识

企业与消费者之间的关系不仅是简单的供求关系，还包含着企业对消费者应尽的义务。服务作为企业对消费者的义务之一，贯穿于产品销售的全过程，并在很大程度上决定了消费者对企业的选择和忠诚度。在当今产品同质化严重的竞争环境中，消费者往往会选择服务更好的企业的产品。在产品质量相差无几的情况下，良好的售后服务能够提供给消费者更好的购物体验和解决问题的便利，从而增强消费者对企业的信任感和忠诚度。作为市场经济中企业生存的基础，全方位的服务也是企业建立良好信誉的重要手段。企业需要始终将消费者的利益置于首位，并确保对消费者的承诺得到兑现。只有不断提供卓越的服务，并给予消费者更多关怀，才能真正打造出有价值的品牌。这也符合中国古话所说的“得人心者得天下”的哲理。只要消费者认同企业的服务，即使产品存在一些小瑕疵，消费

① 白光．市场定位与功能质量战略：提升品牌竞争力的关键与核心[M]．北京：中国经济出版社，2004.

者也会理解和接受。消费者的支持和积极参与对于中小企业来说是实现市场防御的最高境界，因此，中小企业应该重视服务品质，投入资源提升售前、售中和售后服务水平。通过积极倾听消费者的需求和反馈，持续改进和创新服务方式，建立良好的企业形象和信赖关系。借助消费者口碑和推荐，中小企业可以扩大市场份额，增强市场竞争力，并逐步建立起自身的品牌价值。

4．树立危机意识

树立危机意识和建立完善的市场信息预警系统对于本土品牌来说非常重要。企业应该建立起市场销售信息沟通平台，收集并分析翔实的数据和信息，为公司领导的市场决策提供依据。这可以通过建立市场调研机制、与销售渠道保持密切沟通、持续监测竞争对手等方式实现。面对小规模的市场袭扰，企业要能够迅速反应，并采取有效措施进行围追堵截，以实施毁灭性打击。对于大规模的市场对垒，企业需要保持坚定的信心，找到竞争对手的弱点，并采取针对性的策略来瓦解其斗志。企业应该持续加强社会公关、渠道公关和消费者公关，以掌握外界的变化，并确保能够朝着对自身有利的方向发展。这包括与政府、媒体、消费者、合作伙伴等各利益相关方进行积极的沟通和合作，以建立良好的企业形象和声誉。另外，对于本土品牌来说，还可以通过不断创新和提供差异化的产品或服务帮助本土品牌在市场竞争中脱颖而出。注重研发和品牌建设，打造独特的品牌形象和价值观，与消费者建立情感连接。寻找新的市场机会，开拓多样化的市场渠道，降低对某一个市场的过度依赖以减少市场风险。拓展国内外新兴市场，对产品进行定位和品牌推广，增加市场份额和业务多样性。与其他本土企业和组织建立合作伙伴关系，共同打造产业生态系统，实现资源的共享和互补，提升整体竞争力。知己知彼，百战不殆。了解竞争对手是打击竞争对手的前提，了解自己，不断为自己加压，则是取胜的关键。

（二）防御策略

1．阵地防御

静态的、保守的防御策略在市场竞争中往往难以为继，而且会限制企业的发展空间和创新能力。即使是像可口可乐和福特这样的经典品牌，也不能将品牌经营局限在维持现状和保护现有产品上。企业在面临市场变化和竞争挑战时，应该采取积极的策略，主动寻求未来的发展和盈利机会。这可能涉及产品创新、市场扩张、跨界合作、新技术的运用等方面。像可口可乐一样，虽然其在碳酸饮料市场占有重要地位，但它也积极投资开发其他领域的市场，如酒类和果汁饮料，并进行多元化的业务拓展。[①]福特在面对激烈竞争时选择了阵地防御的策略，但这种保守策略却使得公司失去了发展机会，最终导致了财务危机。在市场竞争中，企业需要保持敏锐的市场洞察力和判断力，预测市场趋势和消费者需求的变化，及时调整战略和采取行动。同时，要保持创新和灵活性，不断追求产品和服务的卓越，以满足消费者的需求，并及时抓住市场的机会。与此同时，多元化经营和合作伙伴关系的建立也是推动企业持续发展和抵抗竞争的重要手段。总之，企业需要抛开营销近视症，审时度势并采取积极的市场策略，以确保在竞争激烈的市场环境中保持竞争力，实现可持续发展。

2. 侧翼防御

侧翼可以被视为企业的薄弱环节，因此中小企业品牌在其侧翼建立防御阵地是必要的，以避免遭受竞争对手的攻击和市场侵入。它比较适合大型企业和领导品牌。中小企业的实力较弱，侧翼防守必然松弛，以致其他企业仅用一点力量即可加以钳制，保护侧翼也就没有什么价值了，而且还容易分散和浪费资源，损伤战斗力，破坏公司和品牌的形象，还不如集中主力于一点。

3. 以攻为守

以攻为守是一种战略，它涉及在对手发起攻击之前，先行对对手发起攻击。这种防御策略的基础理念是进攻是最好的防御，通过先行行动可以确保自身优势并防止对手采取主动。中小企业可以在市场上寻找某个品牌的缺点和弱点，充分发挥自己的优势打击其品牌的某个方面，可以收到成效。

4. 反攻防御

反攻防御是中小企业面对竞争时的一种常见策略。当中小企业品牌受到竞争者的攻击时，一定要冷静应对，不要急于采取行动。观察竞争者的攻势和市场反应，收集有关市场和竞争的信息，并评估对方的优势和劣势。在等待的过程中，中小企业可以利用这段时间积蓄力量，包括加强内部经营、提升产品质量和服务水平、改进企业管理和运营效率、寻求更有效的成本控制和资源利用。在竞争者的攻势放缓或失去动力时，中小企业可以选择时机，以积极的姿态采取行动。可以是正面攻击，通过创新产品、优化供应链、扩大市场份额等方式来对抗竞争者；也可以是侧翼攻击，通过寻找竞争者的弱点或空白市场，在一些细分领域或新兴

① 文伦. 把世界装进瓶子：可口可乐百年传奇 [M]. 北京：中华工商联合出版社，2018.

市场中寻求突破。中小企业的反击策略需要有针对性，即根据竞争者的特点和行为来制订具体的反击方案。同时，要保持高效性，执行力度要足够强大，以确保收效显著。然而，中小企业在采取反击策略时也需要注意风险和可行性的评估。要考虑企业自身的实力和资源情况，确保能够承担相应的行动，并仔细考虑各种可能的结果和后果。另一个反击防御方法是用经济或政治手段打击进攻者，中小企业可以要求政府保护等。

5. 运动防御

运动防御或机动防御，即要求中小企业品牌在积极捍卫其现有市场的同时，还需要将其品牌影响力扩展至新的领域。中小企业品牌可以进行市场拓展，但不要脱离企业实际，要把企业实际和市场趋势相结合。

6. 收缩防御

中小企业在资源有限的情况下，过于分散使用资源可能会导致品牌特色下降、品牌形象受损，并增加被竞争者蚕食市场份额的风险。因此，有计划地进行收缩和撤退是一种有效的策略，可以帮助中小企业集中优势资源，增强品牌竞争力，并在关键领域内取得更好的表现。中小企业在品牌发展中必须认识到资源分散可能带来的风险，并有计划地进行收缩和撤退。集中资源和优势兵力，加强核心领域的竞争力，这样可以为中小企业的品牌发展提供更好的机会和方向。

三、中小企业品牌危机处理

中小企业在经营过程中，由于多种原因，可能会出现品牌危机，中小企业对品牌危机的处理反映了中小企业防御战略体系的强弱。防御战略体系强的企业可以度过危机，弱的企业可能就此退出市场。中小企业在发展中本身问题就不少，如果品牌出现问题处理不及时，企业品牌形象受损，对企业的打击是毁灭性的。中小企业必须建立起自己的品牌危机处理机制。危机公关工作并不是等危机来了才“过河搭桥”，需要平时就组建专业的部门、配备专业的人员来做这项工作。一家企业的品牌公关事业部平时的职责除了对外协调公共关系，还要了解政策信息、市场动态、行业现象、消费变化等，通过有效预测达到有效调控，这样面临突发的品牌危机事件才能将损失控制在最小范围。墨菲定律指出，只要某一事情有出错的可能性，那么总有一天它会出错，企业当然也不例外。企业作为一个对外部环境极其敏感的组织，任何一次过失或事故处理不当，其结果都有可能是致命的。企业面临着高度不确定的未来。

品牌危机的突发性和对企业影响的严重程度都要求中小企业在日常管理中建立品牌危机管理的程序，并培养相关管理人员的应对能力。中小企业应在日常管理过程中建立完善的品牌危机管理程序，包括制定适当的预防措施、风险评估和应急预案等。这样可以提前识别潜在的品牌危机，及时采取措施加以应对。中小企业应培训公司主要管理人员，使其具备应对品牌危机的能力。他们应了解品牌危机管理的基本原则、应急处理的技巧，具备沟通协调的能力。这样可以在品牌危机发生时做出正确的决策和应对措施。中小企业应在日常经营中建立和维护各种关系网络，包括与媒体、政府、客户和供应商等的关系。这样在品牌危机发生时，可以及时借助这些关系网络来获取支持和资源，化解危机并保护企业的品牌形象。品牌危机发生时，中小企业应进行透明的沟通和公关管理。及时向相关利益相关者说明情况，并采取积极的措施进行危机管理和修复。这样可以减少不良信息的传播，恢复公众对企业的信任。中小企业可以考虑与其他企业或相关组织进行合作与协同，共同应对品牌危机。通过合作的方式可以共享资源、经验和专业知识，更有效地化解品牌危机。总之，中小企业应在日常管理中重视品牌危机管理，建立相应的程序和能力。通过培训管理人员、建立关系网络、透明化沟通和公关管理等措施，中小企业可以有效化解品牌危机，保护企业的品牌形象，确保企业的可持续发展。如果出现品牌危机，中小企业在处理过程中要遵守一定的原则和程序。

（一）处理品牌危机的原则

1. 主动迅速、真诚真实

在危机中，快速反应和处理对于避免危机扩大和保护品牌形象至关重要。企业应在日常管理中进行潜在危机的识别和风险评估，包括了解可能引发危机的因素、情境和事件，并预测对企业品牌产生负面影响的可能性。企业应建立危机管理的程序，明确危机管理团队的职责和责任，包括相关人员的危机角色、沟通渠道以及危机处理和决策的权限等。一旦发生危机，企业应迅速反应并采取必要的措施，这可能涉及危机通知、信息收集与分析、紧急会议和决策、资源调配以及危机公关等方面。快速、果断的行动可以帮助企业尽可能减轻危机带来的负面影响。在危机管理中，企业应进行及时、准确和透明的沟通，和利益相关者（如客户、员工、投资者、媒体等）进行有效的危机沟通，及时传递关键信息，以增强公众对企业的信任和理解。危机处理结束后，企业应进行危机评估和总结，以便从中学习经验教训，并不断完善危机反应机制。对危机管理的反思和改进可以帮助企业更好地应对未来可能发生的危机。

品牌危机事件一旦发生，企业应在第一时间掌握各方面资讯，认真分析原因，一定要尽量争取将品牌危机的影响最小化，切不可因急于追究责任而任凭事态发展。如果确定是企业的责任，企业应该勇于承担，不能瞻前顾后。企业应当及时向社会表示歉意，不能试图逃避责任，应当以真挚的态度面对消费者和受害者，在必要时采取“悲情策略”，这样更容易获取社会公众和舆论的理解和同情，从而将负面影响降至最低。如果确定不是企业的责任，也应重点关注，可通过各种渠道向社会大众进行专业和耐心的解释，以获取社会对企业的重新认知和信任。一些中小企业在出现品牌危机后，并没有及时地进行处理，而是掉以轻心，认为只是一起个案，并没有采取必要的措施，结果导致谣言四起，对产品品牌造成严重影响。

2．维护消费者基本权益，损失最小化

品牌危机处理的第一要义：保护消费者的利益，减少受害者的损失。有人可能会说本企业没有责任，也没有损害消费者的利益。其实只要企业被认为有嫌疑或当产品谣言四起时，该企业品牌就会给消费者的心理带来挫伤和恐惧。企业的当务之急应该是与消费者进行充分的沟通和交流。企业要采取有效的措施去除消费者心中的阴影。在品牌营销危机处理的过程中把消费者放在首位，重视消费者的感受。

在危机处理中，企业应以诚实、透明化沟通和责任心为基础，积极回应消费者关切，通过个性化沟通、提供解决方案和建立长期关系，维护企业的形象和信誉。这将有助于消费者认同企业的诚信和态度，并对企业的品牌危机处理产生积极的影响。在危机中，企业应坦诚面对问题，诚实地向消费者传递事实真相，避免隐瞒、虚假陈述或误导性的信息，以免进一步破坏消费者对企业的信任。通过透明化沟通，消费者更容易接受和理解，从而减轻危机对企业形象的负面影响。企业应主动承担起危机中的责任，毫不推卸。如果企业犯了错误或存在问题，应及时采取措施解决，并向消费者表达诚挚的歉意。积极回应消费者的关切和问题，表明企业愿意承担责任并改进，有助于恢复消费者对企业的信心。针对危机引起的消费者关切，企业应采用个性化的沟通方式，包括通过各种渠道（如社交媒体、客服热线等）与消费者进行互动，并及时回应他们的问题和需求。个性化沟通可以让消费者感受到被重视和关心，从而增强公司诚恳的形象。企业应积极提供解决问题的方案，使消费者感受到实际行动，这可能包括退款、替代产品或服务、补偿措施等。通过积极回应和解决问题，企业可以重新获得消费者的信任并提升形象。危机处理不仅是短期的应对，也要考虑长期的关系建设。企业应努力建立持久的关系，通过提供优质的产品和服务、建立良好的售后支持体系、加强品牌标识等方式，赢得消费者的忠诚支持。只有关心消费者的权益，减少公众对危机的好奇猜测，才有利于品牌危机的化解。

3. 慎言谨行

无论是否发生品牌危机，企业都应与供应商寻求和谐合作，与竞争对手展开公平竞争。在自身受到广泛怀疑的时候，把责任推到供应商或竞争对手身上，效果往往适得其反，更有可能导致事件的进一步恶化，品牌负面影响将进一步扩大。处在品牌危机中的企业，最要紧的是团结一切可以团结的力量，妥善地处理好与供应商、竞争对手之间的关系，将公众的关注度降低，而不应采取过激的行为，想当然地说出不负责任的话来，对于公众的情绪无异于火上浇油。

4. 冷静、宣传解释一致

媒体是企业与公众之间的桥梁。企业的品牌危机既是由媒体报道引发的，也将以媒体报道而结束。任何危机事件的处理都离不开媒体。所以保持与媒体的诚恳合作和积极沟通至关重要。中小企业要处理好与媒体的关系，重视与媒体打交道，避免沟通不畅引起更大的争议。媒体公关部要发挥积极作用，在第一时间与高层进行充分的沟通并通过媒体澄清事实。因此，企业在跟媒体打交道的时候必须冷静、宣传解释一致，充分利用媒体的优势，开诚布公地与外界进行信息传递，必要时，企业还应调整对内对外的政策，争取内外公众的支持。

5. 全力动员

品牌危机事件不仅会引起社会的震动，也会造成企业内部员工的疑虑和不安。若处理不好，易引起人事动荡。因此，在进行品牌危机处理的时候，一定要关注内部员工的情绪。

一种比较好的做法就是让员工参与到品牌危机处理中来，而不是让其做旁观者。这有利于提高品牌危机处理的透明度，也易被外界接受。另外，通过向员工传授品牌危机处理的方法，并鼓励他们积极参与其中，不仅可以有效减少企业的动荡和不安定因素，还可以发挥宣传效果，减少企业面临的内外部压力。企业品牌危机处理。在战略上，企业还有许多事情要去做，如品牌危机意识的建立、突发事件预警系统的建立、品牌危机处理的制度化等。总而言之，品牌危机的处理既是一门科学又是一门艺术，是一项复杂而系统的工程，需要企业相关部门精心组织、谨慎安排，尽量减少影响，并力求将处理的方法制度化、规范化。

6. 主动出击

将危机转化为机遇需要企业具备深刻理解危机、制定转化策略、迅速行动和沟通、利用媒体和社交平台以及持续改进和学习的能力。通过合理利用危机中的机遇，企业可以提升品牌形象，达到危机处理的更高水平。在危机处理中，企业应该努力寻找机遇，并通过危机转化提升自身形象和品牌价值。企业需要深入分析和了解危机的根源和影响，以及围绕危机产生的各种机遇。这需要企业管理层和团队能够冷静客观地评估和认知危机，并敏锐地抓住危机中蕴藏的潜在机遇。企业应制定明确的策略和计划，将危机转化为机遇，这可能包括开展积极的市场营销活动、推出创新的产品或服务、转变企业形象和定位等。策略的关键是寻找与危机相关的新机遇，并将其与企业的核心竞争力和价值观相匹配。企业需要迅速行动，积极应对危机，同时加强与内部和外部利益相关者的沟通。通过及时、准确和诚实的沟通，企业可以展现其应对危机的决心和诚信，并引导公众的关注点从危机本身转移到企业所提供的解决方案和机遇上。媒体和社交平台是传播信息和影响舆论的重要渠道。企业应积极利用这些平台，传播正面信息，树立积极的形象，并与消费者和其他利益相关者进行有意义的互动。这有助于改善企业在危机中的形象和声誉，并将危机转化为正面曝光和品牌宣传的机会。危机处理并非一次性的任务，而是一个持续改进和学习的过程。企业应及时总结经验教训，反思危机处理的效果，并不断优化危机转化的策略和方法。通过不断学习和改进，企业可以提升自身危机处理的能力和反应速度。品牌危机公关是品牌战略体系的最后一道防线，如果出现问题，千万不能回避，应积极从容地面对，敢于承担责任，否则，品牌的诚信旗帜一旦被撕破，品牌也就很难回天。

（二）处理品牌危机的程序

1. 成立危机处理组织

品牌危机处理必须有相应的组织保障。品牌危机事件的发生使得各个部门正常的经营管理秩序被打乱，因此中小企业应根据危机处理的需要对组织机构进行调整以渡过难关。一般而言，中小企业品牌危机管理中的组织机构由三大系统组成，即信息系统、决策系统和操作系统。信息系统包括信息收集部、咨询联络部以及信息整理部。信息收集部应配有训练有素的信息收集人员，为各部门提供翔实、快速、准确的信息；咨询联络部主要为危机管理决策收集专家意见以及获得社会支持；信息整理部负责将危机信息进行识别、分类和记录，供决策者使用。决策系统主要为管理决策部，由一名首席危机管理者和若干名危机管理成员组成。首席危机管理者应由中小企业高层管理者担任，一方面因其有决策的权威，另一方面因其对中小企业有全面的了解。危机管理成员应具备在信息有限和高压的情境下做出合理决策的能力。操作系统包括指挥协调部、媒体联络部、形象管理部、资源保障部等。指挥协调部负责危机现场指挥以及与决策系统的全面沟通；媒体联络部负责与媒体的协调、沟通；形象管理部负责组织形象的推广；资源保障部负责为危机处理提供资源支持。

2. 危机调查与评估

在应对危机时，一方面，中小企业需要对危机产生的根源进行深入挖掘，通过详尽的调查，找出危机产生的根本原因，并全面了解危机事件的全貌。只有深入剖析危机的本质，才能有针对性地制订有效的解决方案。而公布危机事件的真实情况不仅会引起社会公众的关注，他们也会以此判断中小企业是否有解决危机的诚意，而且中小企业在承担相关责任时，也要以危机事件的真实情况为基础，应由中小企业承担的责任要有诚意地承担，对于不归中小企业承担的责任企业应加强与各方的沟通，澄清事实，消除误解。另一方面，中小企业有必要将危机事件对中小企业品牌乃至企业可能产生的风险进行全面评估。此评估应当涵盖已发生的和潜在的风险影响。一旦获得了全面的风险评估报告，中小企业的高层管理人员应根据所评估的风险级别来制定危机应对策略和工作的主要方向。若对危机的风险程度判断不准确，可能会给中小企业的品牌和企业形象带来严重的后果，甚至带来灾难性的打击。

3. 建立信息传播渠道

在中小企业面临品牌危机事件时，建立高效的信息传播渠道是解决危机的重要举措之一。由于危机事件的发生，中小企业会受到社会舆论的广泛关注，公众往往希望能及时了解危机事件的真相以及中小企业应对危机的态度和措施。在信息流通存在不对称现象的情况下，社会公众易于产生误解和猜疑的情绪，从而加剧了危机对中小企业形象的不利影响。中小企业应当利用多种信息媒介，构建高效的信息传播渠道，强化与政府部门、社会公众以及新闻媒体的沟通。这将有助于提升企业的透明度，树立良好的企业形象，并增强社会公众对企业的了解和信任。尤其要加强与新闻媒介的沟通，因为他们在引导社会舆论方面具有重大作用。中小企业应指派专门的新闻发言人或设立新闻中心处理与媒体间的关系，以统一口径回答有关新闻媒体以及公众的质疑，以真诚的态度表达歉意以及中小企业处理危机的诚意；掌握舆论主导权，通过多种信息传播渠道让公众了解危机的进展情况。在遇到暂时无法明确答复的问题时，应该承诺尽快提供相关资讯。若无法提供所需信息，应该诚恳地解释原因，并寻求对方的谅解，以避免激怒新闻媒体。在应对危机事件的过程中，中小企业若要确保公众能够了解事实真相，必须建立健全的信息传播渠道。中小企业对于自身的过失要能够主动承担责任，并采取补救措施，可以显示中小企业的诚意和责任感，从而降低品牌危机事件的危害。

4. 运用危机处理技巧

中小企业在处理品牌危机的过程中应结合危机的特点采取不同的危机处理技巧，从而有助于危机的解决。

（1）危机隔离策略

危机爆发所产生的危害往往具有辐射效应，它对某个品牌形象的损害可能引起消费者、公众对其他品牌甚至是整体企业形象的误解。因此，当某一品牌危机事件发生后，中小企业应迅速采取措施切断危机对企业其他品牌产品的影响，将爆发的危机隔离，以防止其扩散造成更大的损失。

（2）危机利用策略

危机利用策略是指利用危机事件造成的社会公众对中小企业高度关注的机遇，通过成功化解危机让社会公众认识到企业以顾客利益为重的企业形象，提升品牌知名度和美誉度，从而变危机为机遇。

（3）邀请公正性和权威性的机构来帮助解决危机

在处理危机的过程中，中小企业可以邀请公证机构、政府机构或专业权威人士参与，这样可以提高公众对危机调查结果的信任度，从而促进危机事件解决。

第三章　中小企业品牌推广策略

在掌握一定的市场基础之后，中小企业可进一步面向社会推广自身的品牌。本章介绍的内容是中小企业品牌推广策略，分为三个部分：中小企业品牌进攻、中小企业品牌合作、中小企业品牌扩张与持续发展。

第一节　中小企业品牌进攻

一、中小企业品牌进攻概述

（一）中小企业品牌进攻含义

中小企业品牌进攻是指中小企业针对某家企业或某几家企业发起的品牌战，通过一系列活动去占领对方品牌的市场，提升本企业品牌的市场占有率。

（二）中小企业品牌进攻原则

商场如战场，中小企业品牌由于自身弱小，经常处于被动防守的局面。中小企业品牌有时需要主动出击，用什么方法进攻，何时何地去进攻竞争者的品牌，我们将对此展开探讨。

1. 知己知彼、百战不殆

要与竞争对手品牌过招，知己知彼是关键，要打有准备之战。为了更好地了解竞争对手的产品，需要对其产品的优势和劣势做全面的分析，以便发现对手品牌的薄弱环节并进行有针对性的攻击。为了更好地开展竞争情报工作，需要对竞争对手有一个全面的了解。通过利用互联网、竞争对手的多种销售渠道、竞争对手举办的各种研讨会和新闻发布会、自己的社会关系和业务网络以及各种展销会等渠道，我们可以全面获取到竞争对手的品牌信息，包括产品、价格、渠道、终端、服务和管理等方面。此外，要使收集来的资料能够有效地运用于企业经营决策之中，就必须从情报入手，做好企业内部和外部的竞争情报工作。情报信息的分析是一项至关重要的任务，但往往也是最脆弱的环节。这包括对竞争对手品牌进攻过程中可能出现的机遇、问题和困难进行预测，并提前设计相应的对策以应对这些挑战。因此，研究类信息工作中，信息分析是一项不可或缺的任务，只有通过深入研究和精准分析，才能为进攻提供具有实际可行性的行动计划。在竞争信息系统的构建和实施过程中，必须遵循两个基本原则，即确保其实用性和有效性。

2. 避实就虚、攻击软肋

在与竞争者的品牌竞争中，我们应该把进攻的重点放在对手市场的薄弱环节上，避免和竞争者的优势发生正面交锋，而采取避实就虚的战略。针对目标市场，采用正反两方面的策略是较为有效的策略。在对竞争对手的品牌控制市场发起进攻时，所付出的代价往往比对其他市场进攻或防守高出数倍，因此，我们应该采取针对竞争对手薄弱环节的市场策略，以规避其锋芒，从而为趁虚而入创造有利条件。在提升资源利用效率的同时，以强有力的手段打击竞争对手，这样的进攻策略使得丝宝日化旗下的舒蕾品牌在进攻宝洁洗发品牌时取得了惊人的成功。

舒蕾在进攻宝洁洗发品牌时，发现了其在渠道、终端等方面的薄弱环节，利用宝洁公司在终端销售方面的漏洞，在终端销售方面下足了功夫，最终通过终端促销推广、高密度的终端陈列扩大了市场的占有份额，取得了可喜的成绩。

舒蕾在一开始就把自己的核心竞争力放在了终端上，并将自己的产品紧邻着宝洁的洗发品牌摆放，以便能够拥有与之相仿或更多的陈列空间，这样做的目的就是最大限度地发挥终端的交流优势，让那些购买了竞争产品的消费者进行品牌转换，从而有效地压制对手。

为了在被竞争者所掌控的市场中对终端进行有效的控制，丝宝集团一改以往以分销商为主导的渠道方式，通过设立分支机构、办事处，对各大零售点进行直接供应、管理，形成了一个强大的、受厂家掌控的垂直营销体系。在促销手段方面，舒蕾不但将促销活动制度化，还建立了一套赠品促销、活动促销、联合促销的体系运作方式。舒蕾注重在大商场、小零售门店进行促销，并辐射带动中等规模门店的发展。舒蕾在所有的大型购物中心设置了数百个专门的柜台，并且不遗余力地将舒蕾的货架、宣传灯箱、海报等摆到各个商店的显著位置；建立舒蕾的“轻骑兵”，让它渗入更接近日常生活的商店、美容院、小超市等。在与竞争者交战时，抢占有利的时机和有利的地理位置是取胜的法宝。老练的推销员、标准的促销方式以及一些造势宣传推广都是舒蕾的利器，舒蕾也会鼓励各地的推销员创造性地执行公司的政策，同时总部在最短的时间内进行配合，做出反应，争取先机，让竞争对手在其品牌推广上处于被动的地位。

3. 收缩战线、集中力量

对中小企业来说，其最有利的攻守态势应该是专注于单一产品的销售。如果企业没有足够多的资源来做单一产品的话，其优势将荡然无存。拥有整条战线是一种奢侈，只有行业领导者才能承担得起，所以为了保证取得首期战果，中小企业必须将进攻集中在较小的范围内。此外，中小企业应当从军事战略中汲取智慧，以便更好地应对当前的挑战。其实军事战略与企业经营管理有着天然联系，进攻往往局限于狭小的领域，有时仅限于一条公路，只要攻破了对方的防御，攻击就可以横向展开，占据有利位置。这就要求我们必须有很强的战略战术意识和作战能力。当需要在狭小的阵地上进行进攻时，必须集结兵力，以实现局部优势的目标。

军事理论家克劳塞维茨（Clausewitz）说："如果无法获得绝对的优势，就必须灵活运用现有力量，在决定性的地点创造出相对优势。"① 如果企业在广阔的市场上一次性投入多种产品，并发动全面进攻，试图尽快获得尽可能多的领地，那么最终必然会失去所有的领地。因为中小企业在财力资源、产业关系、分销渠道和客户认知方面，都不能与领导企业一样具有绝对的实力优势。

中小企业品牌进攻，首先要从一个产品做起，做成强势单品，在市场中建立优势，取得一定的地位，进而形成一个强大的产品品牌，这才是中小企业做品牌取得成功的正确出发点。中小企业要想成为大企业必须先拥有自己独特的核心竞争力，并使之具有可复制性和可持续性，而这种能力就是产品的品牌价值。这样的例子很多，像哈药集团因为补钙产品而闻名；天士力凭借丹参滴丸而享誉海内外；修正以达舒在市场获得一席之地；神威以清开灵现代中药制剂独树一帜；等等。这些成功的起步都是值得借鉴的。

一个强势单品和一个强势的产品品牌对中小企业来说意义重大。

首先，强势单品对企业的发展起到了决定性的作用。一个企业若是没有强势单品，那么企业、产品以及品牌在市场中就没有立足之地，在整个行业中可有可无，竞争力也十分低下。倘若一个企业专注于研发一个产品品牌，使其成为强势单品，那么整个企业的战略定位和发展方向就有了基础，都会以此为中心运行。

① 克劳塞维茨．战争论[M]. 北京：民主与建设出版社，2021.

其次，打造强势单品是企业能够在市场竞争中占据优势的保障。企业集中全部力量到一点上，打造强势品牌。

最后，打造强势单品，既能满足品牌构建的需要，又能确保企业在激烈的市场竞争中立于不败之地。它是中小企业成功营销的不二之选。汇仁肾宝口服液一年销售额就能够达十亿元，而江中复方草珊瑚含片一年销售额达两亿元，这两个产品分别是两家企业的销售龙头，是两家企业的象征，也是两家企业在该领域的代表。

由于企业的资源有限，所以成功的市场营销永远是聚焦在某一产品上的，而不是顾及全部产品。在单品上做到行业最强最大，不但能提高销售收入，也是企业向市场发起新攻势的供应站。

二、中小企业品牌进攻策略

进攻策略和防守策略是相互联系的。在某种程度上，市场营销之间的对抗并不存在好与坏的区别，好的战略实施效果可能很差，不好的战略实施效果也可以很好，一切都要看使用该策略的人。中小企业在进行进攻时要非常谨慎。

（一）分析市场，制定战略方针

进攻战略是中小企业品牌发展到一定阶段后常用的策略。但是所有企业都应该慎重采用进攻战略，争取做到不战则已，战则必胜，否则容易引起激烈的市场竞争。所以，中小企业要想在市场上抢占先机，就必须有一个清晰的定位，找准进攻的对象，并采取恰当的战略。

1. 确定进攻的目标和对象

针对不同的进攻目标和对象，中小企业可以采用不同的进攻策略。中小企业可以向市场领导者发起进攻，一旦取得胜利，则将打破市场格局，并从根本上改变自身在市场上的位置。但是，这会存在很大风险，因为市场领先者的产品质量、市场占有率、产品价格、技术实力以及销售渠道等方面，都已经获得了市场的认可。而且，这些领先者都是十分优秀的公司，想要攻破其弱点有一定的难度。

同时，中小企业还可以将目光投向实力相当的竞争对手，在对方经营状况不佳的情况下寻找机会与其竞争市场占有额。选择它们为进攻目标，不仅风险极低，而且获胜的概率也更大，一旦获胜，也能改变整个行业的格局。

总之，不管市场挑战者选择将哪一种企业作为进攻对象，都要先确定自己的攻击目标，再进行分析。

2. 分析竞争对手品牌

（1）对被竞争对手品牌主导的市场进行细分

在对被竞争对手品牌主导的市场进行细分时，要把握好以下三个原则。

①可衡量性原则。可衡量性原则是指要能对被竞争对手品牌主导的市场上的消费者在商品需求上存在的差别做出清晰的反应和解释，并且能够清晰地进行界定，能够把被竞争对手品牌主导的市场再划分成几个较小的市场，同时可以对细分后的市场范围、潜力等进行定量的描述。

②可占据性原则。可占据性原则是指对被竞争对手品牌主导的市场中所细分出来的市场的规模、潜力、购买力等有足够的认识，以保证在进入其市场后能够有一定的销量，同时自己也要有足够的实力和资源等来占据其中的一个细分的小市场。

③相对优势性原则。相对优势性原则是指在进入被竞争对手品牌主导的细分目标市场时，要能保证企业自身拥有一定的优势，并在较长的一段时间内保持着经营上的稳定性，避免不必要的风险和损失。

（2）在进攻竞争对手品牌时要进行自身的优劣势分析

在对竞争对手的品牌发起进攻时，首先要对自身的优劣势、机会和威胁进行分析。其中，优劣势的分析主要集中在自己的力量和竞争对手力量的对比上，而机会和威胁的分析主要集中在市场外部环境的改变对自己的影响上。

①优劣势分析。企业的竞争优势是指企业在竞争中能够取得突出成绩，实现企业稳步发展的能力。然而，应该注意到在对竞争对手品牌进行攻击时，可能受其他的竞争因素和一些原因的影响，企业自身的竞争优势并不能完全反映在盈利率上。企业必须明确自己的优势所在，以便充分利用自身的优势，以实击虚。此外，在对其优劣势进行分析的时候，企业要从全价值链的每一个环节着手，将自己与竞争对手的品牌进行细致的比较，如产品、品牌、财力等资源，以此来衡量自己具备哪些竞争优势，同时从现有客户甚至是待挖掘用户的角度进行综合考虑。

竞争优势是相对而言的，当竞争者采取强大的回击策略时，自己的竞争优势将被削弱。优劣势分析主要考虑三大要素：首先，要多久才能形成优势；其次，企业能获得多大的优势；最后，竞争者的品牌要花多久才能做出强有力的回击。只有对这些要素进行分析，才能了解并掌握如何在竞争者的品牌控制范围内确立并保持自己的竞争优势。

首先，企业需要评估建立竞争优势所需的时间——这取决于多个因素，如市场规模、竞争对手实力、资源投入等。通过研究市场趋势、竞争对手和消费者需求，企业可以估计出建立竞争优势所需的时间。这样就能够制定出一个合理的时间框架，并为战略规划提供指导。

其次，企业需要评估能够获得的竞争优势规模，如市场份额增长、品牌知名度提升、产品差异化等。企业要掌握自身产品或服务的核心优势，并与竞争对手进行比较，从而确定自己能够获得的竞争优势规模，这有助于制定具体的目标，并为投入资源和开展市场推广活动提供依据。

最后，企业需要考虑竞争对手可能采取的反击行动以及所需的时间，综合分析竞争对手的资源、反应速度和市场地位，预测其可能进行反击的时间，从而制订出相应的计划，以保持自身的竞争优势并应对可能的挑战。

②机会和威胁分析。竞争对手品牌主导的市场环境可能会更为开放和动荡，这会给企业带来严重的冲击。所以，在激烈的市场竞争中，企业所处的环境是非常重要的。环境的发展趋势有两个方面：一个是环境威胁，一个是环境机会。环境威胁指的是对于外部环境的不良发展态势给公司造成的影响，如果公司不能及时采取有效的应对措施，就会导致公司处于不利的地位。环境机会指的是能够吸引企业，并且能够为企业带来竞争优势的市场，而在此环境中企业具有一定的竞争优势。

（二）分析竞争对手品牌，找到竞争突破口

首先要将目光集中在竞争对手的品牌上，一个中小企业的品牌，不管它在某一种特性上有多么突出，如果它也是一个竞争对手品牌的优势所在，那么将很难取胜。竞争者的品牌所拥有的优势在于其在消费者心目中的地位，想要消灭其优势，企业必须把它从消费者心中驱逐出去或者弱化它。

其次是寻找竞争对手品牌的薄弱之处，并向它发起进攻。在竞争对手品牌的力量中寻找薄弱点是指寻找对手品牌难以发力的地方或者发力薄弱的地方。艾维斯（Avis）公司的租车广告中说："租用艾维斯的汽车吧，我们的计程器所显示出来的路程更短。"[①] 这一战略不仅赢得了顾客，而且还预见到了赫兹（Hertz）公司将会做出的反应。赫兹公司是美国最大的计程车公司，并且一直在该领域处于领导地位，但这也是赫兹公司的弱点。

① 伊立．著名企业营销广告策划方案[M]．北京：蓝天出版社，2003．

但也不能全线进攻，最好是专注于某一种产品，因为全线进攻容易造成很大的损失，只有那些大公司才能承受。

（三）结合进攻策略，分析战术

进攻策略与战术是最基本的竞争方式，它的目标是在一个市场上合并或击败竞争对手品牌，并能够在关键地区取得市场份额或有关的资源。进攻策略和战术的本质就是把自己的竞争意识施加在对方的品牌上，从而实现进攻目标。

1．先期打击

进攻策略中的先期打击战术是在战略进攻之初就对防御者进行一定程度打击的战术行动（如价格战），它的目标是扰乱防御者的事先准备，清除防御者的组织、产品和营销等障碍，把防御者的消费群体集中到进攻者的消费群体中，以此来削弱防御者可持续的竞争力，增强了进攻者实施战略的攻势。

2．信息攻防

信息攻防战术的成功实施将极大地提高进攻者的市场竞争能力，并将对攻击者的战略攻击过程和结果产生深远的影响。因此，利用特定的资讯系统侦测、辨识、界定竞争对手品牌是最大限度发挥进攻者竞争力的有效保障。进攻者所体现出的新竞争力是在信息的干扰、侦察以及维护中逐渐形成的。

3．突破战术

进攻策略下的突破战术指的是将具有竞争优势的产品、技术和人力聚焦在竞争对手品牌的某个位置，采取突然、迅速的行动以打开进攻的突破口，为进一步分化和削弱竞争对手的市场地位奠定坚实的基础。

4．纵深立体攻击

纵深立体攻击战术是指借助竞争对手品牌的防守薄弱之处和市场环境所具备的优势，科学地利用各种进攻资源和方法，在竞争对手品牌防御体系纵深进行的进攻行动。

5．在进攻中化解对手的反击

处于防御状态的竞争对手品牌十分注重在合适的时机采取进攻策略来化解或消耗进攻者的进攻，从而再次夺回产品和地区市场份额的优势。所以，企业在突破防御壁垒、深入竞争对手市场的同时，更应该关注如何防范对手的反击。破解竞争者品牌反扑的最佳方法就是抢先一步行动。

6. 分割兼并

分割策略是一种将竞争者品牌的战略部署分解为几个部分的攻击行为。例如，将竞争对手品牌的几个支柱型产品、主导型产品以及竞争对手品牌的几个产品营销区域切割成多个小部分进行逐步进攻，同时将竞争对手品牌的几个技术和管理骨干也切割成多个小部分逐步借鉴吸收。

综上所述，我们可以看到，市场竞争不仅是一种科学，而且是一种进攻性的艺术。企业必须对市场和竞争对手深入了解，才能在市场中占据一席之地。

（四）选择进攻策略

中小企业在对自己的攻击目标有了清晰的认识后，接下来就是选择合适的进攻策略。如正面进攻、侧翼进攻、包围进攻、迂回进攻、游击进攻击以及柔道战术等都是企业常用的攻击方式。

1. 正面进攻

所谓正面进攻，即中小企业把自己的资源集中在某一特定的攻击对象上，并将注意力和攻击点放在他的优势上。此外，有限正面进攻策略、完全正面进攻策略、以科技与技术为导向的正面进攻策略都从属于正面进攻策略。

有限正面进攻即专注于某一特定客户，并试图将其从竞争对手手中拉走。在现代商业竞争中，争夺终端、争夺顾客往往是一种激烈的竞争，这是很多烟酒、饮料、洗车机等行业都会用到的方法，例如，日本小松集团就是用这种方法来开拓市场的。

在完全正面进攻中，中小企业可以从产品、价格、促销等方面对竞争对手展开打击。此外，要确保进攻有一定成效，中小企业品牌就必须在运营方面胜过对方，必须有强大的实力、坚强的毅力。倘若一支军队想要发起一次直接攻击，击破对方的防守，这就意味着，他们必须保证自己的战斗火力占据绝对的优势。

以科技与技术为导向的正面进攻是一种企业通过投入大量资金，以较低的研发成本来打击竞争对手的方法。日本很多企业都很擅长通过降低成本的方式来降低产品的价格。

通常情况下，只有规模较大的企业才会采用正面进攻的方式，而中小企业因为资金不足、成本低下等，不宜采取正面进攻的策略。

2. 侧翼进攻

侧翼进攻就是找准对手的弱点或者破绽，采取相应的策略，以求在所有的正面作战中取得胜利。进攻者常常假装要攻击防御者最强大的一面，以此来牵制他们的力量，同时从他们的两侧和后面发起真正的攻击。一般侧翼进攻讲究“声东击西”“出其不意，攻其不备”，在防御者松懈的时候打他一个措手不及，这在军事上是经常使用的一种手段。

侧翼进攻的方法有两种：一是地缘战略，二是局部战略。所谓地缘战略，就是指进攻者在其国内或全球范围内挑选出对自身来说竞争力较弱的区域，对其进行进攻。例如，美国的高露洁品牌为了避免与宝洁竞争，积极开发国外市场，争取在国外占据主导位置。地缘战略可以在出售和竞争对手一样或者类似的产品时使用。

局部战略则与地缘战略相反。这个战略需要搞清楚特定地域的需求是什么，或者竞争者的产品未被发现的需要有哪些。美国著名的管理学家托马斯·彼得斯（Thomas Peters）曾经说过：“不要只想着分享市场，而要考虑创造市场。”①

例如，海尔公司发现四川的很多农户对能够清洗地瓜的洗衣机有很大的需求，就立刻研发出来，很快就卖出了几千台。局部战略通常要比地缘战略更具发展前景，因为局部战略的出发点是满足客户的需要，并且要进行区别性的销售。

侧翼进攻在市场上起到十分重要的作用，尤其是对那些资源比对手少的攻击者而言，这种战略更适合他们。在中小企业品牌没有能力进行正面和积极的市场进攻时，侧翼进攻为最优选择。但是，在实施这一战略前必须具备一定的条件和合适的时机，不能毫无准备地实施。

侧翼进攻和正面进攻相比，正面进攻指的是公司直接进入在位者所属的主流市场，而侧翼进攻指的是进入在位者所属的非主流市场，通常情况下，这个市场的销售额所占的比例不会超过 15%。价格战是普遍的正面攻击方式，如果有一家公司想要降低价格，那么其他公司也会跟着降低价格，这样就会陷入僵局，消耗了两家企业的大量资源。所以，要想取得主动的优势，就必须有足够的竞争力，不然，非但不能取得主动，反而会将自己拖下水。

中小企业在面对竞争对手时，可采用侧翼进攻的策略。中小企业可以通过找到对手品牌较为薄弱的细分市场，将自己的优势力量集中起来，对其弱点进行攻击，以此作为竞争的突破口，进而打击对手，从而获得竞争优势。在选择细分市场时，要考虑到三个方面：一是根据市场规模和产品毛利对这个市场是否有成长空间进行精确的预测；二是公司的核心能力和细分市场能够很好地结合在一起；

① 毕振宇．浅谈托马斯·彼得斯管理思想 [J]. 科技经济市场，2008（04）：73-74.

三是这一区域可以和公司的原有品牌形成协同作用。

对于中小企业而言，采用侧翼进攻策略是一种高效且经济的选择，相较于正面进攻，其成功的概率更高。它可以利用其技术和市场优势，采取迂回包围的方式来实现快速扩张的目标。在进行侧翼进攻时，必须遵循以下三项基本原则。

第一，找到对方的突破口。在侧翼进攻中，我们需要寻找竞争对手品牌的薄弱地方或对手品牌不会进行激烈反击的地方，以此为突破口来规避竞争对手品牌的锋芒。

第二，进攻要迅速。侧翼进攻的成功与否，在很大程度上取决于突袭的迅速性。在现代品牌战争中，侧翼攻击已成为一种不可缺少的手段。实质上，侧翼作战是一场异乎寻常的进攻之战，其实力和速度都达到了惊人的高度。侧翼进攻比正面进攻具有更高的战术价值和作战效能。在面对正面进攻时，竞争对手常常能够预见，但侧翼进攻则是以出其不意的方式，以迅雷不及掩耳之势，对竞争对手实施毁灭性的打击。

第三，避免削弱自身的核心竞争力。中小企业在选择细分市场时，应优先考虑竞争对手品牌市场占有率较低的市场，确保在侧翼进攻初期获得暂时的胜利。为了应对竞争对手的品牌反击，企业必须投入大量的资源以应对这一挑战，因为一旦被对手品牌发现，企业很可能会面临更大的风险。如果中小企业没有很强的核心能力和产品优势，那么即使他们可以战胜对手，也不可能在行业中长时间保持领先地位。

3. 包围进攻

包围进攻是指中小品牌以包围进攻之势将竞争对手围困在自己的领地内，令其四面楚歌。该策略可以快速地占据目标市场，获得竞争优势，实现以攻为守、以弱胜强。产品包围属于一种有效的进攻策略，它可以将更具质量、风格、性能和规格优势的产品投入市场，从而达到全面击败竞争对手的目的；市场包围是一种通过扩大自身市场份额，侵蚀竞争对手市场并最终战胜对手的策略，其核心在于通过大规模占领相邻市场来实现进攻目标。

4. 迂回进攻

迂回进攻是中小企业在一定区域内避免与竞争对手正面交锋的一种战斗策略，属于间接进攻策略。高科技领域普遍采用的战术是蛙跳迂回攻击战术，迂回进攻的表现主要分为四种：现有产品搬迁到新地区；通过引进新技术、开发新产品来取代现有的产品；针对尚未得到满足的要求开发新产品；直接研制新产品。

迂回进攻主要有以下两种方式。

（1）在产品或服务对象上进行迂回进攻

例如，大公司的产品面向的是高端顾客，那么，中小企业可以在低端顾客的身上下功夫，等有了足够的资金、技术后，再向大公司发起挑战。又如，蒙牛向伊利发起的进攻就是一个以产品和服务对象为目标的迂回进攻策略。在起步阶段，蒙牛针对奶制品行业的领头羊——伊利，采取了以下三种策略。

第一种是宣传迂回策略。宣称自己是内蒙古乳业的“第二品牌”。第二种是产品迂回策略。伊利主打的是高档次利乐纸盒包装，蒙牛主打的是低档次的伊乐塑料袋包装。第三种是区域市场迂回策略。伊利以几个大城市为主要战场，而蒙牛则以中小城市为主要战场。蒙牛经过多年的发展，已经从一家跟风的乳品企业变成了一家可以与伊利分庭抗礼的乳品企业。①

（2）采用多元化的迂回策略

通过开发与竞争对手品牌完全不同的产品来实现市场的多样化，进而利用技术创新和产品开发来取代现有主要竞争者的产品。这是一家企业在世界范围内发展的最有效的途径，也是一家企业取得持久成功的重要基础。美国高露洁集团针对宝洁集团的激烈竞争同样采取了迂回进攻策略。该公司通过对品牌牙膏、牙刷等产品进行包装，并将其销售到全球，获得了越来越多的市场份额，进一步巩固了国际市场领导者的位置，并努力开发宝洁尚未占据的市场。高露洁通过持续的并购活动，成功地收购了纺织品、医药产品、化妆品和食品公司，这一系列业务的成功拓展为其带来了巨大的收益。在此基础上，高露洁又把目标瞄准了汽车工业、房地产行业等。如今，高露洁已跻身于与宝洁同等地位的企业之列，在日化领域宝洁公司独霸一方的格局已不复存在。

5. 游击进攻

游击进攻是指中小企业小规模、间歇性地攻击对手的区域，其目的是干扰竞争对手的心态，让他们精疲力竭、心力交瘁、士气低落、斗志消沉，从而巩固自己在市场中的永久地位。通过游击进攻的方式，既能有效地降低企业的生产成本，又能提高企业的产品附加值。游击战进攻的具体方法包括有目标的降价策略、密集而激烈的爆发性促销策略、游说政府部门对竞争对手实行相应的法律和法规的限制。

① 胡嘉慧．蒙牛乳业的市场角色及其营销战略探析 [J]. 商讯，2019（09）：23-24.

当小企业面临着一个强大的对手市场时，他们很难采用有效的正面或侧翼进攻策略，所以他们会在市场的每个角落快速地进行促销和价格攻击，以此来逐渐地削弱对手的市场实力，这是中小企业采取游击进攻战术的一个重要原因。游击进攻多被小企业广泛应用，大型企业则有时采用，因为它比正面、侧翼或包围攻击更具成本优势。

游击战是一种常用的军事战术手段，它可以让弱小的军队向强大的军队发起进攻，从而实现对敌军的反击。游击战所追求的并非占领敌方阵地，而是巩固自身的永久性立足点。因此在战争初期，游击战往往作为夺取优势兵力的手段之一。该策略采用小规模攻击和持久的打击手段，以达到瓦解和迷惑敌人的目的。此外，游击战的特点在于能够在短时间内消灭敌军有生力量，以取得战争胜利。将游击战运用于市场竞争中，以削弱强大对手的薄弱环节为手段，从而获得利润，并使其无暇顾及自身的永久性立足点。

尽管一些大的品牌有时也会使用游击战的策略，但是这一策略更适用于中小企业。其原因有二：其一，中小企业在实施正面进攻策略时缺少多种资源；其二，中小企业在打游击战时将其“小”的缺点转化为“大”的优点。正是因为企业的体量小，而且非常灵活，才更适合其活动范围。

中小企业在使用游击战略时，要考虑好以下三点。

（1）选好进攻位置

中小企业要想采取游击战略，首先要找准攻击范围。举例来说，大企业一般会把注意力和竞争资源放在大城市里，而对于一些小城镇，他们往往没有时间关注，所以小城镇可能是中小企业进行攻击的理想区域。

（2）要形成一套快速响应的机制

游击的目的是在移动中击溃或消磨对方，其关键在于一个“快”字。中小企业具有转型速度快的特性，应充分利用这一优势。

（3）要做好撤退的准备

在市场规模越来越大、大企业开始加入竞争的情况下，中小企业要下定决心，及时退出，开拓新的市场，绝不能一根筋地固守阵地，否则很容易引来灾祸。

6．柔道战术

柔道战术和相扑战术是有关系的。相扑战术是有备而来，即以彼之道还施彼身，和对手正面搏斗。而柔道战术则不同，柔道以躲避为主，不与竞争对手硬拼，主要是借力打力，以此消耗对手的体能，将对手打倒在地。通常情况下，大公司的攻击手段主要是相扑战术，而小公司的攻击手段主要是柔道战术。

柔道的打法有三个原则：移动、平衡以及杠杆借力。三个基本原则在商业竞争中的应用具有不同的战略意蕴。移动的流动性强，使得竞争者的品牌很难在市场上寻找到有效的碰撞点；平衡要注意竞合的程度，要防止与对手的激烈竞争，要主动寻求机遇，与对手保持适当的合作关系；所谓的杠杆借力，就是借助其他品牌的力量来提升自己的知名度。

（1）移动

柔道的移动原则就是考虑到进攻市场的特点，要持续改善，要有灵活性，尽量避免在初始阶段和发展阶段与竞争对手的正面碰撞。为了实现这个目标，企业需要注意以下三点。

①选择正确的入口。在市场上有很多空隙还需要填补，竞争对手品牌也存在着多方面的薄弱环节，但并不是每个市场空隙或薄弱环节都适合企业进入。在选择入口时，要综合自己的资源、能力，并对竞争者的品牌、目标市场等方面进行深入的研究。

②悄无声息地潜入。为了避免早期激烈的竞争，如和竞争者的品牌进行价格争夺，我们必须使用移动策略。在新的市场中，我们可以通过多个渠道来建立一个新的市场，并且根据销量的变化对各个渠道所占的份额进行持续的调整，这样就不会被竞争对手发现。

③动作迅速。中小企业在进入目标市场后，应以最快的速度发挥自身的优势，争取最大的发展空间。只有在竞争者，尤其是实力较强的竞争者认识到这一点前抢占并巩固了市场份额，达到盈亏平衡，才能与竞争者展开一场激烈的竞争。

（2）平衡

中小企业的品牌一旦进入市场，就会被别的企业发现，进而被打击。针对这种情况，中小企业需要采取一系列的对策去应对，如利用产品组合、区域组合、渠道组合等方面的调整，形成与竞争对手品牌既竞争又合作的局面，从而减轻竞争对手品牌反击的压力。

平衡原则主要包括以下两个方面。

①局部进攻。在自己有优势的领域进行适度的反扑，巩固自己的市场占有率。与此同时，要使竞争对手认识到他们的攻击不但成本高昂，也很难取得成功。

②持续移动。中小企业在进行局部进攻时，谨记要保持灵活性和移动的特征，并在不断的移动中拓展自己的优势领域，以维持平衡阶段的发展。

（3）杠杆借力

到了平衡阶段的后半段，必然会出现与竞争者品牌的直接碰撞，这时候就可以运用杠杆借力原理，其核心思想是借助竞争者的品牌进行反攻，从而提高自身的市场地位。很多时候对方的反击就是一种推动力，竞争对手反击得越激烈，就越能引起消费者与媒介的关注，同时也能提高自身的市场地位，其效果远胜于广告宣传。

柔道战术的执行是一个系统工程，如果在初期不能做到隐蔽进入，便不能迅速抢占市场，那么在后期就会处于劣势。这就像是一场柔道比赛，想要获胜，光靠一种技巧是不够的，还需要将这些技巧融会贯通，发挥出最大的威力。而中小企业在使用柔道战术的时候，也必须有足够的实力以及灵活的策略，缺少任何一种都很难取胜。

三、中小企业品牌进攻线路

在我国，很多具有竞争力的大型企业品牌具有较短的历史，它们的基础并不扎实，这就为中小企业品牌的发展提供了更广阔的空间。如果中小企业品牌选择了合适的竞争战略，那么它们可以对市场格局产生巨大的影响。

面对自身的劣势，中小企业必须采用主动的进攻策略，以改变自身的被动和落后的局面。中小企业需要在整体实力不强的前提下，将力量集中起来，努力在局部市场上形成优势，通过局部的胜利，将小胜转化为大胜，从而提升自己的市场地位。中小企业在进行品牌攻击的过程中，可选择以下线路。

（一）差异化进攻线路

差异化进攻的实质就是形成差别，特别是对于中小企业品牌而言，差异化进攻线路按形成差别的根源可划分为以下五种。

1. 产品差异化线路

一些公司凭借更加显著的产品差异化获得了胜利，如索尼和三星。中国中小企业实施这一策略的情况并不多，其中一个重要原因就是技术创新力不足。如果中小企业不能够掌握产品差异化的手段，那么在走向国际化的道路上必定困难重重。

2. 品牌渠道差异化线路

对于中小企业来说，渠道最为重要。

（1）针对行业内领先渠道的薄弱环节，构建出自己的渠道

华帝是燃具设备领域最早开设专卖店的公司。在别的公司的商品都挤在购物中心的时候，华帝的商品已经走进了专卖店，走进了柜台。这一对比，加上华帝前卫的品牌形象设计，让人有一种耳目一新的感觉。①

①挖掘细分市场。行业领导者在市场上可能占据了大部分份额，但仍然存在一些细分市场或特定消费群体未被充分满足。中小企业可以选择进入这些细分市场，专注于满足特定消费者的需求，建立自己的独特渠道。

②创新渠道模式。针对行业领导者渠道的弱点，中小企业可以创新渠道模式，提供更便捷、个性化的服务。例如，通过互联网技术建立自己的电子商务平台，实现直接面向消费者销售，节约中间环节成本。

③建立合作伙伴关系。中小企业可以寻找与行业领导者不同的合作伙伴，共同开发渠道，可以是其他中小企业、地区性经销商或特定行业垂直渠道的合作伙伴。通过合作伙伴关系共同打造独特渠道，互相支持和促进业务发展。

④提供差异化的产品或服务。中小企业可以通过提供与行业领导者不同的产品或服务来吸引消费者，如独特的设计、高品质的材料、个性化的定制等。通过差异化的产品或服务，中小企业能够在竞争激烈的市场中脱颖而出，并吸引更多消费者选择其渠道。

⑤加强品牌建设。中小企业应注重品牌建设，树立自己的品牌形象和价值观。通过有效的品牌传播和宣传，中小企业可以在消费者心中建立起独特的认知，从而吸引消费者选择其渠道。

（2）制定合适的渠道策略

目前，大部分的燃具公司采用了多个代理商的方式，尽管多个代理商能够在短时间内极大地提高销售量，但是，因为中小企业才刚刚开始发展，他们的渠道管理能力还不足，对于经销商间的价格战和窜货也无法阻止与避免，因此，多个代理商代理产品无法满足产品长远发展的要求。然而，华帝就是在这样的情况下，率先采用了地区市场总代理制度，规避以上种种弊端。同时，华帝还在全国范围内开设了直销网点和专营店，这有助于它们更好地管理当地的区域市场。华帝这种“区域总代理商＋华帝区域总经理”的复合销售模式在社会上产生了不错的反响。

①考虑渠道利润与成本。企业要综合考虑渠道的利润空间和运营成本，确保

① 郭岩中．华帝专卖店探析[J]. 现代家电，2007（1）：15-17.

渠道政策对企业的盈利能力有正面影响。

②建立良好的渠道管理体系。建立健全的渠道管理体系，包括渠道销售数据分析、渠道培训与激励、渠道合作伙伴关系维护等，确保渠道政策的有效执行和监控。

③定期评估和调整。定期评估渠道政策的实施效果，根据市场反馈和竞争动态进行必要的调整和优化，以适应市场变化和提升渠道效能。

（3）加强渠道力量

一般来说，大的制造商依赖于他们的品牌和销售员，很少对他们的代理商进行奖励。对于中小企业来说，给予代理商适当的奖励不失为一种销售手段，以此让他们更加努力地推销自己的产品。然而，中小企业由于没有足够的实力，很难找到有实力的代理商，并且现有的代理商也都各怀心思。所以华帝很重视和代理商之间的关系，华帝的负责人也常常对他们进行规劝："如果你做了 8 个品牌，每个品牌销售 100 万元，一共 800 万元，也许你觉得不错，但厂家会满意吗？对于每个厂家来说，你都不是他的大客户，你的地位也提高不上去，你的优惠条件也不会太多，厂家也不会对你支持太多。"[①] 华帝负责人的这一表示使得众多的代理商将更多的精力用在华帝的产品上，而厂商间的密切合作也给双方带来了更大的利益。

①提供良好的利润空间。确保为经销商提供合理的利润空间，使其有足够的动力去推广和销售产品。这可以通过制定有竞争力的价格政策、优惠折扣或提供额外的奖励和补贴来实现。

②建立长期合作伙伴关系。与经销商建立长期稳定的合作伙伴关系，共同发展。为合作伙伴提供培训、技术支持和市场资源，帮助他们提升销售技能和服务水平。

③提供市场支持和宣传材料。为经销商提供必要的市场支持和宣传材料，包括广告、宣传册、样品等，帮助他们更好地开展销售工作。同时，可以提供市场调研和数据支持，帮助经销商了解市场需求和竞争情况。

④建立沟通渠道。保持与经销商的良好沟通，及时了解他们的需求和问题并积极解决。定期举行合作伙伴会议或培训活动，分享最新的产品信息和销售策略，促进双方合作的顺利进行。

⑤制定分销政策和合同。制定明确的分销政策和合同，规定双方的权益和义

① 钱永贵．经管教学案例研究 [M]. 成都：四川大学出版社，2019.

务，确保经销商的利益得到保障，增加其对企业的信任和忠诚度。

⑥扩大招募范围。中小企业可以通过多种途径扩大经销商招募范围，如在行业展会上宣传、通过互联网平台发布招募信息等。同时，可以将重点放在寻找具有潜力的经销商身上，通过培训和支持帮助他们提升实力。

⑦提高服务质量。中小企业可以通过提高服务质量来增强经销商对企业的信任和忠诚度。建立完善的售后服务体系，及时响应经销商的服务请求，为经销商提供优质的服务。

⑧互信透明的合作关系。建立在互信和透明基础上的合作关系是培养感情的关键。确保双方在合作过程中信息共享充分、沟通畅通，及时分享产品、市场和销售数据等重要信息。

（4）采取有效的方法来预防窜货

“窜货”是指在品牌授权渠道以外的渠道销售正品商品的行为，通常指的是未经授权的分销商或零售商通过非法手段获得产品，并以低于官方指导价格的方式进行销售，从而对品牌形象和市场秩序造成不良影响。

为了预防窜货引起的低价竞争，华帝在与代理商签署合约前会提前签署《防倾销市场保护协议》，并在每一批进货的基础上提取 3% 的进货额作为市场保护资金。另外，华帝还会将“发往某地”等字样印在商品的外包装上，产品录入编码系统，每个产品有四种编码。这些措施都是为了防止窜货。

①建立合理的渠道管理制度。确保品牌渠道的透明度和规范性，建立合作伙伴准入机制，只与合法、有信誉的渠道商进行合作，并签订合同规定渠道商不得窜货。

②强化渠道监管。加强对渠道商的监督和管理，遵循市场规则，及时发现和处理窜货行为。建立完善的信息反馈机制，让渠道商能够及时向企业报告市场情况，包括可能存在的窜货行为。

③建立品牌保护意识。加强对品牌价值和品牌保护的宣传教育，提高渠道商和消费者的品牌认知和忠诚度。通过品牌推广活动、合作伙伴培训等方式，增强渠道商对品牌保护的重视。

④优化价格政策。制定合理的价格政策，确保渠道商有足够的利润空间，减少他们为了追求更高利润而窜货的动机。同时，加强与渠道商之间的沟通和合作，理解他们的利益诉求，并提供相应的支持和激励措施。

⑤建立市场监测机制。通过建立市场调研和监测机制，及时了解市场动态和

窜货情况，包括通过网络监测、巡回检查等方式进行监测。一旦发现窜货行为，及时采取法律手段维护自身权益。

3. 区域差异化线路

对于中小企业来说，由于自身实力不足与资源短缺，很难直接进入全国市场，所以他们要做的是专注于自己所熟知的区域市场，力争成为区域龙头。

中小企业不必着急进攻被竞争对手所占据的雄厚的城市市场，也可以在三级城市市场和农村市场之间进行选择。

4. 资源整合差异化线路

中小企业可以通过构建大范围的联盟来整合企业的资源，增强企业的竞争能力。联盟可以分为三类：一是经营同类企业间的联盟；二是供应链上下游企业的联盟，如果一个中小企业能在此过程中找到一个实力强大的大企业，那么它的发展就会更加顺利，例如，联想公司的各个经销商都可以利用和联想的密切联系将自己的实力发挥到极致，还可以自由地销售其他公司的产品；三是企业间的互补性联盟，如微软和英特尔组建的 Wintel 联盟，以及网络经济中流行的“鼠标＋水泥”模式。通过结盟，企业可以以“整体之力”对抗“个人之力”，从而在市场上处于有利位置。

5. 销售终端差异化线路

中小企业没有足够的财力和实力，就更应将注意力集中在如何宣传、如何与市场进行交流等方面，而不是和大型企业一样，投入大量的资金与精力在大众传媒上打广告。华帝在创立之初，用的是非常传统的方式，如广珠高速公路的路标和广告；对京广铁路、陇海线等沿线进行的“民俗”宣传。而在营销方面，华帝也是先发制人，运用了当时难得一见的企业形象识别技术来提升公司的形象。这样的做法成本并不高，却十分有效。①

（二）集中化进攻线路

中小企业应专注于一件商品，不要将有限的资源分散于多个领域。只有某一种产品在市场排名中排进前三，企业在行业中的地位已经相当稳固，行业的成长潜力并不可观的时候，才能根据自己的富余资源再接触其他领域。

我们都知道，资金、人才、渠道和供应链等资源是中小企业最缺乏的。没有了资源，企业就没有了竞争优势，更别说做大企业了。但如果我们能使用集中化

① 曹鸿星．商业策划与项目管理[M]．北京：知识产权出版社，2019．

的线路，将会积攒充足的资源和充沛的精力。中小企业做品牌就像锥子一样，必须要有自己的锥头，在锥头上有一个点可以突破，只做点，不做面，单点发力。

1. 对核心产品品牌进行单点突破

在品牌的产品组合上，讲究的是质量，而不是数量。要发挥单一品牌突破的力量，即发挥拳头品牌的冲击力，快速剖开市场。所以，要想取得成功，就必须要有一个核心产品品牌。此外，这个核心产品品牌必须是一个相对成熟、具有高性价比的基础型产品品牌，可以将其作为一个拳头品牌，打造成在区域内热销的精品品牌，从而实现单一品牌的突破，在当地建立较高的声誉，从而提高公司的品牌形象。在单一品牌取得突破之后，还可以带动后续产品的销售。

与此同时，因为资源的限制，以及团队的运营能力等因素，所以在对品牌进行定位的时候要严谨精确，通过对资源的集中、整合，争取在本地市场或者某个细分市场上获得市场的领导者位置。

2. 把某个局部做到极致

在敌强我弱的形势下，中小企业需要做的是以局部优势统领全局，做到战术主动、战略主动。只要还未到身处绝对劣势的糟糕情形，企业就可以在主观性的正确引导下，凭借局部的优势逐步占据有利地位。

其中不乏将一块区域做到极致从而达到单一区域突破的典例，例如，脑白金就是靠着“狂轰滥炸”的广告才获得了成功；苹果公司凭借其酷炫的外观设计赢得了众多年轻人的青睐。和跨国公司相比，中小企业就算倾尽全力，也只能发挥出跨国公司1%的作用，其胜算十分渺茫。但是，大公司也存在劣势，在某些区域，它们的投资很少，其市场基础也不稳固，如果中小企业把资源和精力都集中起来在这些领域发力，或许可以打败那些大企业。虽然中小企业的资源很少，但是如果把它们集中在一起，再加上合理的策略，那威力也会非常惊人。

集中化进攻路线的运用是为了保证中小企业能够先在小区域内建立起竞争优势，成为小区域内的领先品牌，从而获得积蓄资源的机会，再逐步扩大优势，在更大区域内成为领先品牌。

华帝在刚开始的几年里，将重心放在了燃气灶具上，短短三年时间就已经成为这个领域的龙头企业。此时，华帝的营销网络已遍布全国，华帝的品牌已有一定知名度。此时，华帝便开始走多元化发展之路，逐步涉足吸油烟机、电热水器等领域，扩大其产品系列。华帝新推出的两款产品能最大限度地发挥华帝原有的品牌优势，因此发展速度非常快，华帝在电热水器领域的地位很快就超过了万家乐，成为电热水器领域的第二大巨头。

（三）快速多变进攻线路

因为中小企业的规模比较小，所以它们必须迅速采取措施来应对市场变化，以此弥补自身的缺陷，使得它们的发展速度比其他行业的平均水平更高。当今的市场竞争已经不再是一家企业对另一家企业的吞并，而是一家企业对另一家企业的追赶。

中小企业以加速发展的方式，让大企业跟不上它们的步伐，从而赢得了自身的生存时间。加速的关键是缩短生产、批发、决策以及新产品投放市场、销售等流程所需的时间。

而且，中小企业的改造必须“边跑边想”，必须“边做边改”，人走到哪里，会议就开到哪里。在这种情况下，身为一个企业领导者的直觉就会发挥出巨大的威力，有时候拍拍脑袋想出来的办法会收到意想不到的效果。

一个产品一旦到了成熟阶段，就需要不断地进行升级更新，这个时候，如果能迅速地推出新品，那么将会获得很大的竞争优势。同时，在营销策略上也要根据市场的变化迅速地做出决定，例如，当原材料的价格发生变化的时候，就应该立即对价格进行调整，而不是等到产生了巨大的损失才进行调整。许多跨国企业在中国市场上被中国中小企业打败，其根本原因就在于其在中国的附属公司话语权过低，没有任何决策权，只是遵从总部的各项政策，因此往往会错过机会。

第二节　中小企业品牌合作

一、中小企业品牌合作概述

（一）中小企业品牌合作的概念

中小企业品牌合作是指中小企业利用已有的品牌与其他企业合作的经济行为。在现代品牌运作中，有很多新的策略技巧与方法，而在这些新的策略中，品牌合作就是一种被很多企业采用的营销方式。品牌合作是两个或两个以上独立品牌之间的短期或长期的联合。共同推出一个新的产品或服务的品牌联合作为一种新型而有效的品牌资产提升战略，在实践中已被广泛运用。

有一则寓言：有两位快要饿死的兄弟，别人出于慈悲之心，给兄弟俩两样东西，一条大鱼和一张渔网。接下来，兄弟俩就琢磨怎么分配这份援助。假如一个要鱼，一个要渔网，可能出现的后果是一个吃完鱼，没有钓鱼的工具，最终会饿死；另一个带着渔网去找鱼，短时间找不到鱼也会饿死，怎么办？兄弟俩想出一个合作的办法，两个人先分着吃鱼，然后一起去钓鱼。

这个故事说明什么呢？企业必须知道如何更高效地使用有限资源。如果一个企业没有足够的资源去做一件事情，那么就应该学会合作，去寻找“1+1 ＞ 2”的方法。因此，特别是中小企业，在设定自己的品牌定位时，必须有一系列可以达到的目标，不要“小马拉大车”，如果自己的资源很难形成竞争优势，那么就需要与其他企业合作。

（二）中小企业品牌合作的原则

1．目标导向原则

在市场上，许多企业为了实现自己的目标不惜一切代价和手段，甚至展开恶性竞争。但是，打造一个品牌就要对品牌形象进行全面的考量，采取合理的竞争行为，战略合作是一种竞争手段，它的功利性也是不可避免的，也就是进行战略合作是为了能够盈利。所以，打造一个品牌一定要有一个清晰的目标，并且要以这个目标为中心来选择合适的合作对象。此外，品牌要对合作对象进行必要的了解，需要注意以下几点：合作对象的目标和自身的目标有无矛盾；合作对象的能力和价值的可用性；合作对象的劣势以及其不足会不会影响到自身目标的达成。

2．对等相彰原则

企业在选择合作伙伴的时候，也要讲究“门当户对”。合作双方要做到旗鼓相当，具体表现在三个方面：一是在形象上要匹配，合作对象最起码要有一个健康的、没有污点的品牌，不然很可能会出现“近墨者黑”的情况；二是利益匹配，以企业的战略目标为基础，可以实现企业的战略协同；三是互惠互利，互惠互利的程度应当是大致对等的，最起码在合作双方看来是对等的。合作对象必须具备与该企业进行合作的能力，这样的合作是有价值的。当双方力量不平衡时，不仅难以开展合作，而且还会危及双方的稳定与长远发展。

3．可进可退原则

众所周知，在利益面前没有永远的伙伴，合作终究会有结束的时候。所以，在进行品牌合作的时候，企业应用长远的眼光看待这次合作，要考虑到在与品牌终止合作的那一天，自己是否能够独自生存下去，或者能否走得更好。麦肯锡咨询公司的调查显示，战略合作的整体成功概率仅为50%，也就是说另外50%的战略合作最终会失败。[①]不管未来是双方自愿“散伙”，还是由于种种原因被逼无奈终止合作，企业都要为自己留一条退路。所以，在进行合作的时候必须制定针对此现象的预案或过渡的措施，以免到时候造成严重的损害。

4. 合情合理原则

合情合理的“情”即在企业道德规范的框架下制定企业间的竞争法则；“理”即合作内容的合法性。在现实生活中，合作必须是合情合理的，否则合作就没有意义。价格同盟对于我们而言并不陌生，早在几年前，国内九大彩电企业在深圳结盟，以同行议价的形式共同提高彩电零售价格，并迫使彩管供应商降价。这样的价格合作在其他行业也都曾上演过，然而无一例外都摆脱不了短命而亡的宿命。价格同盟实质是变相的垄断，违背了市场经济的公平竞争原则，违反了我国的相关法律法规。即使价格同盟在短期内会取得一定效果，缓解同盟企业的燃眉之急，但其潜在的危害却不可忽视。它不但违背了竞争规则，还会对行业发展构成危害，更会损害消费者利益。

5. 战略协同原则

实际上，领导品牌倡导发起的合作大都具有战略性质，也就是说，合作必须符合企业的发展战略。同时，合作双方能在战略上形成协同，而不是其中一方仅立足于眼前或者战术层面。这样在合作过程中才更容易做到齐心协力，并且规避一些短期行为。所谓战略协同，就是合作成员之间各自确定长期目标、发展方向，使合作立足于长远战略，并通过资源合理配置产生“1+1 > 2”的效果。战略协同包含两方面：一是战略方向协同；二是战略过程协同。通过战略协同，使合作成员处于和谐的合作氛围之中。

二、中小企业品牌合作类型

（一）品牌合作生产

品牌合作生产通常是指品牌输出方输出合作生产品牌，品牌输入方输入合作生产品牌，合作生产品牌成为品牌输出方和品牌输入方建立紧密合作关系的一个

① 余武．企业创新诊断[M]．北京：国防工业出版社，2013．

重要纽带，即把品牌输出方和品牌输入方很好地联系在了一起，建立了一种可持续的发展关系。

1. 品牌合作生产中的关键点

（1）产权归属

品牌输出方输出合作生产品牌，拥有合作生产品牌的产权，品牌输入方输入合作生产品牌，但并不拥有合作生产品牌的产权，主要负责合作生产品牌的生产。

（2）双方责任

品牌输出方负责合作生产品牌的维护和提升工作，包括负责制定合作生产品牌的加工工艺及产品质量标准，并组织实施过程监督；负责组织合作生产品牌的主要原辅材料供应，并对主要原辅材料供应进行把关；负责合作生产品牌的销售。品牌输入方则严格按照合作生产品牌的加工工艺及产品质量标准进行生产，并确保合作生产品牌的产品质量，承担起保障合作生产品牌产品质量的责任。

（3）落地销售

尽管合作生产品牌销售环节的工作主要由品牌输出方来负责，品牌输入方不负责合作生产品牌的销售，但是合作生产品牌需要努力实现在品牌输入方所在地的落地销售，这就需要品牌输出方和品牌输入方及品牌输入方所在地的商业企业三者共同努力，实现合作生产品牌在品牌输入方所在地的落地销售，推动合作生产品牌的发展，并建立起合作生产品牌的消费基础。

品牌发展无疑需要借助资源在企业中的优化配置，品牌合作生产则是做大重点品牌产销规模的一个重要途径，是扩大重点品牌产销增量的一个重要方式。可以说，品牌合作生产能够让重点品牌的发展立足于整个行业发展的大平台上，能够有效盘活行业的存量资源和增量资源，能够实现行业资源在工业企业之间的优化配置。

2. 品牌合作生产的成效及展望

品牌合作生产最早可以从联营加工这种合作模式说起，联营加工属于初级的合作模式，通过品牌联营加工生产能够达到重点品牌扩张的目的。接下来，联营加工合作模式逐渐发展成为定向整合及品牌合作生产。品牌整合工作由联营加工、定向整合向品牌合作生产的方向有序推进，有效地提升了行业资源配置效率和整体竞争实力。从最早的联营加工到定向整合，再到如今的品牌合作生产，企业逐渐摸索出了一套做大重点品牌产销规模、扩大重点品牌产销增量、提升重点品牌市场份额和竞争实力的发展模式。

一般来说，当下各大工业企业为了突破现有计划资源的瓶颈，做大各自重点品牌的产销规模和销售收入都会从三个方面入手，即行业增量计划、内部品牌整合、品牌合作生产。从某种意义上来说，当下品牌合作生产这块宝贵资源已经成为一块相当诱人的大蛋糕，这块大蛋糕对于强势工业企业的吸引力越来越强。不过，品牌合作生产的推进并非一路通畅，在推进品牌合作生产的过程中同样会遇到各种各样的挑战，如品牌结构问题、品质保障问题、利益协调问题等方面的挑战，这些挑战能否顺利解决直接关系到品牌合作生产能否顺利推进。

3. 品牌合作生产的三大挑战

（1）品牌结构问题

品牌结构问题直接关系到经营利益。对于品牌输入方来说，那些处于强势地位的品牌输出方如果只是输出一些低结构的品牌资源，将很难吸引品牌输入方，很难调动品牌输入方加工合作生产品牌的积极性，例如，红梅、红山茶、红河等品牌的合作生产结构偏低，生产经营的利润不足以吸引品牌输入方，这直接导致了红梅、红山茶、红河等品牌的合作生产规模呈现逐步缩减的态势。

（2）品质保障问题

中国有句古话："橘生淮南则为橘，生于淮北则为枳。"对于合作生产品牌来说，品质保障问题始终都是一个需要高度重视的问题，如何让不同地方、不同厂家生产的同一个品牌能够保持同样的风格、同样的质量是事关合作生产品牌可持续发展的大事。试想一下，当消费者出差到某地，购买当地合作生产的某个品牌，发现这个品牌与其之前购买的同一个品牌产品差别较大，这会给消费者带来什么样感受呢？消费者会不会以为自己购买到了假冒伪劣产品呢？消费者会不会对这个品牌产生不好的印象呢？如果合作生产品牌的品质不能得到有效的保障，消费者的这些疑问是很难完全消除的。

（3）利益协调问题

利益协调问题直接关系到品牌输入方当地的利益关系，例如，卷烟品牌往往都是当地的纳税大户，直接关系到当地的经济发展，这背后存在着复杂的利益关系。还有，品牌合作生产在推进过程中也会或多或少影响到品牌输入方自有品牌的发展。这些同样需要品牌输出方和品牌输入方之间进行协调，这要求品牌输出方和品牌输入方在这些利益关系的协调上要有全局观，要有长远的意识，站在行业发展的共同角度去协调各自的利益，而不能局限在各自的角度。

（二）打造联合品牌

联合品牌与品牌联合并不是同一范畴的概念，联合品牌是品牌联合的产物，它有新的品牌名称、品牌内涵及品牌外延。品牌联合的方式很多，如捆绑促销、技术联合、渠道合作等。联合品牌主要有三种形式：一是主次形式，即以领导品牌为首，联合一个相对弱势品牌，联合品牌名称采取“主＋次”模式；二是平等形式，联合双方的品牌实力相当，联合品牌名称采取“主＋主”模式；三是多家企业共同打造一个新品牌，采取股权形式或契约形式，如吉林省粮米企业为做大包装米产业，共同打造鼎吉品牌。

中小企业品牌联合其他企业推出联合品牌，主要有三大目的：一是制造商产业延伸，与渠道商联手打造联合品牌，这样可以调动渠道商的经销积极性；二是制造商与研发机构合作，打造联合性技术品牌，例如，婷美集团与中科院合作，推出“中科暖卡”联合品牌，李宁体育用品公司与杜邦公司结成品牌伙伴，推出“李宁莱卡”联合品牌；三是与竞争对手联合，或者与竞争对手合并，联合推出新品牌产品。

（三）技术研发

技术研发主要包括联合研发进行技术攻关。有三个典型的例子：中国彩电巨头康佳宣布与国际电子产业巨头日本爱普生结盟，共同研究液晶背投产品抢占中国高端彩电市场；日本松下公司与美国英特尔公司合作，共同开发动态随机存储（DRAM）技术；美国通用电气公司与日本三家公司共同开发原本与法国斯索克玛公司共同开发的新一代发动机。这都属于联合研制型战略合作。

（四）合作制定标准

实际上，标准的概念具有双重性：一是成文的标准，如联合起草行业技术标准、服务规范等；二是不成文的标准，基于客户实际需求的标准或消费者心中的标准。其实，标准可以独家起草，但更多的时候是多家企业在国家有关部门的领导下联合起草。

（五）联手闯世界

中国企业正步入一个关键发展阶段，即国际化阶段。对于中小企业品牌来说，闯世界是中小企业必须面对的问题。中小企业如何闯世界是一个值得中国企业思考的问题。这里有两方面的选择：一是单打独斗，还是携手“出海”；二是到国外自力更生，还是依赖可靠的合作伙伴。实际上，答案已经有了，那就是通过战略合作寻求国际化合作。

第一，合作的形式多种多样，如产业链条上的企业相互捆绑，两个企业的捆绑实现的不只是简单的业务叠加，而且是对产业链上下游资源的整合和竞争力的聚合，将实现共赢。

还有一种常见形式，同行企业成立联合共同体，实现闯世界的目的。例如，上海海外联合投资股份有限公司由上海上实（集团）有限公司、上海实业发展股份有限公司、上海海外公司、百联集团有限公司、锦江国际（集团）有限公司、上海绿地（集团）有限公司、上海工业欧亚发展中心共同出资组建。新公司的成立是知名企业集团的强势集聚，联手将上海优势产业推向国际市场，向海外开拓跨国经营发展的道路。再如，钢铁企业深受供应商垄断之苦，钢铁上游供应源头一直被控制在别人手里，发展相当被动。如果企业自行走出去单打独斗，其面临的政治、经济风险都极大。我国铁矿企业和钢铁企业集中度较低，实力还不够强，与国外大企业正面竞争的话力量较弱。武汉钢铁（集团）公司、宝钢股份有限公司、鞍山钢铁集团有限公司、首钢集团有限公司四大钢铁巨头合资创办了北京钢企联矿产资源投资有限责任公司，这是国内钢铁企业第一次为联合海外开矿而成立的投资公司，它有利于集中力量开拓日益紧缺的矿产资源，避免无序竞争。

另外，还有一种形式，即共同打造区域品牌，共同塑造区域的产业影响力。温州制鞋企业为了走出去，联手打造“中国鞋都”区域品牌，这也是一种合作形式。

第二，很多企业在境外市场积极与当地企业合作。格兰仕在走出去后意识到在缺乏足够的资源与能力的情况下，必须进行业务收缩，把精力集中于产业链条的某个特定部分。在此基础上，再通过战略合作拓展到研发、生产、供应、销售等环节。格兰仕在国外曾为250个品牌贴牌生产微波炉，边代工边渗透，结果终成气候，成为全球微波炉第一品牌。

（六）渠道换技术

渠道换技术是极为常见的资源互换合作，也称市场换技术。这种合作主要存在于跨国公司进入中国市场。虽然它们具有技术优势，但缺乏渠道资源，而本土中小企业虽具有渠道资源，却面临技术瓶颈，通过合作，双方可实现技术与渠道资源互换。渠道换技术在家电行业较为常见，原因是中国家电行业企业技术能力存在瓶颈，正是在这种情况下它们与竞争对手才一拍即合。例如，TCL集团股份有限公司与进入中国的外资品牌合作，继与松下合作以后，TCL 又与飞利浦“亲密接触”，再次形成以渠道换技术的双赢局面。[①]

（七）集体联盟采购

在日常生活中，我们都有这样的购物常识——多买少算，其实，这也是企业的买卖经。中小企业品牌与其他品牌联合组成采购联盟，以降低采购成本。中小企业由于其规模，没有采购优势，面对原材料价格大幅上升，中小企业必须调整采购策略，与其他企业联合起来，向供应商争取更大的优惠。如今，很多行业都出现了采购联盟，有些采购联盟是企业自发组建的，有些是行业协会牵头组建的。无论哪种形式组建的，采购联盟都要有采购联盟章程，明确加入条件、采购协作要求、运营监督管理规定等，这样才能保证采购联盟有序地运转。采购联盟主要有三种模式：一是类似联席会议的模式，遇到重大的采购行动时，各方代表坐下来集体协商，签订多方协议；二是股份公司模式，大家共同出资成立采购公司，负责会员单位的采购工作；三是报账模式，各家将要采购的单子“凑份子”，采购可多可少，能合并的就合并集体采购。

（八）业务外包

对于中小企业来说，业务外包并不是一个陌生的概念。所谓业务外包，就是企业把内部业务的某一部分或某一环节承包给外部专门机构。业务外包的实质是企业重新定位，重新配置企业的各种资源，将资源集中于最能反映企业相对优势的领域，塑造和发挥企业自身独特的、难以被其他企业模仿或替代的核心业务优势。通过构筑自己的核心业务优势，获得使企业持续发展的动力。

很多业务都可以外包，如销售、培训、招聘、生产等。业务外包是顺应了供应链环境下的竞争而产生的，强调企业将主要精力集中于关键的业务上，充分发挥其优势和专长，而将企业中非核心业务交给合作企业来完成，从而达到“专业的公司做专业的事”这一目的。戴尔计算机公司的成功不仅在于其开创了一种全新的经营模式——定制模式，在很大程度上也得益于其外包战略。戴尔公司把公司有限的资源集中在为客户定制系统的解决方案，而把计算机的生产、运送和售后服务等业务外包给专业公司去完成，并与它们建立战略联盟关系。这种战略联盟关系促进了企业间资源的整合，达到了资源共享和利益共享的双赢。

① 王姣，李子怡，韩书．TCL 集团财务共享实践与思考[J]．合作经济与科技，2020（14）：160-161．

通过业务外包，企业可以获得很多利益：第一，可以降低成本；第二，可以分散风险；第三，可以加速业务重构；第四，可以提高生产效率，优化资源配置。

企业内向配置的核心业务与外向配置的业务紧密相连，企业运作与管理也由控制导向转变为关系导向，形成一个关系网络。很多跨国公司都拥有强大的外包配套体系。

我国力帆实业（集团）股份有限公司与意大利奥古斯塔摩托车有限公司展开品牌合作，共同拓展中国大排量豪华摩托车市场。可穿戴按摩仪品牌 SKG（未来健康）与苏宁电器品牌合作，实现强强联手，资源共享，互通有无。苏宁电器之所以和 SKG 合作，很大程度上看中了 SKG 的品牌优势和服务理念。作为一家电子商务型的跨国网商，SKG 一直凭借差异化、精品化的发展理念，对消费者负责，对合作伙伴负责，关注用户体验，关注用户需求。苏宁电器具有完善的售后服务体系和高素质的售后服务人员，有专门的维修站点，配备专业的技术人员解答技术问题和提供售后维修服务，了解广大消费者的实际需求，彻底解决消费者后顾之忧。在消费者眼里，售后服务现已成为消费者选购家电产品重要的考虑因素之一，SKG 与苏宁品牌的合作直接提升了消费者对 SKG 和苏宁电器的忠诚度和信赖度。

三、中小企业品牌合作风险与防范

（一）中小企业品牌合作风险

虽然品牌合作中前期投资并不大，但相关的风险可能会很大。中小企业品牌合作会产生的风险如下。

1. 品牌贬值

中小企业品牌面临贬值的危险，有时这种风险甚至是突如其来的。在中小企业品牌合作中，合作双方的品牌都面临这个风险，如某折扣连锁店和某高端家用器皿公司的合作案例。起初，品牌合作给双方都带来了可观的利润，一年中销售额增加了 10 亿美元，但当折扣连锁店申请破产时，合伙公司的股票也应声大跌。

除了品牌风险之外，先行者也已经学会了防范企业运作风险和其他可能出现的风险。尽管品牌是最好的助手，但通常也会使合作企业之间的相互协调出现困难。例如，有一家主要提供三明治的快餐连锁店难以成功地和意大利、墨西哥餐饮连锁店实施品牌合作，尽管合作方创造了很强的品牌优势，但在项目运作期间却不断有摩擦产生，因为大家几乎在同一时间争夺顾客，都是在午餐和晚餐的高峰期。最后，该企业吸取教训，目前与它进行品牌合作的合伙人是一家提供早餐食品的连锁企业。

2. 品牌依赖

中小企业品牌合作的另一个风险是相信合作方的品牌是万能的，尤其是想利用品牌合作战胜这一领域中拥有稳固地位的竞争者，但结果往往不尽如人意。一家大型饮料生产商希望成功进入儿童盒装果汁市场，就和全球著名的娱乐公司合作，使用它的卡通人物形象。但合作的结果是令人失望的，饮料企业的一位品牌经理注意到，在这一领域中存在地位稳固且价格有竞争力的竞争对手，想吸引消费者尝试新品牌是很困难的。结果，饮料企业不得已放弃了追求大规模盈利的做法，削减了生产线和某些产品的成本。

尽管不是所有的风险都是可以预知的，但许多风险都是可以通过采取策略来规避的，有一种策略几乎在各种情况下都能取得最终的胜利，那就是选择一个灵活变通的合伙人。

3. 过分扩大的品牌特许经营

在把成功品牌扩展使用到新类别的产品和服务上的尝试中，有很多失败的例子。失败通常可以归结为野心过大的品牌所有者试图把品牌的净值扩展到离他们的品牌建立声望的领域过于遥远的商业门类中去。同样的原则适用于通过品牌合作行动把品牌扩展到新的产品或服务上的决定——如果消费者对品牌的新角色做出正面反应，并觉得会给他们带来一些有价值的利益，品牌所有者一定会感到满意。但是过分的品牌特许经营会导致产品或服务质量下降，引起消费者不满，导致合作品牌形象下降。

4. 合作伙伴品牌的重新定位

如果一个品牌的所有人决定改变品牌在主要市场部门的定位战略，那么这可能会成为品牌合作行动中合作伙伴的问题。有一点是至关重要的，那就是整休的品牌战略保持兼容，并且双方对合作伙伴市场营销的更广范围内的方方面面，以及可能反映相关联的品牌形象的其他活动感到心安。合作方可能在协议中提到他们将提前讨论任何一个品牌的重大的重新定位计划。在极端的案例中，一方会认为另一方考虑的变化是非常基本的问题，以至于希望终止品牌合作的协议，所以谨慎的做法是在合作安排中为这种不测之事做出规定。

5. 被误解为单一的混合品牌

如果客户开始把两个品牌看作一个混合品牌，那么这应该被视作一个主要问题并需要采取紧急行动来挽救。确切的做法取决于实际的情况，如果不希望品牌的合法性遭到质疑的话，肯定需要采取措施纠正客户的这种错误理解。通过把一个品牌的名字作为另一个品牌的前缀而把两个品牌结合起来，或者把一个品牌的标识叠加在另一个品牌的标识上，都是极其冒险的做法，很容易使人相信以这种方式联合的标记组成了一个单一的品牌。

6. 不断上升的相似性风险

在某些市场部门中，有一种生产联合品牌产品的趋势，这些产品具备制造商著名品牌的特点，同时拥有销售这个产品的大零售商或批发商的标记。这样的安排可能使制造商面临可能出现的相似包装风险。经过一段时间后，品牌合作的包装外表已经为消费者熟知，零售商或批发商可能受到诱惑用带有类似包装外表的竞争产品来替换。除非制造商已经采取措施确保自己的地位不会受到损害，否则他就会在和这些仿造产品的斗争中处于劣势。

为了占据最有利的位置有效地应对这种情况，制造商应该确保在他的原始产品包装上使用与众不同的图案，并注册为商标，且坚持在品牌合作的产品上使用这个原始包装的外表（除了在包装上不太引人注目地标明零售商、批发商品牌），还要确保零售或批发的合作伙伴正式承认这个包装外表，而且制造商的品牌只授权使用在联合品牌产品上，仍然是制造商独有的财产。如果不能做到这些，就会造成品牌合作的产品包装外表产权模糊不清，而且使制造商很难对一个看起来相像的使用了类似包装外表的新产品产生怀疑，尤其是当零售或批发伙伴委托生产并声称有版权或其他知识产权的时候。

7. 商标退化成一个通用名词

在极端的情况下，粗心的品牌合作行为会导致品牌所有者失去使用商标的专有权。商标在定义上是和一个业主独占的商品或服务有关的，并指明了同一个贸易来源。当这个标记不再具有出处标志这样的功能时，它就可能变成不受商标注册保护的通用名词，并用来描述产品或服务的一个类型或质量。这种情况下，任何商标注册都会被取消并宣布这个标记供大家免费使用。这样的命运不仅会出现在文字标记上，还有可能出现在其他类型的标记上，如色彩组合或包装外表，对于品牌所有者来说，其后果可谓是灾难性的。

除非品牌所有者非常小心地控制局面，否则品牌合作的行动会给他们造成巨大的风险，管理不善就很容易导致这种状况。如果越来越多的迹象表明客户和行业认为这个标记有特色，竞争者就会受到诱惑把标记据为己有，并申请把已经注册的商标取消。

8. 品牌分离困难

品牌合作分解并独立地重新建立自己的品牌，和最开始把合用两个品牌的协力作用最大化一样困难：一个合作品牌的产品或服务可以在市场上获得许多认可，而且它的价值不会立刻消失，特别是如果品牌合作是这两个品牌中的一方或双方在市场中唯一或主要的品牌表现，终止销售合作品牌的产品或者服务可能还会诱使竞争者从仿造合作品牌的产品中谋取利益，特别是合作双方都没有在同一个市场部门中继续提供替代品的时候。

（二）中小企业品牌合作风险防范

1. 根据不同的合作类型选择不同的品牌合作

互补性是指主要产品和辅助产品间可结合使用，以满足某一特定需求。品牌合作时，企业要尽可能选择与自己产品互补性高的产品品牌作为合作品牌。

例如，飞利浦推出了一系列电动剃须刀，产品使用妮维雅（Nivea）的男士洗剂替换装。互补性高的产品会导致消费者有较好的态度和购买意愿，因为互补性高的产品可以节省购买组合商品所需要花费的时间和精力。[①] 另外，企业还要选择知名度相当的品牌作为合作品牌。合作品牌知名度过高会弱化自己品牌的品牌联想，知名度过低也会累及自己品牌的品牌形象，两者都会给品牌资产价值造成负面影响。知名度导向型品牌合作时，如果是异类产品品牌合作，尽可能选择品牌个性契合度高的品牌作为合作品牌；否则，选择市场互补性较好的品牌。因为同类产品品牌合作的主要目标是市场的相互渗透。

2. 建立相互信任机制

品牌合作的成功在于各个参与主体的协作和配合。明确界定参与主体的权利与义务是相互信任、有效合作的基础。一方面，通过订立合同或契约，明确各方权利和义务，提高退出合作的壁垒，维护稳定的合作关系；另一方面，如果在合作中一旦出现问题和纷争，事前的这种界定可以为寻求解决方案提供依据。此外，不断总结和交流成功的合作经验，制订合理的利益分配方案，对合作中所得阶段性成果按方案及时分配共享，利益分配的合理化是相互信任的根本。

---

① 邵灵芝．互补产品供应链的决策与优化研究[M]．南京：东南大学出版社，2021．

3. 制定符合准则的商标使用协议

双方协议应该对品牌的控制使用做出规定，理想的做法是制作一个包含正确使用规则的图像标准手册。细节规定是很重要的，例如，禁止品牌并列类比，禁止在包装上、广告中配有任何文字说明。在成功的伙伴关系中，双方都必须遵守这些规定，并且相互信任，相互尊重。

如果漫不经心地把两个品牌用在一个产品或服务上，造成的结果是给消费者传递混乱不清的信息，品牌合作的行为很有可能在消费者心中造成混淆。但是，如果两个品牌各自的作用被清楚地表述出来，那么第二个品牌的出现会让消费者更放心。

第三节　中小企业品牌扩张与持续发展

一、中小企业品牌扩张策略

（一）中小企业品牌扩张的思想性技巧

1. 相似性技巧

品牌扩张不应毫无方向、盲目地开展，品牌扩张应遵循一定的技巧，其中相似性技巧是最主要的一个技巧。所谓相似性技巧就是要求品牌扩张具有一些相同或相似的基本元素，如品牌定位、品牌价值、服务、技术、消费群体等，从而使品牌扩张更顺利地进行，并获得成功。

（1）有共同的主要成分

品牌扩张时，原有品牌或产品应与扩张后的品牌或产品有相关性，即双方应当有共同的成分，让消费者理解两种产品共同存在于同一品牌之下的原因，不至于牵强附会。像春都牌鸡肉肠、猪肉肠延伸出鱼肉肠、腊肉、烤肉等产品，人们就不会感到勉强，因为产品同为肉制品。而春都牌延伸到保健品，如补肾品，则失去了春都牌原有的意义及定位，不能很好地利用品牌优势。品牌扩张利用共同的主要成分是为了将新品牌或产品与现有品牌或产品的好印象连接起来，起到事半功倍的效果，若品牌扩张有共同的主要成分，则扩张就容易成功，若两者的共同主要成分太少，甚至没有，扩张就失去了效果，同时也将给主力产品的品牌带来负面影响。

（2）有相同的销售渠道

品牌扩张的目的是达到各品牌及产品之间相辅相成的整体效果，使消费者在接触到一个品牌及产品时能够联想到另一个品牌及产品。如果销售渠道不同，核心品牌及产品与扩张品牌及产品的目标消费者也就不同，也就没有了品牌扩张由此及彼的效果，品牌扩张也就实现不了上述目的。

（3）有相同的系统

品牌扩张就是找到主力品牌产品与扩张品牌产品相联系的地方，联系部分越多则越容易成功。相同服务系统下的品牌扩张容易让人接受，相去甚远的服务体系让人难以接受，扩张就显得牵强，不伦不类。利用相同的服务系统中消费者最赞赏、最认同的相关环节进行产品品牌扩张，效果较好。

一些品牌在扩张中没有寻找到相同的服务系统，因而不能利用这方面的优势，而另一些品牌成功利用相同的服务系统进行扩张，取得了很好的效果。蓝宝石集团从手表扩张到生命红景天（营养保健品），机械用品行业到保健品行业，两者在服务体系方面很难找到相同部分，因而不能利用相同的服务系统有效扩张。而雅戈尔从衬衣扩张到西装、领带，就寻找到了营销和服务的共同之处，可以利用服务系统的相同之处有效扩张，取得成功。

（4）技术上密切相关

主力品牌与扩张品牌的产品在技术上的相关度也是影响品牌扩张成败的重要因素，新产品、新品牌与主力品牌技术上相近，易使人产生信任感，若相差悬殊，就失去了技术认同的效果。像日本本田品牌在发动机技术上非常优秀，就可以将品牌从普通摩托车扩张到赛车、从家用汽车扩张到比赛用车等多种产品线上，并能取得成功的扩张效果。然而，春兰空调与其春兰虎、春兰豹摩托车的扩张很难使人们将对春兰空调技术的认同延伸到春兰摩托车上，这种延伸在技术方面没有多大意义。

2．规避技巧

规避技巧指品牌扩张时避免扩张方向或扩张品牌是在人们心目中高度定位或有特殊地位的品牌。

（1）回避已高度定位的品牌

若某品牌已成为这个产品的代名词，或形成了一种固定的、不可破坏的定位，其在消费者中确立的固定形象就不应冠于他物。提起好莱坞，人人都知道是美国著名影城，就不应该唐突地把它扩展到好莱坞汽车、卫生纸等方面，这种扩张不仅不能延伸原有品牌资源，还有可能使原有形象受到破坏，失去原有的消费群。某品牌高度定位后，在人们心目中是一个固定的、完整的形象存在，品牌完全取代了产品实际的作用，是不能随意扩张的，若强求，扩张的品牌或产品将会受到不良影响。索尼公司的产品系列化细分到不能再细的程度，其在家电业的成功扩张使其成了家电视听产品的代名词。提到索尼自然会想到家电视听产品。索尼公司经营几十年来，从未渗透到其他行业领域，大概原因也基于此。

（2）回避已在消费者心目中树立的固定形象

一些品牌及产品在目标消费群中已树立某种牢固不变的形象，并且这种形象对消费群的心理影响非常大，如一种产品象征的地位、身份、阶层等，就不易再向一些方向扩张，如向低档发展、成为大众化产品等。这一规避技巧主要是回避消费者的某种特定心理。从消费心理来讲，某些消费群常用固定的品牌、产品来显示其身份、地位等，若这类品牌或产品向大众化方向扩张，则他们会放弃原有品牌或产品，改变消费对象。如茅台酒在人们心中一直是国酒、高档酒，但后来开始生产低档迎宾酒，影响了形象。

（二）中小企业品牌扩张的操作性技巧

1. 产业上扩张

从产业相关性分析，品牌扩张可向上或向下或同时向上向下进行，例如，石油加工业向原油开采业的扩张是向上扩张，向石油精细加工或销售流通业的扩张是向下扩张，同时向原油开采和精细加工或流通业的扩张便是既向上又向下的双向扩张。采用这一扩张方法，企业可以向上控制原材料供应，向下控制产品的销售网络。另一种扩张方法是平行扩张，也可以称为平面扩张，是向同一层面的扩展。如果奶向鲜奶、酸奶的扩张。平行扩张一般应具有相同或相近的目标市场或销售渠道，特别是与主力品牌相竞争的品牌或行业。产业上的扩张往往使企业更庞大、丰富，形成集团力量，加强风险抵御能力。

2. 档次上扩张

在产品线上增加高档次产品项目，使产品、品牌进入高档市场，是向上扩张的档次扩张技巧。日本企业在汽车、摩托车、电视机、收音机和复印机行业都采用了这一方式。目前许多发展中国家从发达国家引入先进的高档生产线在高档次上扩张，均是采用这一技巧。

在产品线里增加较低档的产品，使品牌向下发展，是档次扩张的向下扩张技巧。这种技巧主要利用上游高档名牌的声誉，以及人们的慕名心理，吸引购买力水平较低的顾客购买这一名牌中的低档廉价产品，但这种做法风险很大，极易损害品牌高品位的信誉。

还有另一种情况，如同产业扩张一样，档次扩张也可以双向扩张，即原来的中档品牌向产品线的上下两个方向扩张，一方面增加高档产品项目，另一方面增加低档产品项目。

（三）中小企业品牌扩张的策略

1. 单一品牌策略

单一品牌策略就是品牌扩张时多种产品使用同一品牌，按其程度的不同，我们将单一品牌扩张策略继续细分为产品项目品牌扩张策略、产品线品牌扩张策略、伞形品牌扩张策略。

（1）产品项目品牌扩张策略

所谓产品项目品牌扩张策略，是指品牌扩张时使用单一品牌，对企业同一产品线上的产品进行扩张。

同一产品线的产品面对的往往是同一消费群体，产品的生产技术在某些方面也存在联系，在功能上相互补充，都用来满足同一消费群体不同方面的需求，因而产品项目品牌扩张策略扩张相关性较强，容易取得成功。山西东湖集团是一家著名的醋生产企业，企业围绕醋做文章，在山西久负盛名的老陈醋这一产品下进行了产品项目的扩张，又开发出饺子醋、面食醋、姜味醋、保健醋等多种产品，使东湖这一品牌在同一产品线内进行强势扩张。由于产品质量好，也因为东湖的声誉，这一相关性极强的产品项目品牌扩张策略得以成功实施。

（2）产品线品牌扩张策略

所谓产品线品牌扩张策略，是指品牌扩张跨越产品线，不同产品线中的产品使用同一品牌。企业品牌扩张使用产品线品牌扩张策略，也要寻找一定的前后相关性，使品牌的基本元素相似或相同。

产品线品牌扩张策略可以有效地促进品牌扩张，但运用时应注意以下三点。

第一，产品线是相对有限的，因而限制了已有品牌资源的扩张范围，使品牌不能发挥其最大的潜在价值。

第二，产品线品牌扩张策略要求与已有产品相近或相关，有重大创新的突破性新产品常在扩张中受到影响，这样会阻碍企业创新步伐。

第三，不同产品使用同一品牌，若其中一种广告出现问题，其他产品也会受到不良影响。

（3）伞形品牌扩张策略

所谓伞形品牌扩张策略，是一种宣传上使用一种品牌扩张的策略，也就是企业所有产品不论相关与否均使用同一品牌。

实行该品牌扩张策略较为成功的例子是飞利浦公司，该公司生产的音响、电视、灯壶、手机等产品都冠以同一品牌，飞利浦公司的成功经营使飞利浦品牌产品畅销全球。另外，雅马哈公司生产的摩托车、钢琴、电子琴都以雅马哈品牌进行销售。这两家企业都成功使用了伞形品牌扩张策略，但也有些企业的扩张是比较牵强的，不能完全令消费者接受。

2. 多品牌策略

多品牌策略也称为产品品牌策略，是指给一种产品赋予一个品牌，不同产品品牌有不同的品牌扩张策略，一个品牌只适合于一种产品、一个市场定位，最大限度地显示品牌的差异化与个性。多品牌策略强调品牌的特色，并使这些特色伴随品牌深深地植入消费者的记忆中。

世界著名的日用化学品生产企业——宝洁，就成功地使用了这一策略。宝洁公司的产品有洗衣粉、香皂、洗发水等，其不同的产品线及不同的产品项目使用不同的品牌。其洗衣粉、香皂、洗发水品牌各不相同，洗衣粉中有汰渍、碧浪等品牌，香皂品牌有舒肤佳，洗发水品牌有飘柔、潘婷、海飞丝等。宝洁公司的多品牌策略获得了成功，其主要好处体现在以下三方面。

第一，采用多品牌策略有助于企业全面占领整个大市场，满足不同偏好消费群体的需要。一种品牌有一个定位，可以赢得某一消费群体，多个品牌各有特色，就可以赢得众多消费者，广泛占领市场。

第二，多品牌策略有利于提高企业的抗风险能力。采用多品牌策略的公司赋予每种产品一个品牌，而每一个品牌之间又是相互独立的，个别品牌的失败不至于殃及其他品牌及企业的整体形象。这不同于单一品牌策略，实行单一品牌策略，企业的形象或企业所生产产品的特征往往由一个品牌全权代表，一旦其中一种产品出现了问题就会影响到品牌的整体形象。

第三，采用多品牌策略符合零售商的行为特性。零售商通常按照品牌安排货架，多品牌可以在零售货架上占得更大空间，增加销售机会。

多品牌策略虽有众多好处，但其对企业实力、管理能力要求较高，市场规模也要求较大，因此，采取此品牌策略应慎重考虑。

（四）中小企业品牌扩张中的风险规避

1. 相关扩张抗风险对策

为规避新产品抢占原产品的风险，要从两方面考虑：一方面，如果新产品确实能带来高出原产品的利润，并且该利润足以弥补扩张的成本，由于沿用了原品牌，则不会给原品牌带来实际的损失，这种扩张是可行的，并可看作给原品牌注入新的活力，增加了利润点；另一方面，如果新产品的收益不足以弥补原产品的损失，并且使消费者对原产品失去信心，则这种扩张是得不偿失的，不可取。

针对新产品损害原品牌优质形象的风险，企业应该认识到，这种风险在产品从高端市场向低端市场扩张时最易产生。要规避它，新产品的风格必须与原品牌形象一致，并保持价格水平上的一致性。品牌扩张就是要将已经取得成功的品牌用到新产品或业务上去，形成品牌的传递效应。如果品牌形象受损，则新产品的推广也会因为消费者的不认可而宣告失败。

2. 间断扩张抗风险对策

（1）新旧产品之间具有关联性是品牌扩张成功的关键

在这里关联性不是指纯粹技术上的相关性，而是强调要有适当的品牌联想，如舒肤佳香皂使人产生的联想有除菌、保护肌肤。其一，在消费者看来，扩张产品和原产品应当具有互补关系，即在共同的场合同时被消费者使用，或者用与原产品开发相联系的技术、技能、知识进行扩张产品的制造和生产，以提高相关性。例如，本田公司从摩托车扩张到汽车，其相关性就非常明显。其二，扩张产品与原产品应在同一水平上，即产品的档次与品位一致，如果不在同一水平，扩张风险就比较大。企业在进行品牌扩张时，应注重相关产品的关联性，否则将导致一损俱损的株连效应。

（2）界定适用范围，防止产生定位冲突

如果企业跨行业进行品牌扩张，更应注意使品牌保持稳定，不能引起消费者的反感，如开采石油的企业不能以现有品牌生产化妆品。如果在某行业品牌定位较成功，成为消费者心目中某一类别的代名词，那么扩张到其他类别是不理智的。例如，“拜耳”就是药品阿司匹林的代名词，此时可选择为新产品命名，采取多品牌的策略。在一定程度上品牌的定位缩放度就决定了扩张的范围大小，所选择的扩张产品类别必须符合原品牌的定位，或者具有较强的相似性。

二、中小企业品牌持续发展策略

（一）中小企业品牌持续发展的原则

1．紧跟国家发展

中小企业品牌发展战略必须与国家发展战略相协调，这是企业追求持续发展的大前提。我国正在推进以人为本、全面协调、可持续发展的国家战略，正在加强创新型国家与资源节约型社会的建设。因此，中小企业品牌要在战略上与国家合拍。杜邦、巴斯夫等跨国公司就把握好了这一脉搏，作为世界级的顶尖企业，不仅为发展中的中国带来了资金、技术，还带来了先进的企业经营管理理念以及企业的社会责任理念，积极履行社会义务，这为企业在中国市场持续发展奠定了基础。如果中小企业品牌所制定的战略与国家战略相冲突，无异于拿鸡蛋去碰石头，几乎没有成功的可能。因此中小企业品牌必须时刻关注国家战略，以及相应出台的大政方针、产业政策，规避政策风险。

2．保证盈利

一个中小企业品牌如果以牺牲利润为代价来维持市场领先，那么这家企业早晚会倒闭或者被吞并。万科的前董事长王石就盈利话题在接受媒体记者采访时，曾经说过这样一段话："一般的观点是企业盈利应该追求最大化。企业要在市场上竞争肯定要具备盈利能力，没有盈利能力或者低于平均盈利能力，其融资的可能性就会受到限制。但如果仅仅就是为了追求利润最大化，而忽视了公司的存在价值，即使你某段时间的盈利非常高，但你却忽略了企业的可持续发展，最终的结果可能就是在你盈利最多的时候正是你走下坡路的开始。"[①] 这恰恰道出了盈利与企业可持续发展的辩证关系。

3．做专业品牌

中小企业品牌可能是第一个进入某个行业领域（产品类别）的，即"先者"。或者，虽然后进入一个行业市场，但开拓了一个新的产品类别，做到了第一。还有一种情况，经过为业务做减法而成为行业第一，如万科地产。在深圳万科曾被作为多元化的一个成功范例，但是在王石的领导下不断对业务做减法，最后归结为房地产行业。任何企业都有机会成为第一，所谓"市场无先后"，说的就是这个道理。不过，上述几种情况恰恰说明专业成就成功。作为中小企业不仅要如

① 孙德良．王石万科管理日记[M]．北京：中国铁道出版社，2011．

此，还要实现品牌专家化，为消费者提供具有领先技术、卓越品质、可靠信誉的产品。

4. 坚持本土化

无论是中国企业走出去，还是跨国企业走进来，都要涉及本土化的问题。对于搜索引擎来说，谷歌（Google）在世界范围要胜过百度，但在中国市场上要打败百度，则必须实现本土化。虽然目前百度在中国市场上因扎根本土而具有优势，但其欲发展必须放眼全球，必须走出去，走出去的同时也必须实现针对目标市场的本土化。

企业要想提升现有业绩，可以有三种考虑：一是挖掘老客户市场；二是拓展新客户市场；三是寻找新的增长点。而通过本土化运作，无论是拓展新区域市场，还是巩固、挖掘旧有市场，都具有重要意义。至于重要到什么程度，可以这样说：本土化是企业成功的大前提，本土化程度越高，越有利于企业规模增长与发展。

5. 培养企业文化

企业公民对企业可持续发展的作用其实也有其文化背景。我们知道，企业文化分为三个层面：理念层面、制度层面与物质层面。理念层面是内核，对于制度层面、物质层面有着深远的影响。企业文化的作用有其多元、深层特征。

企业要发展，必须与时俱进。观念必须先行，战略的行动取决于战略的思维。要抓好经营，首先经营观非常重要，企业要发展就要有可持续发展的经营观。因为经营观是企业使命、宗旨的价值规范，是企业发展的目标指南，是企业经营决策的指导思想和思维方法，是企业文化的重要组成部分，也是企业经营的价值取向和凝聚指挥企业员工行为的经营价值观。以可持续发展为导向的企业文化，其核心是以人为本，当然这里的人包括企业内部的人——员工，以及企业外部的人——社会公众。因为企业文化的作用本身就表现为对内凝聚力，以及对外吸引力。杜邦公司从发展初期生产炸药单一产品逐步发展到现在涉足生化、生物、材料科学等多个领域，随着公司业务领域的不断改变，其核心价值观也不断发生改变，而其以人为本的可持续发展观却始终贯穿其间。

品牌不是产品，产品只是构成品牌的一个要素。品牌的背后是文化，是具体的产品精神和人文哲学理念。文化是道，品牌是法，销售是术。术固然有千变万化，但是如果道法不力，则企业依靠机械手段取得的成功必然不能长久，中国市场上比比皆是的“过把瘾就死”企业均可作为例证。

众所周知，一个成功的品牌不仅给顾客承诺以好的产品、服务，还可以使购买者或使用者获得相关的附加价值。可以说，消费一种品牌就是消费一种文化，品牌的征服就是一种文化的征服。

6. 善于学习

面对激烈的竞争，品牌经营已成为企业竞争的必由之路。在品牌经营价值链上，品牌推广不仅意味着建构和传承品牌承诺，更承担着全面履行品牌承诺、联合其他品牌动作共同推进承诺履行的一致化职能。它起到承上启下的作用，是企业品牌营销中重要的一环。

品牌推广不仅让消费者认识产品，更让消费者深入了解产品所具有的特征，从潜意识里认同这个产品、喜爱这个产品。北京雅歌时代在为企业进行品牌推广的过程中明确推广的具体目标，并从企业自身与市场现状出发，根据品牌的具体时期制定可行的策略，让品牌获得可持续性的发展。

在为企业进行品牌推广的过程中，北京雅歌时代深谙品牌推广是为树立良好的企业和产品形象，提高品牌知名度，最终要将有相应品牌名称的产品销售出去这一本质规律，以专业视角制订一系列执行方案，以强有力的推广做支撑，打造强势品牌。

企业在发展过程中如果没有强有力的推广执行做支撑，创意再好也不能成为强势品牌。这将不利于企业在激烈的竞争中取得优越性资本。北京雅歌时代品牌推广凭借超前的服务理念、科学的经营机制、专业高效的执行团队以及丰富的网络媒体资源，科学统筹，根据企业品牌特征与市场现状为企业执行可持续性的品牌推广方案，助力企业品牌持续健康发展，给企业带来了持久生命力与竞争力。

（二）中小企业品牌持续发展的路径

1. 品牌竞争路径

根据竞争力分析，品牌竞争路径包括以下三方面。

第一，要保持品牌差异性，就要塑造品牌的独特个性，这是竞争者无法模仿的。树立品牌个性要以市场和消费者为中心，企业的品牌个性要有别于竞争品牌，又要与消费者的个性心理相吻合，要将产品、企业、消费者、社会相结合，塑造出个性鲜明的品牌，征服消费者，战胜竞争对手，形成强势的差异。

第二，实现品牌的总成本领先，建立起有一定规模的生产设施，在经验基础上全力以赴、降低成本，加强成本与管理费用的控制，最大限度地减少研究开发、推销、广告等方面的成本费用。

第三，利用品牌的目标集聚战略，主攻某个群体、某产品系列的一个细分区段或某一地区市场。这种路径需要企业针对具体的战略目标，将企业的技能、资源结合起来。

2. 品牌创新路径

品牌创新是增强品牌生命力、品牌活力的重要途径。品牌创新可通过不同的维度来进行。推出新产品，走出老品牌市场增长率和市场占有率下降的不利局面，使品牌重新增值。开发新市场，增加品牌的细分市场，寻找新的消费人群。采用新的品牌推广方式，进行品牌形象的重新塑造，满足变化的消费需求和市场环境，焕发新的生机和活力。还可以进行品牌的重新定位，发掘品牌的核心价值，走出品牌的低潮。这些创新方式的关键是强调与竞争者的不同，与消费者的需求相符合。而其推行的成功与否将关系到品牌的生死存亡。

3. 品牌维护路径

品牌维护首先是产品的维护，要给品牌持续发展建立坚实的基础。产品是品牌的载体，要保证产品质量和服务的质量，坚持从市场需求出发，保障产品的高质量、良好的外部设计和优质化的服务。其次要加强品牌的统一规划和管理，形成一套标准的管理体系。要将品牌战略具体到品牌定位、品牌识别、品牌推广、品牌塑造等方面，使这些方面形成一个规范的整体，加强对品牌的统一管理，形成各主要方面的指标体系。要从各个方面进行品牌知名度培育和管理，提升品牌知名度和顾客重复购买率。同时要加强对品牌的法律保护，实施严格的商标管理。要加强品牌诊断和品牌危机管理。通过品牌诊断分析品牌状况，客观评价品牌形象，找出薄弱环节，及时改进和维护。根据市场和消费者需求的变化对品牌管理中存在的问题进行及时处理。同时也要注意品牌危机管理，品牌一旦出现危机问题，不但会使品牌形象损毁，也会导致企业无法再生存下去。因此，要加强品牌危机管理，组建专业化的品牌危机管理小组进行危机的预测和处理，并且要建立准确、灵敏的信息检测系统，及时收集相关信息并给予分析、研究和处理。更重要的是要有快速的反馈系统，以保证品牌出现危机时能马上反馈给企业，及时地进行补救和处理。

第四章　中小企业营销管理

本章将围绕中小企业营销管理这一主题展开论述，分为三节：中小企业市场环境与消费者研究、中小企业产品分析与目标市场、中小企业的多种营销方式与销售控制。

第一节　中小企业市场环境与消费者研究

一、中小企业市场环境研究

（一）中小企业的行业分析

中小企业的行业环境是指介于宏观环境和微观环境之间的环境，主要指中小企业所在行业的环境。

1. 行业成功关键因素分析

成功的关键在于影响某行业企业在市场上盈利能力的主要因素，包括但不限于产品性能、竞争力、实力和市场表现等。行业成功的要素指的是企业在竞争和财务方面实现成功所必须具备的能力、条件，通常有3～5个。这些关键因素因行业和时期不同存在差异，会随着市场驱动力和竞争情况发生改变。

通过行业成功关键因素分析，可以理解顾客选择产品的动机和原因。要在竞争中脱颖而出，企业必须拥有足够的资源和竞争能力。但是，哪些资源和竞争能力是必要的，如何让企业保持竞争优势并持续获得成功，这些问题都需要深入思考。

在所有行业共通的成功因素上保持竞争力，并在至少一项因素上表现优异，是成功企业的一般特征。

以下是技术类行业成功的关键要素：科研专家、创新技术的工艺能力、产品创新能力、对已有技术进行转变的能力以及网络经营能力。

要在制造业取得成功，需要遵循一些关键原则：实现低成本生产、提高固定资产利用率、拥有高技能劳动力、实现低成本产品设计、灵活地生产系列产品、满足顾客的要求等。

分销类行业成功关键因素：强大的批发商／特约经销商网络、公司控制的零售点、拥有自己的分销渠道和网点、低分销成本、快速配送等。

销售类行业成功关键因素：技术支持、顾客服务、订单处理、产品线或可供选择的产品种类、商品推销技巧、有吸引力的款式／包装、顾客保修和保险及精明的广告等。

技能类行业成功关键因素：技术工人、质量管理诀窍、设计专家、在具体技术上的专有技能、开发出创造性的产品和取得创造性的产品改进、快速商业化能力、组织能力、卓越的信息系统、快速的市场反应、电子商务能力、较多的经验和诀窍等。

一般管理能力类行业成功关键因素：有利的公司形象／声誉、总成本很低、便利的设施选址、礼貌的员工、财务资本、专利保护等。

2. 行业生命周期分析

行业生命周期是指该行业从出现到完全退出社会经济活动的整个过程。一个行业主要会经历四个发展阶段，即幼稚期、成长期、成熟期和衰退期。

行业的生命周期从更宏观的角度分析问题，不关注具体的产品型号、质量、规格等存在的不同之处。行业的生命周期将成熟期划分为成熟前期和成熟后期。在成熟前期，大部分行业都呈现出类似“S”形的生长曲线，但随着时间的推移，行业进入成熟后期时，通常会分为两种类型：一种是长期保持成熟稳定阶段的行业；另一种则是快速进入衰退期的行业，呈现出明显的下滑趋势。行业生命周期是一种定性理论，而行业生命周期曲线则是一条近似的假设曲线。

确定一个行业所处的生命周期阶段，可以关注以下主要因素：市场增长率、需求增长率、产品种类、竞争者数量、进入和退出壁垒、技术创新和用户购买行为等。以下是生命周期不同阶段的特点介绍。

（1）幼稚期

在幼稚期，市场增长率高，需求增长迅速，技术方面不断发生变革。相关公司和用户致力于开拓新的用户和市场，但是技术上仍然存在着很多的不确定性。在制定产品、市场和服务策略上，还存在很大的发展空间。此外，相关公司并没有全面且深入地了解行业特点、竞争状况和用户特点等信息。因此，市场进入门槛并不高。

（2）成长期

市场在成长期表现出强劲的增长势头，需求急剧攀升，技术逐步稳定，行业特点、行业竞争格局以及用户群体已经清晰可见，企业进入该市场的难度增大，同时产品种类和竞争对手数量都在不断增加。

（3）成熟期

在成熟期，市场和需求增长缓慢，技术已经成熟，行业特征、竞争状况和用户需求已经十分明确和稳定，买方市场已经形成，行业盈利能力逐渐下降。同时，开发新产品和探索产品新用途变得更为困难，行业壁垒逐渐提高。

（4）衰退期

在衰退期市场的发展速度减缓，需求量减少，同时产品种类和竞争者数量也急剧减少。

行业生命周期的运用有一些限制性，因为生命周期曲线只是一条抽象化的典型曲线，实际上各个行业的销售量曲线并不是十分流畅和规则的。所以说，确认行业处于哪一阶段有时会很有挑战，并且如果鉴别不恰当，就可能导致战略上出现错误。销售量的变化受到多种因素的影响，这些因素之间的关系相当复杂。而经济周期性变化和某一行业的演变之间也难以分得清楚。此外，有些行业的演变是由集中到分散变化的，而有些则相反。由此，我们也就无法采用单一的战略模式来迎合每个行业的需求。所以说，应当将行业生命周期分析法与其他方法相结合，以避免分析结果的片面性。

（二）波特五力模型

波特五力模型（见图 4-1）是针对企业外部环境中的微观环境进行分析的，它主要用来分析本行业企业之间的竞争格局以及本行业与其他行业之间的相互关系。

根据“竞争战略之父”迈克尔·波特（Michael Porter）的理论，一个行业面临的竞争不仅限于已经存在的竞争对手，还包括五种基本的竞争力量。这些竞争力量如下：可能会进入该行业的新竞争者、可替代品的竞争、购买方谈判的能力、供应商谈判的能力和现有竞争对手之间的竞争。行业的竞争激烈程度以及资本流向由五种基本竞争力的现状和综合强度所决定，这也会最终影响到该行业的获利潜力，并决定企业是否可以保持高收益。从中小企业的特点出发，中小企业在行业五种竞争力的分析中主要把握现有竞争者和新进入者的威胁，这两种威胁对企业影响较大而且企业也容易调整姿态应对竞争。

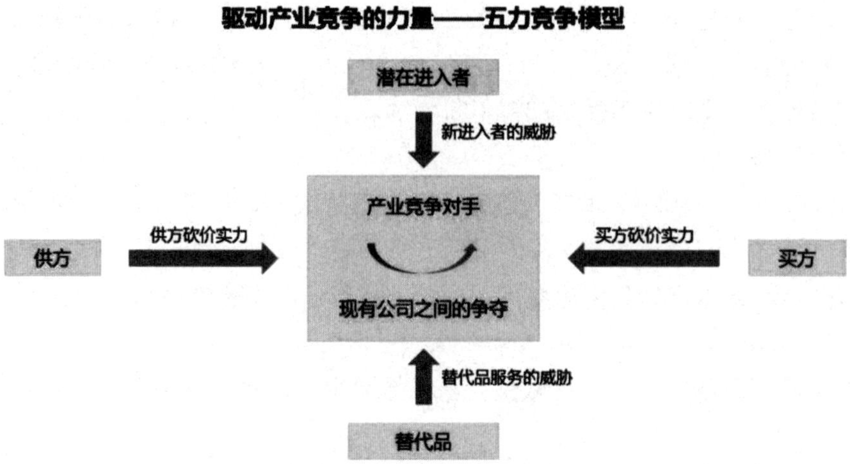

图 4-1　波特五力模型

1. 潜在的行业新进入者

新进入该行业的潜在竞争者具备强大的生产能力和一些必不可少的资源。他们希望在市场上获得一席之地，尽管这个市场可能已经被现有企业垄断了。这样就会出现原材料和市场份额的争夺，最终导致现有企业的盈利水平降低，甚至有可能危及它们的生存。新进入市场的难度以及现有企业对于新进者的反应是决定竞争性进入威胁严重程度的两个重要因素。

2. 买方讨价还价的能力

买方也是顾客，其竞争力量取决于三个主要因素，即他们需要购买的产品数量、转而购买替代产品的成本，以及他们所追求的目标。这些因素视具体情况而定。买方往往会要求降低购买价格、提供更高质量的产品及更多优质服务。这种情况下，行业的竞争者为了保持市场位置会互相竞争，结果导致行业的利润降低。

3. 供应商讨价还价的能力

供应商在某一行业中的竞争力量主要取决于其所处市场的状况和其提供产品的重要性。供方可以通过提高投入要素价格和降低单位价值质量来影响行业中现有企业的盈利水平和产品竞争力。供方的实力是否强大往往取决于他们为买家提供的投入要素，如果这些投入要素的价值占据了买家产品总成本的很大比例，对于买家的生产过程有着重要影响，或者会严重影响买家产品的质量，那么供方面向买方的潜在讨价还价能力将得到显著增强。

4. 现有竞争者之间的竞争

通常情况下，存在于同一行业的诸多企业之间会有较强的利益牵扯。对于这些企业来说，竞争战略是企业整体战略的一部分，旨在使自己的企业获得比竞争对手更大的优势。因此，在实施竞争战略时，不可避免地会出现冲突和对抗的情况。这些冲突和对抗成功体现了现有企业之间的竞争。各个企业之间，一般的竞争形式涉及定价、广告宣传、产品促销以及售后服务等各个方面，这种竞争的激烈程度则受到多种因素的影响。

每个企业都要应对来自各种力量的威胁，这些力量构成了行业中的竞争环境。此外，每个竞争者也必须关注行业内其他竞争者的动向。如果竞争对手认为进行正面竞争是必要的且有利可图的，如为了争夺更大的市场份额，那么他们就会制定各种进入壁垒策略，如采取差异化和转换成本等手段以保护自己。否则，他们可能会避免与新兴企业正面交锋。一旦竞争对手识别出自己的优势和劣势后，就需要确定自己的市场定位，以便更有针对性地应对环境变化，如产品生命周期、行业增长速度等。这样做可以有效保护自己并做好准备，及时应对其他企业的行动。

在运用五力模型方面，一直存在着很多争议和讨论。就目前而言，大多数人认为该模型更适合用作理论思考工具，而非实际操作的战略工具。这个模型的理论基于三个假设：首先，假定制定战略的人可以掌握整个行业的信息，但实际上这是很难实现的；其次，在同一行业中只存在竞争关系而没有合作关系，实际上，企业之间拥有多种不同的合作方式，互相之间并非始终处于恶性竞争状态；最后，由于行业的规模固定，所以只有通过减少竞争对手的市场份额来获得更多资源和市场份额。在实际情况中，企业往往通过与竞争对手共同发展业务实现行业规模的扩大并获取更多的资源和市场份额，而不是通过吞并对手来实现这一目标，简单来说，市场可以通过持续的开拓和创新来扩大其容量。

所以说，若要成功地将波特的竞争力模型运用于实际操作中，需要消除三个不存在于现实中的假设，否则操作者可能面临无能为力或陷入困惑的局面。波特的竞争力模型强调了在五种竞争力量的互相作用中存在着三种成功的战略思想，它们是广为人知的总成本领先战略、差异化战略和专一化战略。

（三）SWOT 分析

SWOT 分析法是一种能够客观、准确地评估一个组织或单位现状的自我诊断方法。使用此方法，我们可以识别、强化对自己有益的因素并规避对自己不利的因素，发现存在的问题，找到解决它们的方法，并确定未来的发展方向。根据此分析，可以对问题进行分类，明确哪些问题需要立即解决，哪些问题可以稍后处理，哪些问题是达成战略目标的障碍，哪些是战术层面上的问题。SWOT 分析的针对性很强，能够帮助领导和管理者做出更准确的决策并制定合适的发展规划。

SWOT 的完整英文表述为 strength，weakness，opportunity，threat。其中“S”指强项与优势，“W”指弱项与劣势，“O”指机会与机遇，“T”指威胁与对手。由此，我们能够将 SWOT 分为两部分加以看待，其中第一部分为“SW”，其作用是对内部的条件进行深入研究；“OT”指的是第二部分，主要用来对外部的条件进行分析，并且，对于 SWOT 中的不同单项，如“S”，也能够分为内部因素与外部因素，由此也就能够呈现出较为完整的概念。

在制定企业的发展战略与分析行业内竞争情况的时候，常常会使用 SWOT 分析法，通常来说，使用该分析方法主要需要注意以下几个方面的内容。

1. 分析环境因素

采用多种调查研究手段评估公司所面对的内外部环境因素并进行分析。公司在发展过程中会受到外部环境因素的影响，包括机会和威胁两方面因素。这些因素是客观存在的，对公司发展具有重要的影响。同时，公司内部环境也会产生积极和消极因素，如优势和劣势因素。在分析时，需要综合考虑历史和现实情况，并且重点关注未来的发展趋势。

优势属于组织机构内部的因素，包括处于有利的竞争环境中、足够充实的财政收入、积极的企业形象、技术实力、市场份额、成本优势、其他营销行动等。

劣势属于组织机构内部因素，包括设备老旧问题、管理混乱、关键技术不足、技术研究和开发较为落后、缺乏足够的资金、经营不当、库存积压、缺乏竞争力等。

机会属于组织机构外部因素，包括但不限于新的产品、全新的市场、新的需求、市场准入限制取消、竞争对手的错误等。

威胁也属于组织机构的外部因素，这些威胁包括但不限于新的竞争对手、可替代性产品的数量不断增加、市场紧缩、行业的相关政策发生改变、经济萎缩、客户的喜好发生变化、意外事件等。

若要进行优劣势分析，需要考虑企业的整体性和多方面的竞争优势来源，这要求我们必须逐步分析企业与竞争对手在价值链的每个环节上的差异。必须强调的是，只有从潜在用户的角度来看，才能判断一个企业及其产品是否拥有竞争优势，而不能只从企业自身的角度出发进行判断。为了保持自身竞争优势，企业需要认真分析自身的资源和能力，并采取相应的措施。

一旦一家企业在某方面建立了竞争优势，就会引起竞争对手的关注。通常来说，企业经过一段时间的发展形成了某种能让他们在竞争中脱颖而出的优势，接着为了保持竞争优势，公司不断采取措施，竞争对手也开始逐渐做出反应。若竞争对手针对企业的优势直接发动攻击，或实施其他更具优势的策略，可能会削弱企业的优势。为维持竞争优势，企业须确保其资源具有长期稳定的竞争优势。

SWOT 分析的优势在于其全面性，该方法采用系统思维，能够将对问题的诊断结果和解决方案密切结合，条理分明且易于验证。

2. 构造 SWOT 矩阵

通过对调查的各项因素进行排序，可以构建 SWOT 矩阵，其中重点考虑各因素的优先级、影响程度等内容。在这个过程中，我们需要把那些直接的、重要的、大量的、迫切的且能够长远影响公司发展的因素放在首位，把那些间接的、次要的、少量的、不紧急的、短暂的影响因素放在次要位置。

作为一种战略分析方法，SWOT 分析法还可以分为四种战略：SO 战略、WO 战略、ST 战略、WT 战略。

SO 战略：依靠内部优势，利用外部机会。

WO 战略：克服内部劣势，利用外部优势。

ST 战略：依靠内部优势，回避外部威胁。

WT 战略：克服内部劣势，回避外部威胁。

3. 制订行动计划

一旦环境因素分析和 SWOT 矩阵构建工作完成，即可拟定相应的行动计划。制订计划的基本思路：发挥优势，克服劣势，利用机遇，应对威胁；回顾历史，紧抓现在，展望未来。通过综合分析方法，结合系统分析和环境因素考虑，制定一系列可供公司未来发展选择的对策。

营销环境是一个不断变化的环境，每天都会涉及企业、供应商、消费者、营销中介、竞争对手、公众舆论和宏观环境的激烈碰撞，这些不同方面交织在一起可能会带来机遇，也可能会产生威胁。随着强者愈强、弱者愈弱的现象越来越突出，中小企业应当仔细研究市场情况，做出明智的决策。在采取行动之前必须冷静思考，再三权衡利弊。值得注意的是，每天都有新的市场机会涌现，不要过分强调时间的价值以及错失的机会。因为对于中小企业来说，最重要的是保证自身的生存与延续。

二、中小企业消费者研究

（一）消费者需求

任何购买行为都源于某种需求。需求在消费者心理活动过程中被认识、加工、转换，形成动机并作为态度的一个组成部分，最后在决策过程中被取舍从而导致行为发生。需求、动机、态度、决策与行为基本上是相同的。所以，研究消费者需求是了解消费者行为的关键工具。消费者的狭义定义指的是那些购买和使用各种商品或服务的个人或住户。在广义上，消费者可以泛指购买和使用各种产品和服务的个人或组织。在实际生活中，一个消费品或服务的选择者、购买者和使用者可能会是同一人，也可能是不同的人。一般情况下，成人个人用品往往是由使用者自己决定和购买的，而儿童用品则通常涉及使用者、购买者和决策者的分离。我们可以把购买决策阶段、实际购买阶段、使用阶段看作统一的过程，由此，我们就可以将处于这一过程中的所有人看作消费者。

1. 需求的含义

消费者需求指的是消费者对于某种产品或服务的真实需求，也可以是他们的购买意愿或期望。需求可以源于消费者的心理和生理状态，即他们期望在某些方面得到满足，如感到更舒适、更安全、更受尊重等。需求与人类活动紧密相关。为了满足某种需求，人们会购买产品或接受服务。一种需求的满足会引发另一种需求的出现。因此，人的需求永远不可能被完全满足或达到终止状态。人类活动的长久性和永恒性是由其需求的无限发展性所决定的。

尽管需求是人类活动的动力之一，但并非时时刻刻都处于激发状态。只有当消费者亟须满足某种需求时，需求才会被激发并促使消费者采取行动。

2. 需求的种类

作为独立个体的消费者，他们的需求极为多样。这些需求可以从不同的角度进行分类。

（1）根据需求的起源划分

需求可以根据其起源被归类为两种类型：生理性需求和社会性需求。生理性需求是指个体为保持生命活力和繁衍后代所产生的需求，如吃喝、睡觉、运动、排泄和性行为等。生理性需求是人类最基本和最原始的需求之一，通常会呈现出极为明显的周期性。社会性需求是人类在社会生活中形成的，旨在支持社会存在和发展的各种需求，如求知、欣赏美、获得友谊、追求荣誉、参与社交等。

（2）根据需求的对象划分

需求可以按照对象的不同分为物质需求和精神需求。物质需求是指我们对基本生活必需品，如衣物、食品、住房和交通等的追求和需求。在生产力水平相对较低的社会中，人们在购买物质产品时主要考虑满足其生理需求。随着社会的不断进步，越来越多的人将物质产品视作展现个性、成就以及地位的重要方式。所以说，物质需求不仅局限于满足生理需求，更逐渐融合了社会需求的方方面面。精神需求主要包括认知、审美、社交、创造等方面的需求。这类需求主要是由心理上的匮乏感所引起的。了解消费者需求的种类，对于把握消费者的购买行为有着极大帮助。

（3）根据需求的时间特征划分

按需求的时间特征划分，可把消费者需求分为现时需求和未来需求，或者短期需求和长期需求。现时需求是指必须立即采取行动予以满足的需求；未来需求是指消费者已经意识到并可能做些准备，但要在未来才会真正满足的需求，如新婚夫妇对子女未来教育的需求。短期需求是指在较短时期内产生并要求予以满足的需求，这些需求在以后很可能不再重复出现；长期需求是指在一个较长时期内会持续或反复出现的需求，如吃饭、穿衣、住房等。

（4）根据需求的显现度划分

按需求的显现程度化分，可把消费者需求分为潜在需求和显现需求。潜在需求是指消费者没有明确的需求或是一种朦胧的欲望，也指现有市场的产品尚不能予以满足的需求；显现需求是指消费者有明确意识的需求。潜在需求必须转化为显现需求才能产生实际消费行为。因此，识别与转化消费者的潜在需求是营销活动中最具挑战性的工作。

（5）根据需求的满足顺序及性质划分

按照需求的满足顺序及需求的性质，可以把需求分为若干不同层次。美国人本主义心理学家马斯洛（Maslow）将人类需求按由低级到高级的顺序分成五个层次或五种基本类型：生理需求（physiological need）、安全需求（safety need）、社会需求（love and belongingness）、尊重需求（self esteem）以及自我实现的需求（self actualization）。[①] 如图 4-2 所示。

① 马斯洛．动机与人格 [M]. 南昌：江西美术出版社，2020.

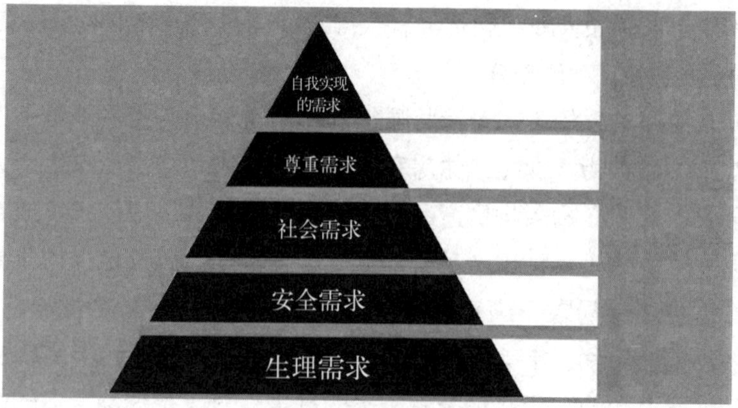

图 4-2　马斯洛需求层次发展示意图

（二）消费者市场的购买对象

消费者进入市场时，会有许多选择，根据不同的标准，可以将其购买对象分为不同的类型。

1. 按购买习惯分类

根据消费者的购物习惯分类，通常会将消费对象分为三类，分别是便利品、选购品、特殊品。

（1）便利品

便利品是指日用品，人们每天都需要使用并需要定期购买的商品，如食品、饮料、肥皂、清洁剂等。购买这类商品的消费者通常不愿意花费大量时间比较价格和质量，而会考虑购买替代品。所以说，制造便利品的公司应关注产品的分销广泛性以及经销网络的合理排布，以确保消费者可以及时方便地在附近购买产品。

（2）选购品

对于像服装、家电等商品，由于比便利品更贵，因此消费者会花费更多时间进行比较，最终做出购买决定。在购买之前，消费者对这种商品的了解不够深入，因此需要在决定购买前对同类型的产品进行价格、款式、质量等方面的比较。生产选购品的厂商应当把销售点设在商业活动频繁的商业区域内，并尽力将同类产品的销售点安排在相邻位置，方便顾客进行比较和选择。

（3）特殊品

所谓特殊品是指那些消费者有着特别喜好，并愿意投入更多时间与金钱购买的商品，如电视、冰箱、化妆品等。在购买之前，消费者已经充分了解了这些商品，他们更喜欢特定的品牌和商标，并不愿意接受替代品。因此，企业应当注重打造知名品牌产品以吸引消费者，需要加强广告营销并提高企业产品知名度，同时，还需要确保自身拥有出色的售后服务。

2. 按商品的耐用程度和使用频率分类

消费者在购买时可以根据商品的耐用程度和使用频率来进行分类，可以将购买对象分为耐用品和非耐用品。

（1）耐用品

耐用品指那些具有较长使用寿命，可以被使用多次的商品，如电视、电冰箱、音响、电脑等。对此类商品，消费者在做决策时会更加谨慎。生产此类商品的企业应关注技术创新，提高产品质量，并致力于提供满足消费者购后需求的优质售后服务。

（2）非耐用品

非耐用品指的是那些使用频次较低，但消费者又必须定期购买的商品，如食品、文化娱乐产品等。除了确保产品质量，生产这类产品的企业还应特别关注销售点的布置，以使消费者更轻松地购买它们。

（三）消费者购买行为模式

企业在消费者市场上着重关心两个问题：一是消费者有什么购买行为；二是企业有什么办法影响消费者的购买行为。消费者的购买行为模式就是要从理论的高度概括出消费者是如何做出购买行为反应的，以及有哪些购买行为类型，从而为研究提供基础。

1. 基本分析结构

基本分析结构是指要分析消费者市场和购买行为应从哪些角度出发，换言之，是指构建消费者购买行为模式应考虑哪些因素。

（1）刺激因素

心理学认为，所有人类行为无非人脑对刺激物的反应。刺激因素是指那些能引起、激发消费者产生心理活动并做出行为反应的因素。其主要有待满足的需要、各种营销刺激以及其他个人、家庭和社会因素的变化所引起的刺激。

（2）处理

消费者对各种因素进行处理后才会有行为反应，处理过程也就是消费者的心理活动过程。不同消费者需求处理的方式不同，其心理活动有长、短、深、浅之分，不同心理成分所起的作用不同，这些区别是导致购买行为模式差异的主要原因。

（3）影响因素

影响因素是指影响消费者需要、心理活动以及行为反应的因素。刺激因素一般也就是影响因素，任何影响因素也都可能成为刺激因素。但就某一具体心理活动而言，影响因素并不总是当初的刺激因素，所以两者还是有区别的。

（4）输出物

经过处理后的输出物就是消费者的购买行为，包括是否买、买什么、买多少、何处买、怎样买等。

（5）行为后果

上一次的行为与下一次的行为总有内在联系，购买行为模式应该是动态的。行为后果包括对该次行为的评价、消费者心理上是否满足，消费经验、知识和能力的变化、消费品和货币存量的变化，消费者习惯、偏好的变化等。

2. 购买行为模式

消费者的购买行为模式一般分为三种：一般行为模式、常规行为模式和冲动性行为模式。一般行为模式（见图 4-3）就是一般的、正常的行为模式，是指消费者对刺激因素和其他影响因素的处理要经过心理活动的全部过程才会做出行为反应的模式。这一行为模式主要出现在消费者购买选购品或新产品的时候。

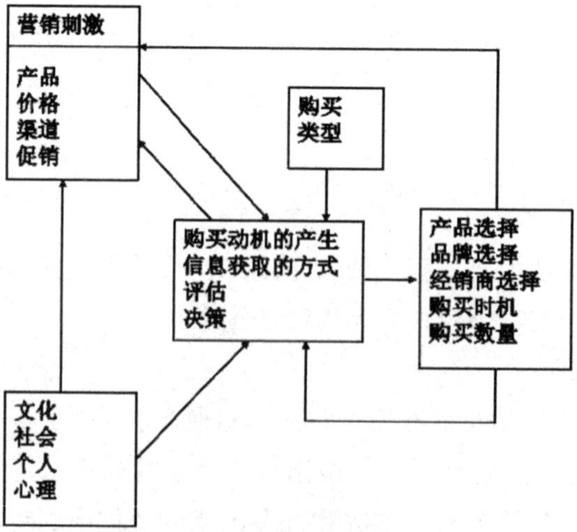

图 4-3　一般行为模式图解

常规行为模式是指消费者意识到某种刺激几乎不需要进行处理，就按习惯或常规做出行为反应。比较简单的经常重复的消费往往采取这种行为模式。例如，人们购买糖、盐等简单调料食品时，总是到某个最近的商店去购买，而不会考虑是否要改变购买地点。

冲动性行为模式是指消费者受到某些较强烈的刺激，同时由于自身观念和性格上的特点（一般可以认为是弱点），没有进行认真决策，受在短期内涌起的激情支配所产生的行为反应，冷静下来以后往往会后悔不迭。当然，并不是说消费者在做出冲动性行为前没有任何思维判断活动，而是指思维活动处于激情的笼罩之下，行为主要受激情的支配。

此外，还有一些行为模式的分类，如理性行为模式（处理过程保持理智，利益起主导作用）、感性行为模式（处理过程依靠感觉，偏好起主导作用）、无必要性行为模式（没有必要进行处理，能买到就行）、无选择性行为模式（没有进行处理和选择的可能）等。

第二节　中小企业产品分析与目标市场

一、中小企业产品分析

（一）产品组合决策概述

1. 相关概念

在现代社会化大生产和市场经济条件下，大多数企业生产和销售多种产品。所谓产品组合是指一个企业提供给市场的全部产品系列和产品项目。产品大类也叫作产品线，是指产品类别中具有密切关系的一组产品项目。产品项目也叫作产品品种，是指某一品牌或产品大类内由价格、外观及其他属性来区别的具体产品。例如，雅芳的产品组合包括四个主要产品系列：美容品、保健品、珠宝饰品和其他产品。每个产品系列还包括几个亚产品系列。

企业的产品组合有四大要件：广度、长度、深度和相关性。产品组合广度是指该公司所有的不同产品系列数目。宝洁公司有许多产品系列，从婴儿产品、美容产品、家用产品、女性产品、食品饮料、健康产品到织物毛巾。产品组合的长度是指该公司所拥有的产品项目总数。产品组合的深度是指产品系列中每种产品种类的数目。宝洁公司的佳洁士牙膏有八个种类，从佳洁士多重防护、佳洁士防蛀、佳洁士去牙垢到佳洁士敏感保护、佳洁士双重净白和佳洁士烘焙苏打与漂白配方。产品组合的相关性是指各个生产系列在最终用途、生产条件、销售渠道或其他方面相互联系的紧密程度。宝洁公司的产品系列只要是通过同一销售渠道的消费品，就有相关性。但是，如果产品系列对不同的购买者起不同的作用，就会缺乏相关性。

2. 产品组合决策

企业在调整和优化产品组合时，依据不同的情况，可选择如下策略。

（1）扩大产品组合

关于扩大产品组合的行为，通常包括两个方面，主要是对产品组合的广度与长度进行拓展。其中，通过扩大产品范围可以增加产品组合的广度，而增加产品组合的长度主要通过在原有的产品大类当中新增部分产品项目的方式实现。现有的产品大类在销售上显现出颓势的时候，就需要在现有的产品组合中增加新的产品大类，抑或对现有的有着发展潜力的产品大类进行深入挖掘与开发。通过在原有的产品大类当中新增适应市场需求的产品项目，就能够达到企业丰富自身产品特色的目的。简单来说，为应对市场风险，增强自身抗风险的能力与竞争能力，可以有计划、有目的地丰富产品组合。

（2）缩减产品组合

在市场不及预期、各方面的资源供应不能满足自身需求的时候，企业就需要通过缩减产出的方式维持自身利润。这种方式主要通过削除自身利益较小或亏损产品的方式，集中企业的力量，大力推进利润率较大的产品的生产，一般情况下，企业中存在的产品大类有不断延长的趋势。但是，随着产品大类的延长，设计、工程、仓储、运输、促销等营销费用也随之增加，最终将会减少企业的利润。在这种情况下，需要对产品大类的发展进行相应的遏制，删除那些得不偿失的产品项目，使产品大类缩短，提高经济效益。

（3）产品延伸

①产品延伸的主要方式。对于不同的企业来说，自身的市场定位各不相同。在实行产品延伸策略的时候会对企业本身的市场定位产生一定的影响。一般而言，有以下几种延伸方式。

向下延伸：主要指的是本来只生产高档商品的企业开始决定生产低档商品，这么做是为了给企业开拓市场，增加盈利点。

采取向下延伸策略时会遇到一些风险：有可能使得原来的名牌形象受到损害，所以最好不要使用原有商标；也有可能刺激原有低档产品向高档产品市场发起进攻；另外经销商也可能因为利润降低而拒绝经营。

向上延伸：指企业原来生产低档产品，后来决定增加高档产品。向上延伸的目的主要是增加利润、填补空隙或击败较弱的原有高档产品生产商。

采取向上延伸策略时也会遇到一些风险：有可能使得高档产品生产商反攻低档产品市场；也有可能原有产品印象深入人心导致消费者对厂商生产的高档产品不信任；另外经销商也可能因为能力不足无法继续经销。

双向延伸：在掌握市场优势后，原本计划在中档产品市场的企业决定向产品大类的上下两个方向拓展，其一是丰富企业的高端产品；其二是增加低端产品，以抢占更多的市场份额。

②产品延伸的好处。一般来说，产品延伸有下列好处。

满足更多消费者的需求：当前市场，往往是产品大类越长，机会越多，利润就越大，也就是俗话说的“更大的蛋糕”。

迎合顾客求异求变的心理：随着市场竞争加剧，顾客的忠诚度开始逐渐下降，而产品延伸就是通过提供统一品牌下的一系列不同商品来尽量满足这种求异心理。

降低开发新产品的风险：产品延伸所需要的时间和成本比创造新产品更加容易控制。

③产品延伸的风险。正是因为产品延伸具有上述优越性，许多企业对此很感兴趣。但是，产品延伸也会带来如下副作用。

品牌忠诚度降低：品牌忠诚是指消费者对某种品牌的产品重复购买的行为。在企业丰富产品种类时会面临改变消费者原有购买方式和使用习惯的潜在风险，这种风险可能导致品牌忠诚度的下降，并促使消费者重新审视其购买决策。

区分产品项目的角色并非易事，因为产品的延伸可能会导致过度的细分，从而增强了项目的复杂性。在同一大类中，多个项目的角色错综复杂，每个产品项目所针对的子市场规模微小，以至于难以区分，零售商只能凭借自己收集的信息来决定进什么货。这样不能适应顾客需求的多样性和变化性。

产品延伸引起成本增加：产品延伸将带来一系列成本，其中包括市场研究、产品包装和投产等方面的开支，这些费用显然是不可忽视的，另外，还有一些其他成本，如生产复杂度提高、研发人员精力分散等也不可忽视。

（4）产品大类现代化

在部分情形下，尽管产品组合的广度和长度恰到好处，但产品大类的生产方式可能已经难以满足时代需求，因此必须对其进行现代化改良。若是企业决定对其现有的产品类别进行改良，那么将会带来更多的创新和提升，但产品大类现代化策略首先面临这样的问题：是要逐步实现技术升级，还是以最快的速度采用全新的设备对原有产品大类进行替换。这是一个需要深思熟虑的问题。虽然逐步实现现代化可以降低资金消耗，但其劣势在于竞争对手能够快速察觉并有足够的时间进行决策，从而重新设计他们的产品大类；而快速现代化策略虽然在短时期内耗费资金较多，却可以出其不意，击败竞争对手。

（二）产品生命周期理论

1．产品生命周期阶段划分

（1）介绍期

产品进入市场、销售增长缓慢的时期，我们称为介绍期或引入期。在此阶段，由于产品进入市场需要支付极大的代价，导致企业利润极低。

（2）成长期

成长期是指产品在市场上迅速获得认可并产生巨额利润的时期，这一时期标志着产品进入了一个新的发展阶段。

（3）成熟期

由于产品已经获得了广泛的潜在购买者的认可，导致销售增长出现了减缓的趋势。在这种情况下，营销人员不得不考虑如何使自己的产品具有竞争力。为了在激烈的市场竞争中立于不败之地，保持产品的市场地位，营销成本不断攀升，而利润则呈现出稳定或下滑的趋势。

（4）衰退期

在衰退期，销售呈下降趋势并伴随着利润的不断减少。

2．特殊产品的生命周期

不同类型和性质的产品，其寿命也不相同。研究人员揭示了产品在其生命周期中呈现出多种不同的形态。其中，特殊产品生命周期是指在特定市场条件下，某一产品从开始出现到最后被淘汰的整个过程。产品的生命周期可以分为风格型产品生命周期、时尚／流行型产品生命周期、时髦／热潮型产品生命周期，以及扇贝型产品生命周期四种特殊的类型。

（1）风格型产品生命周期

在某一特定领域中，风格是一种基本且独特的形式，它是人们不断努力的结果。在居所中呈现的风格，包括大牧场式、哥特式等；在衣着上呈现的风格，包括新式的、临时的、标新立异的等；在艺术方面呈现的风格，包括现实的、超现实的、抽象的等。这就是风格流行现象，它具有周期性。一旦一种风格问世，它将在漫长的岁月中持续存在，时而风靡，时而衰落，成为人们不断追寻的循环周期。

（2）时尚／流行型产品生命周期

在某一特定领域中，时尚已成为一种流行或接受的风格，牛仔裤则是当今服装时尚的代表之一，而“说唱乐”则是当代流行音乐的时尚元素。时尚的周期长度很难预料。例如，随着短车身汽车的风靡，人们开始感受到短车身的不适，因此越来越多的人选择购买长车身汽车。那么，究竟是什么因素决定了这种变化呢？时尚周期的长短取决于其真正满足需求的程度、是否符合社会其他趋势、是否符合社会标准和价值，并且在其演进过程中，并不会受到技术限制。

（3）时髦／热潮型产品生命周期

热潮通常在某一时刻突然爆发并成为一时的热门话题，然后逐渐冷却下来。它们的接受周期短暂，且倾向于仅吸引有限数量的追随者。常常呈现出新奇或多变的特征，其目标是那些寻求刺激、追求新鲜或善于自我展示的人。由于其难以满足强烈的需求，或者是未能充分满足，所以它们的存在时间往往比较短暂。我们难以预测某种事物是否能够被归类为热潮，就算能被归入其中，它的持续时间也是难以预测的。媒介的持续时间受到多种因素的影响，包括但不限于其对信息的关注度和其他相关因素。

（4）扇贝型产品生命周期

这种扇贝型特征的展示源于对新产品属性的发现，特定产品的生命周期主要由市场营销观念和技术构成，这两者是不可或缺的关键因素（见图 4-4）。

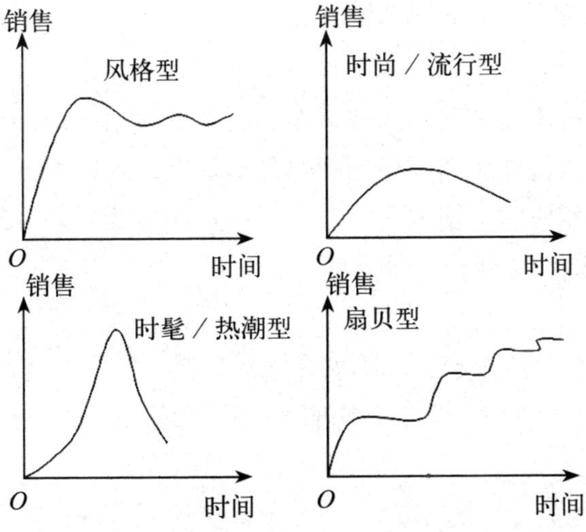

图 4-4　特殊产品生命周期图

3. 产品生命周期原理

公司在推出新产品时必须激发消费者的感知、使用、购买欲望。在一开始介绍产品的时候，只有极少数人（即创新者）愿意购买。随着市场成熟，消费者对新产品的接受能力增强。若此产品能够满足消费者的期望，将会吸引更多的潜在购买者（即早期采用者）前来购买。当市场知觉达到一定程度时，新产品就成为一种标准。市场知觉和价格的不断下降、竞争者的加入加速了购买过程。随着市场逐渐规范化，越来越多的潜在消费者涌入其中。随着潜在的新购买者数量逐渐减少，商品的增长速度也随之减缓。销售量能否保持稳定的态势，主要表现在可重复购买率方面。最终，随着新产品种类、形式和品牌的诞生与推广，消费者对现有产品的兴趣发生了转变，导致该产品的销售量出现了下降趋势。同时，新产品产量增加后，其市场利润也将随之上升。由此可知，新产品的生命周期可以通过其在传播和应用过程中的正常演化来解释。

产品的生命周期是一个非常重要的概念，它直接影响着企业制定产品和营销策略。产品生命周期是指从投入市场到退出市场这一过程中所经历的时间长短及其影响因素。为了确保产品能够持续销售并获得足够的利润，管理者必须深入研究和应用产品的生命周期理论，同时，产品生命周期也是营销人员解释产品和市场运作方式的一大助力。许多成功的公司都选择产品生命周期这个工具以取得最大效益。然而，在制定市场营销策略的过程中，产品的生命周期显得有些难以为继，因为战略不仅影响产品生命周期的原因和结果，而且在预测产品性能时，产品生命周期的应用也受到了影响。

4. 产品生命周期理论的优缺点

（1）优点

产品生命周期理论提供了一套较为实用的市场营销策略，为企业的营销规划提供了全面的视角。将产品划分为不同的营销阶段，营销人员可以根据每个阶段独特的特点，采用相应的营销组合策略，以达到最佳效果。另外，产品生命周期只考虑销售和时间两个变量，简单易懂。

（2）缺点

产品生命周期各个阶段起止点的划分标准存在一定的不确定性。

并非所有产品的生命周期曲线都遵循“S”形标准，此外还有许多独特的产品生命周期曲线。

难以确定产品生命周期适合单一产品项目层次还是一个产品集合层次，因为产品生命周期曲线的适用范围存在不确定性。

此曲线仅考虑销售和时间的关系，未考虑成本、价格等对销售产生影响的其他因素。

易造成“营销近视症”，认为产品已到衰退期而过早地将仍有市场价值的好产品剔除出了产品线。

产品衰退并不表示无法再生，如通过合适的改进策略，公司可能再创产品新的生命周期。

5. 产品生命周期策略

（1）介绍期策略

瞄准市场，先声夺人。介绍期是产品生命周期的开始，但是，往往很多新产品在向市场投放以后刚出于介绍期，即还没有进入成长期就被淘汰了。因此，企业要针对介绍期的特点，制定和选择不同的营销策略。针对不同的营销变量，如价格、促销、分销和产品质量，营销管理部门可以分别设置高或低两种不同的水平，以便更好地进行营销。这意味着在不同情况下，管理者必须做出相应的决策来满足顾客的需求，同时也使公司取得最大利益。在仅考虑价格和促销的情况下，管理部门可以从以下四个战略中选择一项来实施。

①快速撇脂战略。以高价格和极具吸引力的促销策略推出全新的产品。为了在每单位销售中获得更高的毛利，公司采用了高价位的销售策略，尽管该产品的定价较高，但公司不惜投入巨额促销费用，向市场展示其物有所值的特性。通过实施高水平的促销活动，有效提升了市场渗透率，从而促进了企业的发展。该战略的实施前提是大多数潜在市场的消费者尚未意识到该产品的价值和潜力，对于那些了解该产品的人而言，他们渴望获得该产品，并且拥有足够的实力来支付相应的价格，公司正面临着潜在的市场竞争，同时也在积极地探索建设品牌偏好。

②缓慢撇脂战略。推出新产品时采用了高价格和低促销策略，以达到更好的销售效果。为了最大化每单位销售所带来的毛利，公司推行高价格策略，相比之下，为了获得丰厚的利润，通常采用低价格的促销策略。若欲采纳此策略，公司则须考虑到市场规模所带来的营销成本，于市场之中，这类产品几乎人人皆知，因此，高价格可以带来更高的销售量和销售额，购买者愿意支付较高的价格，竞争对手的激烈竞争程度则远超我们的想象。

③快速渗透战略。推出新产品时采用低价与高促销的战略以达成更优秀的促销效果，这就是快速渗透战略，也叫低成本扩张战略。该战略旨在迅速渗透市场

并扩大公司的市场份额，以达到最优效果。在这种情况下，新产品要成功地占领市场，就必须了解其目标市场并分析其是否满足需要，该产品在市场上的知名度并不高，对于绝大多数购买者而言，价格是一个极其敏感的因素，该产品在市场上没有竞争对手，潜在的竞争却十分激烈，在未来几年内，该产品将是市场上最受欢迎的产品之一。随着生产规模的不断扩大和制造经验的不断积累，公司的单位制造成本将逐渐呈现出下降的趋势。

④缓慢渗透战略。推出新产品时采用低价促销的策略，以达到更好的促销效果，从而获得更多的利润。公司深信市场需求对价格的变化具有较大的影响，而对促销活动的影响则相对较弱。若欲采纳此战略，公司则须确保市场规模足够大；该产品在市场上享有相当高的声誉和知名度；产品在市场上销售时间长；市场对价格的反应极为敏感，几乎无法被忽视；企业拥有一定数量和质量的消费者，并且具有较强的促销能力等。

（2）成长期策略

顺应时代潮流，不断提升品质。在成长期，销售呈现出了迅猛的增长态势。随着时间的推移，产品在市场上逐渐被淘汰。早期该产品备受采用者青睐，而随着时间的推移，越来越多的消费者开始向领导企业靠拢。市场迎来了新的竞争对手，这得益于大规模生产和利润的吸引。新入场的企业对分销网络进行重新调整。由于引入了新的产品特性，导致分销网络的数量得到了增加。随着需求的快速增长，产品价格保持稳定或略有下降，呈现出一种稳定的态势。为了应对激烈的市场竞争，公司将维持同等的促销成本或适度提高促销水平。随着销售额的不断攀升，促销费用所占比例不断减少。

为了保持市场增长的可持续性，公司在成长阶段采取了一系列战略，包括提升产品质量、凸显新产品的独特特色和风格；推出全新的外观设计和侧翼产品，以满足客户的多元化需求；进军全新的市场细分领域；拓展其销售渠道，以扩大其销售范围并开拓新的销售渠道；从产品感知广告到产品偏好广告进行转型；为了吸引那些对价格变化敏感的消费者，实施价格下调措施。

实施这些市场拓展战略将极大地提升公司在市场中的地位，扩大销售范围，提高市场占有率。然而，实施市场拓展战略将导致成本的增加。公司应该根据目标来确定自己所需要的市场结构及其扩张策略。在公司成长的过程中，需要权衡市场份额和利润，以决定追求更高的市场份额还是追求更高的利润水平。如果公司将大量资金用于产品改进、促销和分销，那么它将获得优势地位，但如果放弃当前利润的最大化，公司有望在下一阶段获得相应的补偿。

（3）成熟期策略

推进改革创新，巩固市场秩序。一旦产品销售达到某一特定阶段，其脚步将逐渐减缓，之后将会进入一个相对成熟的发展阶段。营销管理部门面临的最大挑战在于，这个阶段的持续时间通常比前两个阶段更长，需要付出更多的努力和耐心。由于大部分产品正处于生命周期的成熟阶段，所以，营销管理部门所处理的正是这些已经成熟的产品，以确保其在市场上拥有足够的竞争力。

企业的利润主要来源于成熟产品，对于一个企业来说，这是一款完美的产品。所以说，在此阶段将产品的成熟期延长是一项至关重要的任务。延长产品成熟期不仅能够提高企业的生产效率和市场竞争力，还能为企业带来良好的经济效益和社会效益。针对产品成熟期的延长，我们可以从以下三个角度进行思考。

①市场改进。为了拓展成熟品牌的市场份额，公司需要考虑影响销售量的两个因素。

在品牌使用者数量方面，公司可以采取以下三项措施。首先，对非用户群体进行转型。公司致力于吸引非用户群体，以实现这部分群体向用户的转型。其次，踏入全新的细分市场之中。在这些方面公司要做大量工作。为了拓展新的细分市场，公司可以积极探索那些使用这一类的产品但未使用本公司品牌的相关的地理和人口统计数据，使这些潜在的客户成为新的忠诚顾客并使之继续购买，要在消费者心目中树立起自己的品牌形象。最后，力求赢得竞争对手客户的青睐。公司可以向竞争对手的客户展示自己的独特优势，从而吸引竞争对手的客户对本公司的产品进行试用，抑或直接采用其品牌，从而提升其市场竞争力。

在用户使用率方面，公司通常会实施以下策略。首先，增加使用频率。公司应该采取积极措施，增加顾客对自己产品的使用频率。例如，推销牛奶的时候，牛奶的营销人员应该积极倡导人们在日常生活中不仅在早餐时间饮用牛奶，也可以在其他时间享用牛奶。其次，增加各种场合的使用量。公司应致力于积极引导用户在每次使用产品的时候增加使用量。最后，探索新的、更为广泛的应用途径。公司应该积极探索产品的多元化应用领域，并通过说服消费者尝试更广泛的用途以拓展其市场。

②产品改进。为了提高产品的销售业绩，管理者需要不断优化其特性，以吸引更多的新用户并增加现有用户的使用量。推出新产品时可以采用多种不同的形式，以满足消费者的需求。

首先，质量改进战略的目标在于提升产品的功能特性，包括但不限于增强其耐用性、可靠性等，以满足消费者的多样化需求。

其次，特色改进战略的目标在于提升产品的独特性，包括但不限于尺寸、品质、材料等，增强商品的多功能性、安全性、便利性。该方案的主要缺陷在于其改进方式容易被模仿，除非推出者能够获得永久的利益，否则可能会导致其付出的代价大于所获得的回报。

最后，式样改进战略旨在提升产品的审美价值。式样改进战略的优越之处在于，每一家制造商都能够创造出独特的市场风格，从而赢得忠实的追随者。在当今这个充满变化的世界中，式样设计已经成为一种重要的营销手段，它为企业创造了许多价值。然而，式样的竞争也带来了一些挑战：难以预测是否有人或哪些人会对这种新样式产生好感；式样变化可能会引起消费者购买倾向上的波动；变更款式往往意味着停止生产陈旧的样式，这将给企业带来失去一些钟爱传统款式的客户的风险。

③营销组合改进。营销经理应当致力于优化营销组合中的各种关键要素，激发销售的活力。在寻求扩大成熟产品销售的策略时，营销经理必须考虑到营销组合中的非产品要素，需要着重考虑以下几个方面的问题。

其一，价格。考虑降价是否能够吸引更多的消费者成为某产品的用户，若是，就需要考虑何种降价形式能够更好地实现这一目的，是对标价进行降低，还是通过免运费、打折的方式下调价格。

其二，分销。公司在现有的分销网点上是否能够获得比较多的产品支持和陈列；公司能否建立更多的销售网点；公司的产品能否融入某些新型的分销渠道。

其三，广告。是否应该考虑对广告费用进行增加；是否有必要对广告词句进行修订；广告发布形式是否应该改变；是否需要对宣传媒体组合进行更新以适应当前的市场环境；是否需要对宣传的时间、频率或规模进行调整以适应当前的市场环境。

其四，销售促进。为了促进销售，公司应该选择哪些措施，如暂时降价、打折、赠送礼品等。

其五，人员推销。是否应该对销售团队的规模和素质进行提升或加强；销售团队内部分工是否明确；是否有必要对销售团队的专业化基础进行调整；是否有必要对销售区域进行重新规划；销售人员工作环境是否需要改变或改善。

其六，服务。能否加快交货进度，公司是否能拓展其对客户的技术支持。

（4）衰退期策略

根据现实情况选择合适的时机结束产品的生产与市场投放。大多数商品的形式和品牌销售会面临萎缩的局面。造成这一结果的因素众多，可能是技术的不断进步，也可能是消费者口味发生了转变，除此之外，还包括国内外市场竞争的加剧等。所有这些都会导致生产能力过剩、削价竞争增加和利润骤降。因为利润不及预期，大部分公司会退出这一类产品的生产，部分尚未退出的公司也会收拢自身生产线，减少出货量。公司可能从较小的细分市场和较弱的贸易渠道中退出，也可能削减促销预算和进一步降低价格。

产品生命周期理论也受到一些人的批评。评论家们认为生命周期的形式实在太多了，这一点可由不同产品的产品生命周期的种种形式所证实。产品生命周期理论缺乏活的有机体所具有的各个阶段的固定顺序和各个阶段的固定长度。他们甚至指责说，营销者常常不能指出产品已进入哪一个阶段。一款产品似乎进入了成熟期，而实际上它只是进入了成长阶段某一段暂时的高涨期。最后，他们指责产品生命周期形式是应用营销战略的模式化表达，公司可以延长现有的产品线；公司可以增加每一产品项目的品种，以增加组合的深度；公司可以使产品线有较多或较少的关联性，这要取决于公司希望仅在一个领域内还是在若干个领域内获得良好声誉。

二、中小企业目标市场分析

（一）目标市场

目标市场严格来说是指公司试图加以满足或拟为之服务的一组明确限定的现有顾客和潜在顾客。所谓明确限定是指这些顾客具有共同的需要或共同的特征。目标市场选择就是在市场细分的基础上对各种细分市场进行评价，从而决定将多少细分市场或哪些细分市场作为服务对象。

1. 主要细分评价标准

细分市场的规模和增长：包括现时销售额、预计增长率和预期利润。

细分结构的吸引力：包括现时的和潜在的竞争者、替代的产品和服务、购买者的相对潜力和供应商的相对力量。

公司目标和资源：这涉及细分市场是否适应公司目标。

2. 考虑进入的目标市场应符合的标准或条件

（1）有一定的规模和发展潜力

企业进入某一市场是期望能够有利可图的，如果市场规模狭小或者趋于萎缩状态，企业进入后难以获得发展，此时应审慎考虑，不宜轻易进入。当然，企业也不宜将市场吸引力作为唯一取舍，特别是应力求避免“多数谬误”，即与竞争企业遵循同一思维逻辑，将规模最大、吸引力最大的市场作为目标市场。大家共同争夺同一个顾客群的结果是造成过度竞争和社会资源的无端浪费，同时使消费者的一些本应得到满足的需求遭受冷落和忽视。

（2）竞争者未完全控制

企业应尽量选择那些竞争相对较少，竞争对手比较弱的市场作为目标市场。如果竞争已经十分激烈，而且竞争对手实力强劲，企业进入后付出的代价就会十分高昂。

（3）符合企业目标和能力

一方面，某些细分市场虽然有较大吸引力，但不能推动企业实现发展目标，甚至分散企业的精力，使之无法完成其主要目标，这样的市场应考虑放弃；另一方面，还应考虑企业的资源条件是否适合在某一细分市场经营，只有选择那些企业有条件进入、能充分发挥其资源优势的市场作为目标市场，企业才会立于不败之地。

（二）选择目标市场

对各个细分市场做出全面评价之后，企业会发现有一个或若干个市场值得进入。在具体选择时，可以根据产品／市场方格模式或者营销组合／目标市场匹配模式进行选择。

1. 产品／市场方格模式

产品／市场方格模式有五种，可考虑任选其中一种。

（1）单一细分集中

采用单一细分集中模式就是企业生产一种产品，满足一个细分市场的需求。在产品（P）／市场（M）方格图中表现为企业仅仅占据其中一个方格，如图 4-5(a)所示。

（2）产品专门化

采用产品专门化模式的企业生产一款产品，满足几个细分市场的需求。在产品／市场方格图中表现为企业用一个产品占据几个市场，如图 4-5（b）所示。

（3）市场专门化

采用市场专门化模式的企业面对一个顾客群，生产经营他们所需的多种产品。在产品／市场方格图中表现为企业用多种产品占据一个顾客群，如图 4-5（c）所示。杭州娃哈哈集团最初采用的策略就接近这种模式。

（4）有选择专门化

采用有选择专门化模式的企业有选择地进入几个不同的细分市场，这些细分市场之间很少发生联系或者根本不发生联系。在产品／市场方格图中表现为一个企业占有几个相邻的或不相邻的方格，如图 4-5（d）所示。

（5）完全市场覆盖

采用完全市场覆盖模式的企业生产各种产品，满足各种顾客群的需求。在产品／市场方格图中表现为企业占据全部方格，如图 4-5（e）所示。应当说，这种模式在理论上是存在的，但在实践上是不太可能的，因为世界上没有一个企业能包揽所有市场。

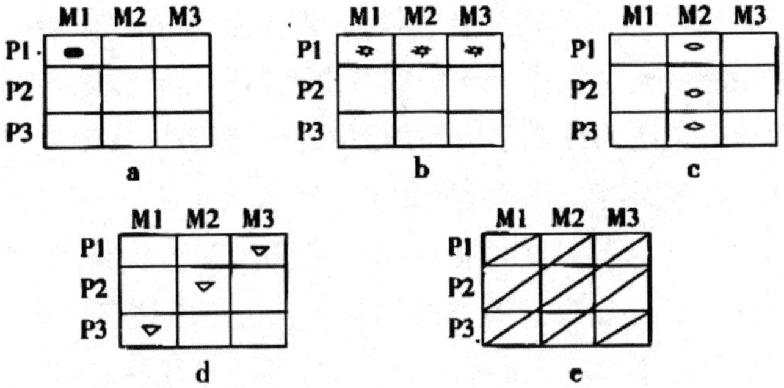

图 4-5　选择目标市场的产品 / 市场方格图

2. 营销组合／目标市场匹配模式

一般来说，由于目标市场的规模及构成等方面的不同，会要求不同的营销组合与之匹配。这样就构成了不同的匹配策略。通常提及的匹配策略有四种，即无差异化营销、差异化营销（或多细分策略）、集中营销和定制营销。

（1）无差异化营销

采用无差异化营销匹配策略的企业营销组织向所有消费者或用户提供一个营销组合。该匹配策略的优点是成本费用较低，有利于争取更多消费者。例如，肯德基在全世界有 800 多个分公司，采用同样的烹饪方法、同样的制作程序、同样的质量指标、同样的服务水平，生意很红火。该匹配策略的缺点是难以满足所有消费者的多种需求，竞争者易于进入，加剧竞争。

（2）差异化营销

差异化营销又叫多细分策略。其特点是企业向多个不同的细分市场提供多个不同的营销组合。差异化营销一般要比无差异化营销创造更大的销售额，因为它能较好地满足不同消费群的需求与偏好，适应市场需求变化，提高占有率，增强企业的市场竞争能力。例如，科龙集团推出的科龙、容声等品牌的冰箱、空调等产品，宝洁公司推出的海飞丝、飘柔、潘婷、沙宣等具有不同功能的洗发水，都是这一策略的成功应用。

该策略的缺点是可能导致经营成本（包括产品改进成本、管理费用、存货成本和促销成本等）的增加，因此，事先不能预见这种策略的盈利率。针对这一缺陷，有人提出了反细分策略。他们不是反对市场细分，而是主张将分得过细的细分市场适当地合并起来以便能以较低的成本满足这一细分市场。

对于一般商品来讲，差异总是存在的，只是大小不同而已。而差异化营销所追求的“差异”是产品的“不完全替代性”，即企业凭借自身的技术优势和管理优势，生产出在性能、质量上优于市场现有水平的产品；或是在销售方面，通过有特色的宣传活动、灵活的推销手段、周到的售后服务，在消费者心目中树立起不同一般的形象。具体而言，差异化营销有以下三大策略。

①产品差异化。产品差异化是指产品的特征、工作性能、一致性、耐用性、可靠性、易修理性、式样和设计等方面的差异。也就是说某一企业生产的产品，在质量、性能上明显优于同类产品的生产厂家，从而形成独自的市场。对于同一行业的竞争对手来说，产品的核心价值是基本相同的，所不同的是性能和质量，在满足顾客基本需要的情况下，为顾客提供独特的产品是差异化战略追求的目标。企业实施产品差异化营销可以从以下两个方面着手。

一是特征。产品特征是指对产品基本功能进行补充的特点。大多数产品具有不同的特征，其出发点是产品的基本功能，然后企业通过增加新的特征来推出新产品。在此方面实施最为成功的当数宝洁公司，以其洗发水产品来讲，消费者的购买目的无非去头屑、顺发、护发、黑发，与其相适应，宝洁就推出相应的品牌海飞丝、潘婷、沙宣、润妍。在开发其他品牌的产品时，宝洁公司也多采用此种策略。可见，产品特征是企业实现产品差异化极具竞争力的工具之一。

二是式样。式样是指产品给予购买者的视觉效果和感受。以海尔集团的冰箱产品为例，海尔冰箱的款式有欧洲、亚洲和美洲的三种不同风格。欧洲风格是严谨，多用方门、白色外观；亚洲风格以淡雅为主，用圆弧门、圆角门、彩色花纹来体现；美洲风格则突出华贵，以宽体流线造型凸显。再如我国的一些饮料生产厂家改变了以往旋转开启瓶盖的方式，改用所谓的“运动盖”直接拉起的开瓶方式也获得了巨大的成功。此外，对于一般的消费者而言，工作性能、一致性、耐用性、可靠性、易修理性也是寻求差异的焦点。如汽车由标准件组成，且易于更换部件，则该汽车易修理性就高，在顾客心中就具有一定的竞争优势。

②服务差异化。服务差异化是指企业向目标市场提供与竞争者不同的优异的服务。尤其是在难以突出有形产品的差别时，竞争成功的关键常常取决于服务的数量与质量。区别服务水平的主要因素有送货、安装、用户培训、咨询、维修等。售前售后服务差异就成了对手之间的竞争利器。例如，同是一台电脑，有的保修一年，有的保修三年；同是用户培训，联想电脑、海信电脑都有免费培训学校，但培训内容各有差异；同是销售电热水器，海尔集团实行24小时全程服务，售前售后一整套优质服务让每一位顾客满意。

在日益激烈的市场竞争中，服务已成为全部经营活动的出发点和归宿。如今，产品的价格和技术差别正在逐步缩小，影响消费者购买的因素除产品的质量和公司的形象外，最关键的还是服务的品质。服务能够主导产品的销售趋势，服务的最终目的是提高顾客的回头率，扩大市场占有率。而只有差异化的服务才能使企业和产品在消费者心中占有一席之地。美国国际商用计算机公司（IBM）根据计算机行业中产品技术性能大体相同的情况分析，认为服务是用户的急需，故确定企业的经营理念是“IBM意味着服务”。我国的海尔集团将“为顾客提供尽善尽美的服务”作为企业的成功信条，海尔的“通过努力尽量使用户的烦恼趋于零”“用户永远是对的”“星级服务思想”“是销售信用，不是销售产品”“优质的服务是公司持续发展的基础”“交付优质的服务能够为公司带来更多的销售”等服务观念，真正地把用户摆在了上帝的位置，使用户在使用海尔产品时得到了全方位的满足，海尔的品牌形象在消费者心目中自然越来越高。

③形象差异化。形象差异化是指通过塑造与竞争对手不同的产品、企业和品牌形象来取得竞争优势。形象就是公众对产品和企业的看法和感受。塑造形象的工具有名称、颜色、标志、标语、环境、活动等。以色彩来说，富士的绿色、乐凯的红色、百事可乐的蓝色、可口可乐的红色等都能够让消费者在众多的同类产品中很轻易地识别开来。再以我国酒类产品的形象差别来讲：茅台的国宴美酒形象、剑南春的大唐盛世酒形象、泸州老窖的历史沧桑形象、金六福的福酒形象以及劲酒的保健酒形象等，都各具特色。消费者在买某种酒的时候，首先想到的就是该酒的形象；在品酒的时候，品的是酒，但品出来的却是由酒的形象差异带来的不同的心理感受。

（3）集中营销

当一个企业组织通过营销努力创造和维持一个营销组合指向一个市场细分，放弃其他细分时，便是在采用集中营销策略。采用该策略的优点是企业能赢得竞争的专门化优势；缺点是市场细分太窄，会导致主要细分市场竞争激烈。

（4）定制营销

定制营销是差异化营销的一种极端形式，它是寻求满足每一个顾客唯一的一组需要的营销活动。在这种情形下，每一个顾客就是一个市场细分。

营销组合／目标市场四种匹配策略比较如表 4-1 所示。

表 4-1 营销组合 / 目标市场匹配模式的四种匹配策略比较

维度	无差异化营销	差异化营销	集中营销	定制营销
目标市场	所有的人	多个市场细分	一个被选出的细分	完全细分化
市场典型特征	没有差异	广泛的顾客差异化	最终细分的特殊需要	每一个顾客的独特性
企业目标	生产节约	寻求细分间的差异，优化市场份额	赢得竞争的专门化优势	满足每一个顾客的特殊需要
主要缺点	竞争者能区分细分	需要大量资源	缺乏多样化，细分太窄，主要细分竞争激烈	营销成本高
使用场合	无法区分出有意义的细分	几个细分是组织的目标	一个有意义的细分是组织的目标	每一个顾客都要求一个特殊的营销组合

（三）确定目标市场涵盖战略时应当考虑的因素

确定目标市场涵盖战略时应当考虑以下五项因素。

1. 企业的资源和能力

资源雄厚的企业可选择差异化营销，否则，可采用集中或无差异化营销。

2. 产品的差异程度

同质产品适合无差异营销；异质产品适合差异化营销或集中营销。

3. 市场或顾客的差异程度

顾客追求的利益和行为相近，适合无差异化营销；反之，适合采用差异化营销。

4. 产品所处的生命周期阶段

对新上市产品宜采用无差异化营销或集中营销；对成熟产品可采用差异化营销。

5. 竞争对手的目标市场涵盖策略

与竞争者实力相同者，可以采用相反策略；实力远大于竞争者，可采用相同策略。

第三节 中小企业的多种营销方式与销售控制

一、中小企业的多种营销方式

（一）关系营销

在信息社会，经济活动依靠信息并以服务为基础，市场营销正由战术营销向战略营销转变，公共关系、政治权力、以人为本、注意人与人之间的感情、改善营销环境等被认为是市场营销的战略问题。关系营销就是在此基础上提出来的一种战略营销形式，是后工业社会市场经济高度发达的必然产物。随着我国对外开放的深入、对外贸易和国际交流的强化，国际市场营销理论和实践必将随着日益发达的电子媒体迅速传播到我国，关系营销作为一种营销策略和艺术，也是我国企业在竞争中取得成功的有力武器。

1. 关系营销概述

（1）关系营销的发展与演变

追溯营销观念的发展可以看到，在经济发展及市场演变的大潮中，伴随着人们的营销实践逐步形成了不同的营销观念，如生产观念、产品观念、推销观念、市场营销观念及社会营销观念。随着营销环境与市场态势的变化，企业的营销观念也被赋予了新的内容。20 世纪末随着市场的成熟与饱和，人们对传统的营销观念提出了越来越多的质疑。一些企业开始意识到，并非所有的客户都能为企业带来同样的利润，于是，这些企业渐渐将营销的重点由单纯地扩大市场份额转为更加关注“市场份额的质量”，此时的营销观念也随之转变为“有选择地与客户建立盈利和持久的关系”。至此一种新的营销思想——关系营销，开始崭露头角。

“关系营销”一词最早出现在20世纪80年代介绍工业和服务业企业营销策略的文章中，关系营销认为供应商需要将工作的重心由实现销售转移到为客户提供能够令他们终身满意的优质服务。所谓关系营销，是指从系统、整体的观点出发，对企业生产经营活动中涉及的各种关系加以整合、利用，来构建一个和谐的关系网，并以此为基础展开的营销活动。关系营销就是要建立和促进与企业的各种利益相关者之间的良好关系，以追求各利益相关者之间的利益最大化为企业的营销目标，从而保证企业长期稳定的发展。

（2）关系营销的原则与营销目标

与传统营销理念相比，关系营销强调的是通过制定相应的策略留住客户，以增加客户的“终身价值”，即客户长期从企业购买产品或服务所创造的价值。

①关系营销的原则。关系营销强调针对构成经营环境的多个“市场”同时进行营销活动。传统上，营销策略的制定和实行只是单纯地围绕着客户市场展开，而关系营销则从更加广泛的角度看待市场。它将供应商、企业员工、对企业经营有影响的机构或个人、分销商以及与企业有战略伙伴关系的其他企业视为构成企业经营大环境的多重“市场”。企业在制定营销策略时需要充分重视这些与企业利益休戚相关的机构或人员，并对其加以识别，采取相应的措施，以实现各方利益的最大化。关系营销的这种观念使得企业需要遵循以下原则来开展营销活动。

进行双向的信息沟通：关系营销不是追求一时的交易成功和一种小范围的合作，而是追求营销系统内成员的长期紧密合作。双向的信息沟通为企业与各个利益相关者进行广泛的信息交流和信息共享提供了平台，使企业容易获得各个利益相关者的信任、支持与合作，最终实现真正意义上的关系营销。

协同战略过程：关系营销理论认为，企业与各个利益相关者之间是一种分工协作关系，他们共同构成一个大的营销系统。系统的各个成员之间相互联系、相互影响，只有战略过程协同才能促使各方进行合作。同时，也只有通过合作才能实现更好的战略协同。

开展互利的营销活动：在营销的大系统中，每个成员往往是独立的经济实体，都有着各自相对独立的经济利益，所以，单纯追求一方的利益是不可能实现关系营销的。关系营销就是要通过彼此的合作增加关系各方的利益，而不能通过损害其中一方或多方的利益增加某一方的利益。

建立长期的合作关系：随着合作关系的长久与稳定，企业投入的成本越来越少，在其他条件不变的情况下，获取的利益就会越来越大。

②关系营销的营销目标。传统营销一般以获取短期利益为营销目标，比较关注的是一次交易的成败，追求每次交易的利益最大化，因此往往采用扩大销售和减少成本支出的手段来提高利润。而关系营销则十分重视为合作者提供各种服务，加强内部各部门的合作，通过优质服务来提高合作者的满意度，关注如何保持与各利益相关者之间的长期关系，培育长久的合作伙伴。

（3）关系营销的客户忠诚度阶梯

很多的企业完全忽视了维护与加强和现有客户之间关系的重要性，将过多的精力投入新客户营销方面，造成“漏斗效应”，即由于对现有客户的营销力度不够和服务质量下降而导致客户流失。这同关系营销与各利益相关者建立长期、稳定合作关系的观念背道而驰，关系的建立是一个长期的过程，与关系营销理论有关的客户忠诚度阶梯向我们展示了发展长期客户关系的不同阶段，将有助于企业改善与现有客户的关系，促进长期合作关系的建立。

传统的市场营销倾向于把重点放在如何将潜在客户转化为顾客，然而，在关系营销的模式下企业关注的重点是如何提高并保持客户的忠诚度。因此，企业只有努力将新赢得的顾客变成经常性的客户，进而令他们成为企业和产品的支持者，并努力使他们成为积极为企业和企业产品进行宣传的所谓“拥护者”，才达到了维护与现有客户关系的目的。如果企业的销售对象是另外一家企业，则双方有可能进一步成为合作伙伴。在这种状态下，企业与客户在业务往来中已建立起相互信任的良好关系，客户成为企业忠实的伙伴，与企业一起进一步寻找办法以便使双方从关系中获益，企业也可以借此进一步扩大客户群体。

值得企业特别注意的是企业所谓的“拥护者”。他们愿意主动与企业联系，其对企业的正面评价和积极推荐对企业潜在客户来讲是最为可信的信息来源，是促使潜在客户发生购买行为的最有利因素之一。因此，获得客户的认可将会使潜在客户变为企业客户的过程变得更加容易。

（4）关系营销的实施策略

①增加顾客的让渡价值。顾客让渡价值是顾客总价值与顾客总成本之间的差额。顾客总让渡价值是顾客购买某一产品与服务所期望获得的一组利益，它包括产品价值、服务价值、人员价值及形象价值。顾客总成本是顾客为购买某一产品所耗费的时间、精神、体力及所支付的资金。由于顾客在购买产品时总是希望以更少的成本付出换取更多实际利益，因此，顾客让渡价值最大的产品往往会成为

顾客的最优选择对象，增加顾客让渡价值也因此成为促使顾客发生购买行为的最直接因素。通常企业可以通过降低成本或提高产品实用价值两种方法或者同时使用这两种方法来增加顾客的让渡价值。

②顾客化营销。顾客化营销也称为定制营销，是指根据每个顾客的不同需求制造产品并开展相应的营销活动。随着生产技术的进步、消费信息的迅速传播、人们生活水平的提高，同质化的消费越来越多地被差异化、个性化消费所取代。企业要赢得市场就必须根据消费者的不同需要设计生产出具有差异性、个性化的产品。而通过提供特色产品、优异产品和超值服务等满足顾客需求的顾客化营销正适应了当今市场的需要变化，有助于提高顾客忠诚度。

③建立垂直营销系统。垂直营销系统是一个实行专业人员管理和集中计划的组织网络，以改善渠道企业之间的不合作现象。在该系统中为了提高经济效益，各个成员都会不同程度地采取一体化经营的做法，成为利益共同体。

④建立客户关系管理系统，防止客户流失。“流失”指顾客不再购买本企业的产品或服务，终止与企业的业务关系。为防止客户流失，企业需要建立专门从事顾客关系管理的机构，做好客户信息的收集工作，制定客户关系营销及沟通策略，定期提交业务数据报告，落实企业应向客户提供的各项利益，根据每个客户的不同情况提出不同的解决方案，以协调企业各部门做好顾客服务，维持与客户的良好业务关系。对于已流失客户，企业应及时测定客户流失率，找出客户流失的原因，如绘制顾客流失率分布图，显示不同原因的退出比例；测算流失客户造成的公司利润损失，最后确定降低流失率所需的费用并制定出挽留客户的措施。

2. 关系营销六大市场模型

（1）六大市场模型的概念

传统的市场营销理论多半强调的是一切以客户为主的概念，忽略了了解其他与企业利益相互关联的各方并与之建立长远关系的重要性。而关系营销理论强调的是在企业和所有相关市场之间建立起紧密牢固的联系。其精髓就是试图通过协调客户、企业员工、股东以及其他与企业存在利害关系的各方的利益，来改变这一传统的、仅由市场营销部门来从事产品和服务营销的观点。因此，不少学者致力于建立一个能够有效帮助企业处理好与相关市场的关系的模型，其中六大市场模型经过大量的检验被证实为一种十分有效的工具。

这一模型将对企业产生重大影响的群体划分为六个市场，分别为客户市场、招聘市场、影响者市场、推荐者市场、内部市场以及供应商和战略伙伴市场。

六大市场模型揭示了企业领导者在评估企业经营表现时所应关注的六项主要指标。根据模型可以看出，六大市场彼此之间相互关联，但各自对企业的重要性有所差异，整个模型以客户市场为核心，但在大多数情况下，员工（内部市场）和股东（影响者市场）这两大群体对企业的影响尤其显著。六大市场模型能够帮助企业更好地认识与企业利益相关的各方在创造企业价值的过程中所发挥的作用。

（2）六大市场模型的基本要素

①客户市场。“顾客是上帝”，是企业的价值来源。企业要实现盈利目标必须依赖顾客，因此，客户市场是六大市场模型的核心。对于潜在顾客，企业需要通过搜集和积累大量市场信息，采取适当的沟通方式将其转变为现实顾客。同时，通过数据库营销、发展会员关系等多种形式加强与现实顾客的关系，更好地满足他们的需求，增加顾客信任。有关研究表明，争取一位新顾客所花的费用往往是留住一位老顾客所花费用的六倍，可见，企业在争取新顾客的同时还必须重视留住老顾客，培育和提高顾客忠诚度，以巩固、壮大客户市场。

②招聘市场。对如今的企业来说，最稀缺的已经不再是资金和原材料，而是拥有特定技能的员工。拥有一支训练有素和富有经验的员工队伍是企业为顾客提供高质量服务过程中最为关键的因素。

越来越多的企业认识到，“人”是商业经营活动中最为重要的因素。而所谓的招聘市场则为企业获取这一重要资源提供了平台。在招聘市场中，为了吸引和挽留那些自身价值观与企业的价值观相吻合，同时愿意为企业的成功做出重大贡献的高素质“潜在员工”，企业需要进行必要的营销宣传，以提高自身在招聘市场的知名度，树立良好的企业形象。同时，注重拓宽人才提供渠道，例如，通过在各大高校设立招聘中心或者开展网络招聘等形式为潜在员工进入企业创造更多机会。

③影响者市场。公司股东、财务分析师、股票经纪人、商业及其他媒体、用户和消费者群体、环保主义者，以及工会组织等，都与企业存在千丝万缕的联系，它们共同构成了对企业的生存和发展产生重要影响的影响者市场。当然，由于企业所处的行业、发展阶段不同，影响者市场中的各个群体对企业的重要性会有很大的差异，但不可否认的是诸如财务机构和投资人、环保主义者、竞争对手以及政府各法律法规制定机构对大多数企业都具有普遍的影响力，值得企业特别关注。

④推荐者市场。对大多数企业来说，现有客户群体或曾经是企业客户的客户群体在推荐客户，即争取新客户的过程中通常发挥着十分重要的作用。越来越多的企业已经认识到并正在积极地利用客户的口碑来吸引更多的新客户。

我们将上述类型的推荐称为客户推荐，并对其进行了分类：拥护者推荐和主动开发客户推荐。其中拥护者推荐是指由企业产品或服务的拥护者主动向企业推荐客户。这些客户由于对企业所提供的产品或服务感到满意而成为企业忠实的拥护者。相对于这些拥护者，处于阶梯下一级的“支持者”虽然对企业的产品或服务也感到满意，却不会主动地为企业进行宣传。此时，企业需要采取行动，通过某些激励措施促使客户行动起来为企业推荐客户。例如，许多企业通过伴有某种形式奖励措施的“利用会员寻找会员”的营销手法充分运用老客户资源，在开发新客户方面表现突出。

除客户推荐外，我们还应注意到许多其他的机构（第三方）或个人也可能为企业带来大量新的客户，在这里我们将之归结为第二类推荐——非客户推荐。非客户推荐的内容十分广泛，大致可以归纳为四类：一般式推荐、互惠式推荐、奖励式推荐和员工推荐。

⑤内部市场。内部市场是指企业内部的个人和团体。内部市场这一概念起源于内部营销理论中将企业的每一个员工和每一个部门视为存在于企业内部的客户的观念。任何一家企业要想让外部顾客满意首先得让内部员工满意，因为只有工作满意的员工才可能以更高的效率为外部顾客提供更加优质的服务，并最终让外部顾客感到满意。同时，他们通过自己的行动和理念决定开展业务的风格和气质。

因此，企业的管理层需要通过努力，尽可能有效地确保每一个部门和每一位员工都能得到最高标准的服务，并促进所有的员工进行协同合作，以达成企业的经营和战略目标。企业进行内部营销的根本目的在于在员工中培养和发展一种注重企业内部和外部客户利益的意识，为确保所有的员工在与客户进行交流时都能恰当地体现企业想要塑造的品牌形象奠定基础，并消除部门间可能影响企业有效经营的阻碍。

⑥供应商和战略伙伴市场。供应商市场，顾名思义，是指在价值链的上游源源不断地向客户企业提供物资、产品和服务的组织网络。而战略伙伴市场事实上也是企业的供应商。所不同的是，他们通常提供给企业的是以知识为基础的竞争力和生产经营能力，而不是某件具体的产品。

随着传统的企业与供应商纵向经营结构的改变，企业不再将价值链中所有能够增值的业务揽在企业内完成，越来越多的企业为了更加有效地进口资源，提高经营能力和引进先进的生产技术，开始选择与其他企业结成战略联盟。至此，企业的经营结构已经由纵向联合转向“虚拟”联合，即由多家经营目标一致的企业综合彼此的经营能力和竞争力，结成紧密互补的企业联合网络。

企业可以将供应商看做是自己的“纵向”合作伙伴，因为供应商所从事的经营和生产是企业业务的一种纵向延伸；而鉴于战略伙伴为企业所带来的是额外价值，则可以将其视为自身的“横向”合作伙伴。由此而结合成的“虚拟企业”既能充分发挥组成联盟的各个企业自身的核心竞争优势，又能通过紧密的协作，实现以往在纵向联合的企业中各部门或各个分支机构间高度协调合作的经营优势。在处理与合作伙伴之间的关系（经营“虚拟企业”）时，各方的高级管理层需要通过共同的努力建立超越企业界限的经营决策机制，并努力营造完全透明化的经营环境以明确成本支出以及风险与利益分担等问题。

（3）评估企业在六大市场中的表现

根据关系营销理论，所有企业都应该努力在六大市场中有较好的表现，然而由于企业所处的行业、经营环境不同，加之受到企业自身资源条件的限制，企业应区分对每个市场的关注、投入程度，以优化企业的资源配置，达到资源利用的最大化。企业可以采用下面的几个步骤来帮助自己确认应该对哪一个市场投入更多的精力和资源。

第一步，确认每个市场中的主要成员，或是市场分类。

第二步，通过调查活动了解市场主要成员的愿望和需求。

第三步，了解企业目前和将来对每一个市场和市场中主要成员的关注程度。

第四步，制定一个理想的关系营销策略，并决定是否有必要针对某个特定的市场制订正式的市场营销计划。

第五步，企业可以利用关系营销网络图进一步分析目前自己对六大市场的关注情况以及理想中应该对各大市场的关注程度，并以此为依据调整、改进现有方案。

第六步，由于受到行业、企业自身条件等方面的限制，企业不一定要针对每一个市场都制订详细的营销计划，但是在每一个市场中，都应该确立某种形式的关系营销目标，并在企业中培养建立相应的价值观，只有如此，营销策略才能够顺利实施。

（二）国际化营销与网络化营销

1. 国际化营销

（1）国际化营销的产品策略

产品适应（product adaption）是指改变产品的设计以适应当地的情况和偏好。公司可以生产地区型产品，如西欧型、北美型等。移动电话厂商为每个主要市场定制了手机，开发商专门为亚洲建立了简单声音识别系统，解决了键盘问题并提高了通话质量，使人们在嘈杂的大街上也能听到对方讲话。[①]

公司还可以生产某一国家型产品。在日本，美式唐纳兹咖啡杯更小、更轻，以满足一般日本消费者的手形，甚至热狗也小一些。卡夫（Kraft）食品公司对销往不同国家的咖啡采用不同的混合配方，因为英国人喜欢喝加牛奶的咖啡，法国人喜欢喝不加牛奶或加糖的浓咖啡，而拉丁美洲人喜欢巧克力味的咖啡。[②]

产品创新（product invention）是指创造某种新产品，有后向创新和前向创新两种形式。后向创新（backward invention）是指对老产品的翻新，把以前国内的某种产品形式加以适当的改变，从而适合某国现在的需求。例如，收银机公司把价格只有现代化收银机一半的手摇收银机重新推向市场，结果在拉丁美洲和非洲售出了相当大的数量。

前向创新（forward invention）是指创造一个全新的产品以满足另一个国家的需求。在发展中国家，对低价的高蛋白食品有极大的需求，一些食品公司，像桂格麦片、斯威夫特公司，对发展中国家的需要状况进行调查，生产出一些食品新品种，并且大做广告，吸引消费者试用和购买这些新产品。丰田公司在本地员工的帮助下为生产符合本地需要的汽车而进行专门的设计。

产品创新战略，特别是海外的产品创新，所花费的代价很大，但获利额也将很大。在最近的经济全球化转换过程中，美国公司不仅为海外市场投资新产品，而且在国际化经营中延长了产品生命，并把它们带回国内市场。

（2）国际化营销的价格策略

公司在海外推销商品时面临几种特定的价格问题，它们必须处理价格阶升、转移价格、倾销价格和灰色市场等问题。

当公司向海外销售产品时面临价格阶升问题。一个古驰公司的手提包可以在

---

① 阮华侨，刘佳敏．浅析企业战略选择：以诺基亚为例[J]．中小企业管理与科技（上月刊），2018（12）：5-6．

② 刘娟．大数据时代咖啡行业营销策略[J]．中国市场，2022（06）：124-125．

意大利卖120美元，但在日本卖240美元。为什么？因为古驰包的价格在出厂价上加了运输成本、关税、进口商差价、批发商差价和零售差价。根据这些增加的成本，再加上货币波动风险，为使制造商利润不变，产品在国外要卖到原价的2～5倍。各国之间的成本阶升情况各不相同。

另一个问题是商品运往其国外的子公司时，总公司应如何确定转移价格，即在同一公司内向另一单位收取的费用。如果总公司向子公司索价太高，结果就要支付更高的关税，尽管它可能在国外支付的所得税较少；如果索价太低，公司就会被指控为倾销。倾销是公司用低于产品成本或国内市场价的价格在国外销售同一产品从而赢得市场的做法。

许多公司受到灰色市场问题的困扰。灰色市场是指品牌商品在原产地国家或其他国家市场通过合法或授权分销渠道销售。经销商从价格较低的国家进货，转而在市场价格高的国家出售，赚取高额利润。

公司常常发现一些雄心勃勃的分销商的购买量超过它们能够在本国销售的量。它们为了从利润差价中获利，将商品装运到其他国家，与那里已有的分销商竞争。跨国公司试图通过控制分销商，或者向成本较低的分销商提高售价，或者为不同的国家改变产品特点或服务条款等办法防止出现灰色市场。随着向单一货币的转化，欧洲的灰色市场将会消失。一旦消费者认识到国家之间的价格差别，公司将不得不调整在接受统一欧元的国家中的价格，使其趋向一致。

（3）国际化营销的渠道策略

太多的制造商考虑的只是怎样把产品运出工厂，它们还应该关心产品是如何在国外市场内部流转的。换句话说，国际公司对于将产品送至最终消费者手中的分销问题，必须有整体渠道的意识。

国际化营销的第一个环节是销售商的国际营销总部，它是决定渠道分配和其他营销组合的出口部门或国际事业部；第二个环节是国家间的渠道，它负责决策与何种类型的中间商（代理商、贸易公司）打交道，以及运输方式（海运、空运）、财务和风险管理；第三个环节是国外渠道，它负责将进口货物从入境处送达最终用户手中。

各国国内的分销渠道状况是很不相同的，各国市场里经营进口商品所涉及的中间商数目和类型也有显著的区别。宝洁公司要向日本市场销售香皂，必须经过被认为是世界上最复杂的分销系统：宝洁公司只能将产品出售给一家总批发商，总批发商再卖给行业批发商，行业批发商再卖给专业批发商，然后专业批发商卖给区域性批发商，区域性批发商再卖给各地方的批发商，最后由各地方的批发商卖给零售商。所有这些层次使得进口商品的零售价格比进口价格高出 2～3 倍。假如宝洁公司把同样的香皂销往非洲，它只要将货物卖给进口批发商，由进口批发商卖给一家或几家中间商，中间商就可以把商品卖给当地市场的小商人。

国外零售商的规模及特点还有另一不同之处。在美国，大规模的连锁零售商店占主要地位，但在其他国家，大多数情况是众多的、各自独立的小零售商店负责着商品的零售。在印度，虽有几百万零售商，但开的都是小小的店铺，或者干脆摆地摊，他们的加价幅度很大，不过通过讨价还价，成交的价格是会大幅度下降的。人们的收入很低，他们不得不每天只买当天所需的物品，此外，他们一次购买物品的数量还受步行或骑自行车时有限携带量的影响。在那里，商品的包装不为人们重视，考究的包装反而会增加成本。例如，在印度，香烟不是整包卖的，而是拆包按支卖的。把批量商品拆零销售依旧是那里中间商和小商人的一个重要职能，正是这种职能使得那些阻碍发展中国家大规模零售商业扩大和发展的冗长的分销渠道得以长久存在下去。

当跨国公司最初进入一个国家时，倾向于与当地经销商合作，因为后者拥有本土知识优势。但是，合作不久摩擦就会频繁发生。跨国公司抱怨当地分销商不为营销增加投资，不遵从母公司的政策，不与母公司分享当地信息；而分销商则抱怨跨国公司支持力度不足，目标过高，政策繁杂令人费解。跨国公司必须选择合适的分销商，向它们投资，并设立它们认同的业绩目标。

（4）国际化营销的传播策略

公司既可以原封不动地采用与国内市场相同的传播方案，也可以根据每一个当地市场的状况加以改变，这称为传播适应。如果它既调整产品，又调整传播，则称为双重适应。

以信息为例，公司只要改变语言、名称和颜色就可以将同一个信息普遍用于全世界。埃克森石油公司的广告语是“给你的油箱加个老虎”，并且已为世界各地所接受。[①] 有时要将色彩略加变化以避开某些国家的忌讳：紫色在缅甸和某些拉丁美洲国家会与死亡联系起来；白色在印度是用于哀悼的；绿色在马来西亚表示生病。

第二种可行的办法就是用同一个主题适应不同国外市场的价值观。尽管产品定位相同，但在各地市场仍然会有微小的差别。如佳美香皂有一则商业广告，国

① 刘登辉，周任慧，郭英．市场营销[M]．北京：高等教育出版社，2007.

内广告画面上有一位女士在沐浴；而在委内瑞拉，画面上看到的是一位男士在洗澡间里；在意大利和法国，只能看到一位男士的手；而在日本，则看到这位男士在洗澡间外等着。

第三种办法是建立一个国际广告资料库，其中有适合每个国家风格的广告。可口可乐公司采用了这种办法。有些公司允许它们的各国管理人员，当然要在原则许可的范围之内，创造具有各国特色的广告。卡夫公司在不同国家为其奶酪酱制作了不同的广告，因为在美国奶酪酱被涂在所有的食物上，奶酪酱的家庭使用率为95%；而在加拿大奶酪只用于早餐，奶酪酱的家庭使用率为65%；而在英国，奶酪酱被认为是垃圾食品。

广告媒体的使用也需要国际适应性，因为可用的媒体在不同的国家是不同的。挪威、保加利亚、法国、美国不允许在电视中做香烟和酒精广告（美国啤酒除外）。澳大利亚和意大利对针对儿童的电视广告有限制。沙特阿拉伯不希望在广告中出现妇女。印度收广告税。杂志的效益也是因国而异，杂志在意大利就发挥了巨大作用，而在奥地利的影响却不大。

营销者还必须在不同市场适应各种不同的促销技术。有些欧洲国家的法律禁止或限制使用诸如折扣、回扣、优惠券、抽奖游戏和奖金等促销工具。在德国，虽然可以接受退货，但不能为其保证退款的促销技术打广告。德国的商店不能为其将每一次销售额中的一小部分用于反艾滋病活动做广告；德国法律限制折扣不能超过标价的3%。不过，这些限制受到批评，可能会被解除。

人员推销战术可能也必须改变。美国人的推销方式直截了当，如“让我们签约吧”和“这就是我要的”。相反，在欧洲、亚洲和其他一些地区，间接委婉的推销方式反而更有效。然而，随着公司员工的年轻化，这种文化差异正在缩小。

2．网络化营销

（1）网络化营销的竞争优势

①成本费用控制。开展网络化营销给企业带来的最直接的竞争优势是企业成本费用的控制。网络化营销采取的是新的营销管理模式，它通过互联网改造传统的企业营销管理组织结构与运作模式，并通过整合其他相关业务部门，如生产部门、采购部门，实现对企业成本费用最大限度的控制。利用互联网开展网络化营销可以从两个方面控制企业费用。

一方面，降低营销及相关业务管理成本费用。互联网通过开放的统一标准将不同类型的计算机连接在一起，可以实现最大限度的计算机资源和信息共享，同时还可以实现远程的信息交流和沟通，这一切都是互联网技术的发展和使用的结果。许多企业已经将互联网应用到企业管理中来，并且取得了很大的经济效益。利用互联网降低管理中的交通、通信、人工、财务、办公室租金等成本费用，可最大限度地提高管理效益。许多在网上创办的企业也正是因为网上企业管理的成本比较低廉，才有可能独立创业和寻求发展机会。

另一方面，降低销售成本费用。马克思曾经将销售描写成“惊险一跳”，可见销售对于企业的重要性，因此许多企业不惜将巨额费用投入销售环节，也导致许多企业对销售成本不堪重负。销售成本主要有销售人员费用、运输费用、销售管理费用、广告促销费用等。互联网的出现给企业带来了新的销售模式和管理方式，网上直销（网上订货）和网上促销等新的销售模式大大降低了销售成本。

②创造市场机会。互联网上没有时间和空间限制。它可以每周 7 天、每天 24 小时运行，它的触角可以延伸到世界每一个地方。因此，利用互联网从事市场营销活动可以触及靠人进行销售或者靠传统销售所不能达到的市场，网络化营销可以为企业创造更多新的市场机会。

第一，利用网络企业可以突破时间限制。利用互联网可以实行 7/24（每周 7 天，每天 24 小时）营销模式，同时不需要增加额外的营销费用，因为利用互联网企业的顾客可以进行自助咨询、下订单和采购，无须人工干预，只需要利用计算机自动完成即可。

第二，可以突破传统市场中的地理位置限制。企业进行网络化营销可以很轻松地将其市场拓展到世界任何一个地方，只需要将产品信息搬上网站，顾客就可以方便地在网上进行选择和订购了。

第三，吸引新顾客。作为新的营销渠道，互联网对企业传统的营销渠道是一个重要补充，它可以吸引那些在传统营销渠道中无法吸引的顾客到网上订购。由于网上订购比较方便快捷，而且不受时间和地理位置的限制，对那些在传统营销渠道中受到限制，但又很喜欢公司产品的顾客无疑可以增加很大吸引力。

第四，开拓新产品市场。企业利用网络化营销可以与顾客进行交互式沟通，顾客可以根据自身需要对企业提出新的要求和服务需求，企业可以及时根据自身情况针对消费者需求开发新产品或提供新服务，并且可以最大限度地细分市场，满足市场中每个顾客的个性化需求。

③让顾客满意。在激烈的市场竞争中，没有比让顾客满意更重要的了。由于市场中顾客需求千差万别，而且顾客的情况又各不相同，因此要想采取有效的营

销策略来满足每个顾客需求非常难。互联网出现后改变了这种情况，利用互联网，企业可以将企业的产品介绍、技术支持和订货情况等信息都放到网上，顾客可以随时随地根据自己的需要有选择地了解相关信息，这样克服了为顾客提供服务时的时间和空间限制。一般说来，利用互联网可以从下面几个方面让顾客更加满意。

第一，提高顾客服务效率。利用互联网公布企业技术支持等信息，顾客可以根据情况自行寻求帮助，这样企业的客户服务部门可以有更多时间处理复杂问题和管理客户关系，而且能有针对性地解决顾客提出的问题，增加顾客的满意度。

第二，为顾客提供满意的订单执行服务。对于一个客户来说，没有什么事情比不能确定订单是否有效执行更令人担心的了。而企业进行网络营销时，客户就可以利用互联网自行查找订单的执行情况。

第三，为顾客提供满意的售后服务。许多客户在购买产品后经常遇到许多技术上的问题和使用方面的难题，特别是对一些高新技术产品更是如此，因此售后服务就显得尤为重要。利用互联网，将公司的一些产品信息资料和技术支持资料放到网上，允许客户自行在网站进行查找，寻求自我帮助，这样客户服务就只需要解决一些重要的问题。

第四，提供顾客满意的产品和服务。利用互联网，企业可以很容易知道客户的特定需求，然后根据客户的特定需求来生产，最大程度地满足顾客的差异性需求，保持顾客的品牌忠诚度。

（2）网络化营销的竞争战略分析

网络化营销作为一种竞争手段，具有很多竞争优势。要了解这些竞争优势如何给企业带来战略优势以及如何选择竞争战略，就必须分析网络化营销给组织业务提供的策略机会和威胁。网络化营销作为一种竞争战略，可以在下面几个方面加强企业在对抗某一力量时的竞争优势。

①巩固公司现有竞争优势。市场经济要求公司的发展必须是市场导向的，公司制定的策略、计划都是为满足市场需求服务的，这就要求公司有较多信息和数据作为决策依据和基础，避免公司的营销决策过多依赖决策者的主观意愿，使公司丧失发展机会和处于竞争劣势。利用网络化营销公司可以对现在顾客的要求和潜在需求有较深的理解，对公司潜在顾客的需求也有一定了解，制定的营销策略和营销计划具有一定的针对性和科学性，便于实施和控制，顺利完成营销目标。

②加强与顾客的沟通。著名的二八定律指出，公司 80% 的利润来自 20% 的老顾客，公司与新顾客的交易费用是与老顾客交易的五倍，培养顾客忠诚度是公

司营销中的最大挑战。网络化营销以顾客为中心，其中网络数据库中存储了大量现在消费者和潜在消费者的相关数据资料，公司可以根据顾客需求提供特定的产品和服务，具有很强的针对性和时效性，可极大地满足顾客需求。同时借助网络数据库可以对目前销售的产品满意度和购买情况进行分析调查，及时发现问题、解决问题，确保顾客的满意，建立顾客的忠诚度。通过互联网和大型数据库，企业可以与顾客进行更及时的交互沟通，使得顾客可以参与产品和服务的设计和生产，同时使得企业以低廉成本为顾客提供个性化服务成为可能。

③为侵入者设置障碍。虽然信息技术使用成本日渐下降，但设计和建立一个有效和完善的网络化营销系统是一个长期的系统性工程，需要投入大量人力、物力和财力。因此，一旦某个公司已经实行了有效的网络化营销，竞争者就很难进入公司的目标市场，因为竞争者要用相当高的成本建立一个类似的数据库，而且几乎是不可能的。从某种意义上说，网络化营销系统是公司难以模仿的核心竞争能力和可以获取收益的无形资产。

④提高新产品开发和服务能力。公司开展网络化营销，可以从与顾客的交互过程中了解顾客需求，甚至由顾客直接提出需求，因此很容易确定顾客要求的特征、功能、应用、特点和收益。在许多工业品市场中，最成功的新产品开发往往是由那些与公司相联系的潜在顾客提出的，因此通过网络数据库营销更容易直接与顾客进行交互式沟通，更容易产生新产品概念，弥补了传统市场调研中的滞后性、被动性和片面性以及很难有效识别市场需求而且成本高等缺陷。对于现有产品，通过网络化营销容易获取顾客对产品的评价和意见，从而准确决定产品所需要改进的方面和换代产品的主要特征。

二、中小企业的销售控制

（一）建设销售队伍

销售队伍是促进公司成长、扩大市场份额和提高获利能力的关键因素之一。优秀的销售部门能发现获取竞争优势和利润的机会。因此，组建一支优秀的销售队伍对企业至关重要。下面从销售队伍的目标设计与分解、销售组织的设计与结构、销售队伍的人员规划与招聘、对销售团队的培训等方面来讨论这个问题。

1. 销售队伍的目标设计与分解

销售是企业中非常特殊的一个岗位，它不像生产、行政、财务等岗位，具有相对稳定的职能和工作环境，而销售队伍的组织和目标是随着市场不断变化的。销售队伍的目标设计指从公司整体发展的角度界定销售队伍应当达到的目标及职责，并探讨如何把相应的指标进行分解。一般来讲，销售队伍完整的工作目标体系应该包含以下四大类关键的工作指标。

（1）财务类指标

第一类指标体系叫作财务类指标。其中销售部的销售业绩是财务类型指标的重要组成部分。如果再将财务类指标进一步细分的话，财务指标还可以分成以下三小类。

一是签单额度，即签了多少订单，总的签单额是多少。

二是回款额，即有多少回款，应收账款的数额和比例是否良性。

三是费用控制，即为了完成订单花了多少钱。

这三小类指标组成了大的财务贡献率类指标。确定财务类指标有以下四种方法。

细分法：所谓细分法，是指将业绩类指标额分解规划到各个细分市场和客户群，以此建立下属业务代表信心的一种方法。

产业增量法：销售部需要经常与市场部门（如市场部、市场经营部等）相互配合。

比照竞争法：在制定销售业绩指标时，要比照竞争对手来进行。

发展需要法：这是一种比较强硬的方法。出于公司的发展要求，必须完成预期的财务指标，这就是发展需要法。虽然这种方法带有一定的强制性，但在确定业绩指标的时候只要摆明立场，明确缘由，也不失为与业务员沟通的一种办法。

（2）客户增长指标

以效能销售为例，如大的系统集成设备或者工业品销售来讲，客户增长指标包括两点：一是强调开发新行业，二是提高原有市场的占有率。

仍以效能销售为例，确定客户增长指标主要有以下四个步骤。

第一步，总结现有客户的数量和类别。

第二步，对现有的客户群进行成长性分析。

第三步，确定每个客户的成长性。

第四步，形成“市场－客户”增长计划。

（3）客户满意指标

客户满意指标很重要，这个指标可以说是一个公司在市场上的形象指标，因为客户的满意度决定了公司形象的良好程度。一个客户对公司的满意度是综合性的，既包括销售人员的工作是否到位，也包括产品质量本身是否令客户满意、售后服务是否达到客户期望等诸多要素。

制定客户满意指标，就是要告诉销售人员不能以为客户已经买了我的东西，销售过程就完结了。实际上，销售队伍还有一种职责，形象地说，叫作企业和客户之间的润滑剂，通过其润滑起到辅助磨合的作用，使客户不仅买了产品，而且感觉非常满意，愿意持续采购或者为企业介绍新的客户。

销售队伍的客户满意指标一般来自三个方面：随机电话或问卷抽样中的客户满意比例、经理拜访中的客户满意比例、关键客户群中的客户满意比例。

（4）管理动作指标

所谓管理动作指标，就是按照公司要求来完成的各种常务性工作。这个指标往往容易被忽略，但实际上它也是一个非常重要的指标。它通过指标的形式明确了一点：作为公司的一名员工，要遵守公司的各种管理规定，就应该按照公司的规定来做。如填写管理报表、收集竞争对手信息、参加公司的销售例会以及参加工作述职等内容，都属于公司的管理动作。管理动作指标的确定，为销售经理更加有效地管理销售队伍提供了管理制度上的基础。

管理动作一般是指作为公司销售部的一名员工应当遵循的工作准则。管理动作指标的内容主要包括以下方面：考勤规定动作、管理表格规定动作、工作例会规定动作、工作述职规定动作、业务培训规定动作、管理制度规定动作。

2. 销售组织的设计与结构

组织是实现战略目标而对资源进行的配置。配置是把劳动力分配到具体的部门或工作岗位上，它是为协调不同组织的任务而采取的一种正式权利安排和组织机制。销售机构是公司中从事产品与服务销售工作的一个复杂单位，这个组织的设计与构建应该以顾客和市场为中心。

（1）影响组织设计和构建的因素

组织的设计是对销售群体和个人之间信息、权利和责任的一种正式协调过程。一个设计完善的销售组织应该具有一种良好的框架结构，以保证这个组织能够为顾客提供良好的服务。一个销售机构的正常运行要求对大量相互作用、相互依赖的群体和活动加以协调。在确定组织设计和销售机构结构的时候，管理人员应该做到：了解每一个市场的顾客；根据市场需求的具体特征确定销售工作的类型；明确销售人员必须进行的工作；以顾客为中心设计销售工作；建立销售机构的组织结构，具体包括不同的销售工作和地理区域。

（2）销售组织的结构

组织结构的建立取决于多种因素，包括组织的职能、地理位置、产品、顾客以及这些因素的组合。如果一个公司有多种产品或其顾客分布比较复杂而广泛，就必须强调和区分采取何种结构的销售组织，一般有以下四种形式可供参考。

①区域式销售组织。区域式销售组织将企业的目标市场分为若干个区域，每个销售人员负责一个区域的全部销售业务。这是最简单的一种组织结构形式，它具有如下优点：便于考察销售人员的工作绩效，激励销售人员的工作积极性；有利于销售人员与顾客建立良好的人际关系；有利于节约交通费用，拜访客户比较省时省力。但如果公司产品众多，在无法兼顾的情况下，销售人员可能偏好畅销的产品，而无暇经营所有产品或具有潜力但目前销售较差的产品。

②产品式销售组织。产品式销售组织是将企业的产品分成若干类，每一个销售人员或者每几个销售人员为一组，负责销售其中的一种或几种产品的销售组织形式。这种组织形式适用于产品类型较多，而且技术性较强、产品间无关联的产品推销。这种形式最大的优点是由于销售人员专门推销几样产品，不但可以集中精力而且可以产生专业化的效果；而最大的不足则是，在同一个销售区域中，公司可能有一个以上的销售人员向同一客户销售不同的产品，这种多重推销不仅产生不必要的浪费，也常常容易使顾客产生混淆。

③顾客式销售组织。近年来市场越分越细，许多公司改将顾客类别作为销售责任组织划分的基础。虽然销售人员是竞争市场中最有效的面对面沟通武器，但同时也是促销工具中单位成本最高、最不稳定的因素，顾客式销售组织形式是指将企业的目标市场按顾客的属性来进行分类，每一个销售人员负责向一类顾客进行销售活动。顾客的分类方法可依其产业特征、规模大小、职能状况等来进行分类。以这种组织形式进行销售，销售人员可以深刻地了解所接触顾客的需求状况及所需解决的问题，以便有针对性地开展销售活动。但是，当同一类型的顾客比较分散时，用这种组织形式进行销售，无疑会增加销售人员的工作负担，影响销售绩效，同时，销售人员所负责的区域会出现重叠，因而增加推销费用。因此，顾客式销售组织形式通常用于同类顾客比较集中时的产品推销。

④混合式组织。混合式销售组织是指当企业的产品类型多、顾客的类别多而且分散时，往往综合考虑区域、产品和顾客等因素来确定销售的组织形式。根据诸因素的重要程度以及因素之间的关联状况，可以分别组成产品区域混合式、顾客区域混合式、产品—顾客混合式，以及区域—产品—顾客混合式等形式。混合

式销售组织中，每一位销售人员的任务比较复杂，因此，一般不采用这种组织形式。

3. 销售队伍的人员规划与招聘

（1）人员规划

人员规划包括需要雇用的人数以及需要雇用什么类型的人。

①人员预测。人员规划的第一个部分是人员预测，根据销售机构的目标、战略计划、销售区域的设计等因素确定招聘人数。

②职位分析。人员规划的第二个部分是确定特定工作所需人员的类型并进行职位分析。职位分析是指对工作职位进行正式的研究，以确定某一销售职位的具体作用以及需要进行的具体工作，并确认这一职位对执行人员资格和能力的要求。职位分析包括以下三个步骤。

第一步，对销售机构进行总体分析，确定各项工作之间的相互关联。

第二步，选择需要分析的工作职位。

第三步，根据对在职员工实际工作的观察、与员工进行的交流和讨论以及由工作执行人完成的问卷调查，收集必要的信息。这些信息包括工作内容、绩效标准、薪酬计划以及市场特征等。

（2）职务说明书和任职条件

根据职位分析可以设计出职务说明书。职务说明书是对一项具体销售职位的本质、要求和责任进行说明的正式书面文件。任职条件将职务说明书转变为一个组织认为要在这一职位上取得良好的业绩所必需的个人资格（如能力、举止、受教育水平及技能）。

（3）人员招聘

招聘是指从招聘部门和销售部门利益最优化的角度出发，以合法方式召集一定数量的应聘者作为备选对象所涉及的一系列活动和过程。招聘的主要流程如下。

①选择渠道并吸引候选人。选择优秀的销售人员，意味着寻找多种多样的渠道。销售经理要清楚每种渠道的优缺点，以便根据具体情形正确选择。

②评估简历并筛选候选人。注意简历的外观、文字、语法等方面。注意与其所应聘的销售员职位相关的工作经历，应聘之前曾在哪些有关单位工作过。注意应聘者工作变动的频率和可能的原因。如果候选人工作变动过于频繁，就要考虑候选人每次变动工作的原因是否合理，找出其工作变化动机中的疑问。审视候选人的教育背景及其与工作经历的相关性。这一部分反映了应聘者在选择职业和职

业生涯发展方面的考虑。特别关注其目前的薪酬状况和对薪酬的期望。如果其期望值比企业的标准高太多，就应该引起特别注意。去掉与任职条件不符、语句不完整或不准确、叙述前后矛盾、经常跳槽、有雇用差距的简历。

③初试候选人并核对相关资料。面试的目的是获取更多的信息以全面了解应聘者，避免提前做出判断，然后寻找信息支持决策。企业可以选用合适的测试工具或测试服务机构考验应聘者，但其必须具备有效性、可靠性、工作相关性。测试的内容主要包括品质、态度、智力、知识、技能、情绪稳定度及职业兴趣。

④多次面试并评估记录结果。经过初试后，少数候选人被允许再次或多次面试。销售经理与初试的招聘主管重新检查简历及先前的面试记录，分析测试结果，核对参考资料，准备书面的问题清单以备再次面试提问，且这些问题比初次面试更具体、更细致。按重要性分成“充分”“必要”条件，排列品质、技能、经验、知识具体内容。比较面试结果和候选人的条件及职务说明书，剔除不满足“必要”条件的候选人。对每一位应聘者做出录取或不录取的决定，并说明原因。

⑤检查过程并做出最终决策。做出最终决策前，检查招聘过程是否存在可以避免的错误。

4. 对销售团队的培训

（1）入职强化训练

针对新来的销售人员所进行的入职强化训练目的在于培养新销售员的团队意识，了解并熟练公司的理念和文化。

入职强化训练一般由公司级的培训部门负责，对于不定期进行销售人员招聘的中小企业也要进行相关的培训，只是在时间和内容上要进行必要的调整。针对新销售员的入职强化培训应当突出六个重点：导入企业文化、介绍企业制度、激发进取心与凝聚力、职业化的意识与基本行为、初步介绍市场与产品、近距离的双向选择。

无论是新员工还是企业，无论在哪一方面觉得在未来共同的发展上不合适，都可以尽快发现，以便重新进行选择。

（2）销售专项训练

销售专项训练是通常在销售部办公室、会议室或其他公众场合里进行的，不少于三周的，在销售代表放单飞（独立面对客户）之前进行并达标的，以公司、市场、产品、销售过程为主的，一系列培训的总称。

销售专项训练中包括八项关键训练，即关键业务流程、内部资源介绍、销售管理制度、客户类型与决策、准客户的寻找与接近、公司与产品问答、典型异议的处理、训练销售流程。

（3）GSP

GSP是英文“coach on selling process”的缩写，意思是以销售过程为导向的培训，是针对效能型销售代表平时工作中最常用到的、二十项核心技能所进行的一系列培训的总称，包括了解客户类技能、产品展示类技能、建立信任类技能、超越对手类技能、服务跟进类技能。

（4）集训轮训

集训轮训是指在一个相对封闭的环境里，企业中的具有类似岗位属性的员工学习探讨相对独立的一个或者有连带关系的几个主题的培训模式。实施集训轮训的关键步骤即培训需求调查、选择培训机构、训前准备、培训实施、训后跟踪、培训评估。

（二）管理销售队伍

1. 管理表格的设计与推行

对于销售队伍来说，管理表格无疑是非常重要的。

（1）设计管理表格的原则

设计管理表格的总体原则是删繁就简、急用先行、控制关键。具体来说，管理表格的设计包括以下几个要点：简洁、清晰、具有承上启下的延续性、具有是否真实的可查性、可发现问题并进行指导和修正。

（2）控制销售人员日常活动的基础表格

从销售代表日常工作分析的角度出发，监控销售活动的管理表格有以下两大类。

①工作过程类表格。工作过程类表格包括周期工作计划表、月工作计划表、周工作计划表、工作日志等。

周期工作计划表：主要记录未来季度或是半年内应当完成的业绩指标和相应的分解。

月工作计划表：较详细地描述下个月该销售代表的业绩计划和商务支持计划等。

周工作计划表：明确描述下一周这个销售代表的工作安排。

工作日志：主要记录销售代表一天的工作活动，包括拜访客户和必要的商务支持工作。

②市场信息类表格。市场信息类表格包括竞争对手信息表、客户档案表、客户漏斗表等。

竞争对手信息表：主要记录竞争对手的基本情况，为销售人员提供竞争对手的基础信息。

客户档案表：用来记录重要客户中的相关人员、合作过程和特别事件等重要信息。

客户漏斗表：主要记录分析客户各销售机会所进展到的不同阶段，及销售代表自己“销售漏斗”中的客户和销售机会结构。

（3）管理表格的推行与督导

在管理表格的推行过程中，一般会遇到三个问题，即抵触不填写、填写时敷衍、填完不利用。针对带有抵触情绪的个别业务员或是一个小群体，解决方法有当众表明立场和决定、个别谈话陈明利害、配合考核鞭策、奖励工作认真积极负责者等。针对销售人员的“敷衍”行为，解决方法包括明确如何填写和填写要求、经理较真、诉求正确。针对销售人员的“不利用”行为，解决办法有经理引导、样板分析。

2. 销售例会、随访观察与述职谈话

（1）销售例会

销售队伍常见的例会有六种，包括早例会、晚例会、周例会、月／季例会、半年／年度例会、专项例会。销售例会的常规目标可归为六类：表彰先进、群体激励、收集信息、警示强调、解决问题、培训研讨。

（2）随访观察

疏于对销售队伍实施“随访观察”，销售经理容易出现问题，如客户失控、被个别销售人员的表面表现所迷惑、失去对客户和市场的判断力、被下属牵着鼻子走等。

随访观察时应当注意的问题：要有一定的单独出访量；出访时要“居其侧”；不要急于指点；多看、多问、多听、多记。

（3）述职谈话

述职即下级按照特定的规程与上级进行的面对面的沟通过程，双方在充分准备的基础上，通过沟通确认工作职责或总结职责履行情况的一种正式的工作谈话。

销售人员的述职谈话具有以下特点。

形式上：一对一或一对多，但不应是多对一。

内容上：针对业绩绩效和业务活动。

频次上：定期或不定期。

述职谈话的过程包括平时积累、述职准备、面谈进程、跟进督促。

述职过程中销售经理应注意的四个问题：工作计划的完成情况和原因、现有客户群和订单机会的推进状况、下一步的工作安排和改进计划、困扰销售人员的问题。

3. 销售人员的薪酬设计与绩效考核

（1）薪酬设计的基本原则

薪酬系统设计的基本原则如下。

公平原则：包括外部公平、内部公平、个人公平、过程公平、结果公平。

竞争原则：包括薪酬结构多元、薪酬水平领先、薪酬价值取向。

激励原则：包括个人能力激励、团队责任激励、企业业绩激励。

经济原则：包括薪酬总额控制、利润合理积累、劳动力价值平均。

合法原则：包括法律法规、企业制度。

（2）常见的薪酬制度

大多数公司使用以下三种薪酬制度，各种薪酬制度均有利弊。

①薪水制。薪水制即提供销售人员固定的薪水，并无其他佣金或奖金收入。薪水一般也不受实际销货影响，卖多卖少都得一样的工资。薪水制在以下三种情况时常采用：第一，当销售人员的努力并不能显著影响销量时；第二，当销售人员的个别销售贡献及努力很难衡量时；第三，在销售人员工作职位中，包含许多非销售性的服务工作。薪水制可以保证销售人员有固定的收入，但是工作努力度与薪水高低并无直接关联，无法激励销售人员尽其最大努力。

②佣金制。佣金制是根据销售量或销售金额给予适当的百分比作为佣金发放。佣金制鼓励销售人员集中精力于销售上。有了销售才有薪水，销售得好，报酬才可能高。这种方法看上去十分公平，公司也不必支出固定的人员推销费用。但是，佣金制下的销售人员较没有安全感，公司对他们也缺少控制力，销售人员工作多少时间，下多少功夫，公司也不能掌握。此外，佣金制易使销售人员只考虑今天有没有销售，是否能拿到钱，而不安心经营长期客户。

③薪佣制。薪佣制是固定薪水及佣金制的结合体。薪佣制取两者之长，避两者之短，所以成为目前最普遍的销售工资制度。薪佣制本身包括两部分收入：固定底薪和佣金。固定底薪一方面给销售人员以基本的收入保障；另一方面增强管理者对销售人员的控制能力。而佣金的部分直接依销售业绩计算，又可激发销售

人员的干劲儿。虽然薪佣制度比较理想，但是薪佣之间的比例设计是需要动一番脑筋的。

许多公司在制定销售工资制度时，还常加入其他奖励。如红利、销售配额完成奖金、成长效率奖金、年度第一名出国旅游等。此外，一些非奖金式的奖励也是鼓励销售人员的方法，如升迁、业绩奖状等。

（3）营销人员绩效考核的指导原则——平衡计分卡

平衡计分卡是一套衡量和管理组织战略的理论方法，它从财务、客户、内部流程、学习与成长四个相互联系的角度来管理和测评公司的绩效，从而保证企业战略得到切实的执行。

采用平衡计分卡作为营销人员考核的指导原则和方法，可以有效地实现以下三个方面的平衡。

所要求的成果和成果的执行动因之间的平衡：成果—利润、市场占有率；动因—新产品开发投资、员工培训等。

定量衡量和定性衡量之间的平衡：定量—利润、员工流失率；定性—客户满意度、实效性。

短期目标和长期目标之间的平衡：短期—利润；长期—客户满意度、员工培训成本和次数。

（4）营销人员考核的步骤

第一步，确定考核的一般原则。

第二步，确定考核内容，制定考核指标体系。

第三步，确定考核依据：按照各部门与人员的平衡计分卡执行。

第四步，确定考核人与被考核人。

第五步，确定考核组织机构。

第六步，确定考核的一般模式和周期。

第七步，进行考核。

第八步，考核结果的应用。

第九步，结果确认与申诉。

（三）市场营销控制

1. 年度计划控制

（1）年度计划控制的目的

促使年度计划产生连续不断的推动力；控制的结果可以作为年终绩效评估的

依据；发现企业潜在问题并及时予以妥善解决；高层管理人员可借此有效地监督各部门的工作。

（2）年度计划控制系统的步骤

第一，制定标准，即确定本年度各个季度（或月）的目标，如销售目标、利润目标等。

第二，绩效测量，即将实际成果与预期成果相比较。

第三，因果分析，即研究发生偏差的原因。

第四，改正行动，即采取最佳的改正措施，努力使成果与计划相一致。

（3）年度计划控制的内容

年度计划控制主要是对销售额、市场占有率、费用率等进行控制。具体内容如下。

①销售分析。销售分析就是衡量并评估实际销售额与计划销售额之间的差距。有以下两种具体方法。

销售差距分析：这种方法用来衡量不同因素对销售差距的影响程度。例如，某公司年度计划中规定：某种产品第一季度出售 4 000 件，单价 1 美元，总销售额 4 000 美元。季度末实际售出 3 000 件，且售价降为 0.8 美元，总销售额为 2 400 美元，比计划销售额少 40%，差距 1 600 美元，原因是售价下降和销售量减少，但二者对总销售额的影响程度是不同的。

地区销售量分析：这种方法用来衡量导致销售差距的具体产品和地区。例如，某公司 A、B、C 三个地区的计划销售量分别为 1 500 件、500 件和 2 000 件，共 4 000 件。但实际销售量与计划的差距分别为 -6.67%、+5% 和 -46.25%。可见，引起销售差距的原因主要在于 C 地区销售量的大幅度减少。因此，应进一步查明减少的原因，加强对该地区营销工作的管理。

②市场占有率分析。销售分析不能反映出企业在市场竞争中的地位，只有市场占有率分析才能揭示出企业同其竞争者在市场竞争中的相互关系。例如，某公司销售额的增长，可能是由于公司营销绩效较其竞争者有所提高，也可能是由于整个宏观经济环境的改善使市场上所有的公司都受益，而某公司和竞争对手之间的相对关系并无变化。营销管理人员要密切注意公司市场占有率的变化情况，如果公司的市场占有率上升，表示公司营销绩效的提高，在市场竞争中处于优势；反之，则说明公司在竞争中失利。

但是，这种分析还应考虑下列情况：外界环境因素对于所有参与竞争的企业的影响方式和程度是否始终一样；是否有新的企业加入本行业的竞争；企业是否为提高利润而有意采取某种措施导致市场占有率下降。

③营销费用率分析。年度计划控制要确保企业在达到销售计划指标时营销费用并无超支，例如，某公司营销费用占营销额的比例为30%，其中所包含的五项费用占营销额的比例如下：人员推销费用15%，广告费用5%，促销费用6%，营销调研费用1%，营销行政管理费用3%。

管理者应该对各项费用率加以分析，并将其控制在一定限度内。如果费用率变化不大，处于安全范围内，则不必采取措施。如果变化幅度过大，或是上升速度过快以至接近或超出控制上限，则必须采取有效措施。

此外，还要对顾客态度进行查询和分析，以保持良好的企业形象。

通过上述分析，如果发现营销实际与年度计划指标差距太大，企业必须采取调整措施：或是调整营销计划指标，使之更切合实际；或是调整营销策略，以利于实现计划指标。如果营销指标和策略都没有发现问题，则应在计划实施过程中查找原因，并加以纠正。

2. 盈利能力控制

除了年度计划控制，企业还需要运用盈利能力控制来测定不同产品、不同销售区域、不同顾客群体、不同渠道以及不同订货规模的盈利能力。由盈利能力控制所获取的信息有助于管理人员决定各种产品或市场营销活动是扩展、减少还是取消。下面拟就市场营销成本以及盈利能力的考察指标等进行阐述。

（1）市场营销成本

市场营销成本直接影响企业利润，它由如下项目构成。

直接推销费用：直销人员的工资、奖金、差旅费、培训费、交际费等。

促销费用：广告媒体成本、产品说明书印刷费用、赠奖费用、展览会费用、促销人员工资等。

仓储费用：租金、维护费、折旧、保险、包装费、存货成本等。

运输费用：托运费用等，如果是自有运输工具，则要计算折旧、维护费、燃料费、牌照税、保险费、司机工资等。

其他市场营销费用：市场营销管理人员工资、办公费用等。

上述成本连同企业的生产成本构成了企业总成本，直接影响到企业经济效益。其中，有些与销售额直接相关，称为直接费用；有些与销售额并无直接关系，称为间接费用。有时二者也很难划分。

（2）盈利能力的考察指标

取得利润是任何企业最重要的目标之一。企业盈利能力历来为市场营销管理人员高度重视，因而盈利能力控制在市场营销管理中占有十分重要的地位，主要参考依据包括销售利润率、资产收益率、净资产收益率、资产管理效率。

3. 效率控制

假如盈利能力分析显示出企业关于某一产品、地区或市场所得的利润很差，那么紧接着下一个问题便是有没有高效率的方式来管理销售人员、广告、销售促进及分销。

（1）销售人员效率

企业各地区的销售经理要记录本地区内销售人员效率的几项主要指标，这些指标包括每个销售人员每天平均的销售访问次数；每次会晤的平均访问时间；每次销售访问的平均收益；每次销售访问的平均成本；每次访问的招待成本；每百次销售访问而订购的百分比；每期间的新顾客数；每期间丧失的顾客数；销售成本占总销售额的百分比。

（2）广告效率

企业应该至少做好如下统计：每一媒体类型、每一媒体工具接触每千名购买者所花费的广告成本；顾客对每一媒体工具注意、联想和阅读的百分比；顾客对广告内容和效果的意见；广告前后对产品态度的衡量；受广告刺激而引起的询问次数。企业高层管理人员可以采取若干步骤来改进广告效率，包括进行更加有效的产品定位；确定广告目标；利用电脑来指导广告媒体的选择；寻找较佳的媒体；进行广告后效果测定等。

（3）促销效率

为了提高促销的效率，企业管理阶层应该对每一销售促进的成本和销售影响做记录，注意做好如下统计：由于优惠而销售的百分比；每一销售额的陈列成本；赠券收回的百分比；因示范而引起询问的次数。企业还应观察不同销售促进手段的效果，并使用最有效果的促销手段。

（4）分销效率

分销效率主要是对企业存货水准、仓库位置及运输方式进行分析和改进，以达到最佳配置并寻找最佳运输方式和途径。

效率控制的目的在于提高人员推销、广告、销售促进和分销等市场营销活动的效率，市场营销经理必须注视若干关键比例，这些比例表明上述市场营销组合因素的有效性以及应该如何引进某些资料以改进执行情况。

4. 战略控制

企业的市场营销战略是指企业根据自己的市场营销目标，在特定的环境中，按照总体的策划过程所拟定的可能采用的一连串行动方案。但是市场营销环境变化很快，往往会使企业制定的目标、策略、方案失去作用。因此，在企业市场营销战略实施过程中必然会出现战略控制问题。战略控制是指市场营销经理采取一系列行动，使实际市场营销工作与原规划尽可能一致，在控制中通过不断评审和信息反馈，对战略不断修正。市场营销战略的控制既重要又难以准确。因为企业战略的成功是总体的和全局性的，战略控制注意的是控制未来，是还没有发生的事件。战略控制必须根据最新的情况重新估计计划和进展，因而难度也就比较大。

企业在进行战略控制时可以运用市场营销审计这一重要工具。各个企业都有财务会计审核，在一定期间客观地对审核的财务资料或事项进行考察、询问、检查、分析，最后根据所获得的数据按照专业标准进行判断，得出结论，并提出报告。这种财务会计的控制制度有一套标准的理论、做法。但是市场营销审计尚未建立一套规范的控制系统，有些企业往往只是在遇到危急情况时才进行，其目的是解决一些临时性的问题。目前，越来越多的企业选择运用市场营销审计进行战略控制。

第五章　中小企业品牌营销的关键问题

本章的论述核心是中小企业品牌营销的关键问题，从三个角度展开论述：中小企业品牌营销的核心价值、中小企业品牌营销的重点环节、中小企业品牌营销的内容与规划。

第一节　中小企业品牌营销的核心价值

一、中小企业品牌营销核心价值概述

（一）对品牌核心价值的理解

1.品牌的核心价值可以突出功能性利益

品牌的核心价值不仅是品牌的灵魂，也是品牌与消费者之间的纽带。品牌的核心价值可以体现在品牌的使命、愿景、理念、文化、定位等方面，它们共同构成了品牌的个性和特色。例如，潘婷品牌的核心价值是“健康亮泽”，这一表述可以直观地展现潘婷产品物质层面的功能性利益。而有的产品，消费者更关心其功能性的好与坏，如家电，因此其品牌价值就可以突出表现其功能性利益。

2.品牌的核心价值可以表现情感性利益

品牌能够激发消费者的情感体验，也就是消费者对产品或品牌产生的感受，这就是品牌的情感性利益。例如，可口可乐通过广告向受众传达一种充满活力、精神振奋的感觉，人们在喝可口可乐时就会不由自主地感到快乐、精神。

许多品牌研究表明，情感性利益是消费者在消费中越来越重视的体验，仅仅在功能性利益方面进行提升是远远不够的。

中小企业可以通过明确定义品牌的核心价值观和个性特点，吸引目标消费者并建立情感联系，可以强调友善、温暖、关怀等情感元素，让消费者感受到品牌的人情味。

提供优质的客户服务和个性化的购物体验也是表现情感性利益的重要方式。中小企业可以关注消费者的需求，提供周到细致的服务，并在购物过程中营造愉悦的氛围，让消费者感受到被关心和重视。

中小企业可以为消费者建立线上或线下的品牌社区，让消费者之间互相交流，分享使用产品的经验和感受。这种社区可以是一个专门的网站、微信公众号或者线下活动，让消费者参与其中，增加与品牌的情感性连接。

中小企业可以根据消费者的特殊需求或兴趣提供个性化的服务。例如，在定制产品时，可以征求消费者的意见并给予个性化的建议。这种服务能够提高消费者对品牌的信任和忠诚度，让消费者感受到品牌的人性化。

中小企业可以通过组织公益活动来表达品牌的情感性利益，与慈善机构合作，为需要帮助的人们提供实际支持。这种方式能够让消费者感受到品牌的社会责任感和人文关怀，提高品牌形象和消费者忠诚度。

3. 品牌的核心价值还可以突出自我表达利益

品牌不仅是产品的标识，也是消费者的自我表达。消费者通过选择不同的品牌来展示自己的价值观、财富水平、社会地位和审美偏好。

在科技发展的今天，产品之间的功能差异越来越小，品牌的个性和优势就要靠情感和自我表达来突出。消费者越是富裕、消费的欲望越强烈，就越对产品品牌的核心价值有较高要求，一个能够凸显情感价值和表达自我个性的品牌核心价值可以满足他们的情感需求和自我表达欲望。因此，一个有高品牌价值的品牌必须具备能够打动消费者心灵的情感和自我表达。尤其是在经济繁荣的地区，人们对产品的需求不仅仅表现为对其功能性的需求，品牌能否得到消费者情感和自我表现的认同决定了其能否在这个地区立足。许多国内外的强势品牌都拥有这样的特点，如可口可乐、宝马、海尔等。

中小企业可以使品牌形象与消费者的个人价值观相契合，通过品牌的视觉识别系统、广告宣传和产品设计等方面展现出与消费者价值观相关的特点。例如，如果目标消费者注重环保和可持续发展，品牌可以强调自己的环保理念和可持续性发展措施。

企业可以根据目标消费者的需求和偏好，提供符合其个人价值观的个性化产品和服务，可以推出限量版产品、定制化选项或个性化的购物体验，以满足消费者的自我表达需求；通过品牌故事、活动营销等方式，与目标消费者建立情感上的共鸣，使其认同和信任品牌；分享品牌的核心价值观，激发消费者对品牌的情感认同感，从而满足其自我表达的需求。

（二）我国中小企业品牌核心价值存在的主要问题

1. 品牌核心价值不清晰、缺乏个性，品牌气质趋于雷同

品牌的核心价值必须表现出明显的差异性，否则就无法与用户之间建立稳定持久的联系。很多品牌经营者忽视了品牌核心价值的维护与经营，而品牌口碑和与用户之间的感情则更多地依赖下游经销商通过营销手段来建立，下游经销商在品牌优势无法建立的情况下，为了销量和利润经常使用价格战和渠道战，从而使得各类品牌都无法健康发展。随着社会经济的不断发展，人们的消费需求也逐渐变得多样化，而一个品牌往往无法满足所有消费群体的要求，因此品牌必须重视消费群体的细分，并与自己的产品和品牌优势进行匹配，让自己的核心价值能够触动对应的细分群体的需求。这就要求品牌的核心价值个性化，否则就会在市场上失去竞争力，产品销售也就无法取得优秀的成绩。

2. 不能始终坚持品牌的核心价值

品牌的核心价值是其在市场上的竞争力和影响力的基础，但要让消费者认知和记忆这一价值并非易事。单纯依靠大规模的广告投放，虽然可以暂时提升产品的销售额，但对于品牌的资产、价值感和威望的建设却没有长远的效果，一旦广告停止，销售量就会急剧下降。

因此，企业在确定了品牌的核心价值后，必须坚持不懈地进行品牌定位，不受外界的干扰和诱惑，确保品牌的每一次营销活动、每一分广告费都能够传递或引发消费者对核心价值的认知和联想。只有这样，才能在消费者的心中留下深刻的印象，并形成品牌的独特魅力。

我们要清醒地认识到，广告传播的效果是有限的，不能指望把品牌信息全部灌输给消费者。事实上，即使是舒肤佳这样的知名品牌，在中国也花了近十年的时间才让不到 30% 的人记住了它的品牌信息。由此可见，品牌核心价值的传递是非常困难的，赢得消费者的认同和喜爱更是难上加难。

3. 对广告依赖过高，品牌建设成本极高

品牌核心价值的传播并不是一件简单的事情。有些人认为只要做好广告，就能把品牌核心价值有效地传递给消费者，从而使自己的品牌具有强大的资产价值。但是，如果经营者只重视通过广告来宣传品牌核心价值，而产品功能、包装、分销等方面无法契合品牌核心价值，甚至与之相悖，那么消费者就会感到困惑，无法形成清晰的品牌印象，甚至对品牌核心价值产生怀疑。很多知名品牌的低利润

或亏损就是因为他们的品牌核心价值传播策略有问题，只重视广告而忽视了其他营销环节在品牌核心价值传播方面的一致性和协调性。

4. 片面追求销售额，轻率伤害品牌核心价值

在市场竞争中，为了使销售额上升，很多品牌都采取过各种各样的营销方式，但是在营销中，为了销售额上升而破坏品牌长期营造的核心价值是不可取的。例如，康佳迫于长虹在价格方面的优势而寻求营销方面的突破，损害了品牌核心价值的建立。长期以来，康佳的核心价值都是“高科技、人性化、时尚感、现代感”，康佳在产品技术、设计和品牌传播方面的工作都是围绕着这一核心价值来进行的，因而其产品的市场定位是中高端市场，品牌形象和与之相匹配的科技含量、外观设计也为其赢得了很大的溢价。而长虹则成本比较低廉，因而在价格上比较有优势。由此看来，两者之间的市场重合率较小，并没有较大的竞争。但是长虹的价格优势和销量数据还是让康佳感到了危机，战略决策者通过生产普通机、中低档机和特价机来抢占中低端市场，价格营销铺天盖地。这一切都在无情地破坏康佳巨资投入所建立的品牌核心价值。结果，价格战打不过长虹，高精尖的产品又由于品牌形象受损造成消费者不信任。直到最近，康佳新的营销广告活动才走出这一误区。

二、如何提炼中小企业品牌的核心价值

（一）提炼中小企业品牌核心价值的前提

1. 行业最主要的经济特性

经济特性是行业和产品类别的决定性特征。分析行业的经济特性可以帮助我们理解企业所期许的品牌战略经营方式是什么样的。理解行业的经济特性可以从以下几方面进行：市场规模；竞争涉及的区域大小，如本地性、区域性、全国性等；市场的增长率和行业所处的生命周期位置（起步、快速发展、成熟初期、饱和、停滞或衰退）；竞争者的数量与其规模；消费者的数量和规模；分销渠道的类型；前向整合与后向整合的普遍程度；产品制造技术的创新程度和新产品开发的速度；竞争者的产品与服务是哪种类型的；行业中是否能够实现各个环节的规模经济效益；行业中是否有成熟的可以学习和复制的活动从而具有学习和经验效应，使得单位成本随着累计产量的增加而降低；生产能力的利用率是否对成本效

率有重要影响；进入或退出行业所需的资源和难度；行业的利润水平与平均利润相比处于什么水准。

2. 行业中竞争对手的地位和定位

在品牌定位过程中，经营者要对竞争对手进行准确的分析，如通过品牌战略群体图来分析竞争对手在行业中的优势与地位，从而形成对行业整体和个体的了解。经营者要对竞争对手的地位和定位有充分的了解，准确定位竞争目标，同时也要对自己的优势、劣势以及行业地位进行准确的分析，让自己的目标更贴合实际。

3. 行业中的竞争行动

行业的下一个竞争行动是影响本行业发展方向和竞争格局的重要因素，因此公司需要整合资源，发挥自身优势，做好充足的准备迎接下一个竞争行动。此外，了解谁将发起下一个竞争行动也是关键。经营者要有敏锐的洞察和分析能力，预测下一个竞争行动的发起者，通过分析它的现状和发展来预测下一个竞争行动的强度和规模，然后再根据预测结果来分析自身的风险并对自己的抗风险能力进行评估。

4. 决定竞争成败的关键因素

关键因素有很多，如技术因素制造因素、渠道因素、营销因素、人才因素等。关键因素对于竞争的成败起着决定性的作用。对于具体行业，我们可以对其关键因素进行梳理和分析，从而掌握加强这些因素的聚义方法，提出加强自身优势的措施。

5. 行业的吸引力

通常情况下，整体利润前景高于平均水平的行业能够吸引投资者和经营者进入。反之则几乎没有吸引力。

关于如何分析和判断行业的发展阶段和现在的位置，本书认为，以价值转移为核心的战略思考方法是非常有效的。公司的主要发展目标就是自身价值的发展，因而在品牌经营的过程中，确定品牌战略以及具体经营方法、明确品牌的价值非常重要。经营者必须具备分析和预测顾客变化的能力，并形成战略思维框架，从而在经营和发展过程中寻找最合适的发展方向，找到最合适的经营策略。

价值转移表明市场发生了本质性的变化，如今价值转移发生的速度非常快，频率也很高，品牌经营管理变得十分困难，管理者必须及时掌握新的市场规则以应对未来的竞争。而新规则的形成取决于消费者的价值趋向。

价值转移包含价值流入、价值稳定、价值流出三个阶段。品牌经营策略需要根据行业所处阶段的不同进行调整，以适应市场的变化和消费者的需求。三阶段法涵盖了价值转移的不同情况，反映了不同层次的品牌策略，如行业之间、企业之间和企业内部的价值转移。在价值流入阶段，品牌经营相对比较顺利，企业应该充分利用各种潜在因素，如组织结构、管理模式等，提高运营效率，增强运营效果。在价值稳定阶段，企业应该警惕假象的出现，如产量大、销售额高、业务量多而利润却不见增长。企业应该摒弃传统思维，勇于创新，提升品牌差异化和核心竞争力。在价值流出阶段，企业应该及时察觉业绩下滑、消费者不满等信号，调整品牌策略，平稳撤出资产。

价值流入阶段的重要工作是品牌建立。价值稳定阶段的核心内容是对品牌经营策略进行优化，如改进流程以增加盈利，分析市场格局的动因，解读消费者的消费行为以帮助企业了解价值转移发生的形式和过程。价值流出阶段主要看品牌所有者是否有放弃的勇气和决断，能够面对自己品牌策略的落后。

品牌管理主题就是如何将企业的资源充分利用起来形成切实可行的品牌策略。经营者确定了企业所对应的行业处于哪个价值阶段之后，就能确定相应的品牌管理主题，它是品牌策略制定的前提和基础，也是品牌价值形成和传播的基础。

（二）提炼中小企业品牌核心价值的基本原则

1. 高度的差异化和鲜明的个性化

品牌核心价值是品牌的灵魂，是品牌在复杂多变的市场环境中获得竞争优势的关键因素。在信息爆炸的时代，消费者面对海量的信息，很难对每一个品牌都有深入的了解和认知，因此，具有高度差异化的品牌核心价值能够有效地吸引消费者的注意力，激发消费者的情感共鸣，形成强大的品牌影响力。

要想找出品牌的独特优势，提炼高度差异化的核心价值，就必须深入了解消费者的心理需求。经营管理者不能只凭自己的想法来定义品牌的核心价值，而要通过各种有效的调研方法，如座谈会、深度访谈等，来收集消费者对产品的使用感受、对竞品的态度，以及他们的消费信念、观点、动机等，从中挖掘出个性化的、有差异化的核心价值。

2. 触动消费者的内心世界

决定品牌能否在竞争中取得优势、在市场上受到消费者喜爱的关键因素在于品牌的核心价值能否与消费者的情感和内心世界产生共鸣。只有品牌核心价值能够打动消费者，才能获得更多消费者的关注，引发积极的情绪变化，从而获得消费者的认同与青睐。品牌核心价值的强大感染力和情感表达能力来源于经营管理者对消费者情感和内心的理解与洞察。经营者要分析掌握消费者的需求、价值喜好和消费欲望，这样才能对品牌的核心价值进行精准的定位。

第二节　中小企业品牌营销的重点环节

品牌定位是建立品牌个性和品牌文化的重要手段，它们共同构成了品牌的核心价值。品牌的核心价值有两个物质支撑，即品牌的视觉形象和产品力。对于中小企业而言，降低品牌营销的成本关系到品牌经营的优劣，而品牌定位、品牌视觉识别和品牌力则是企业实现低成本品牌营销的关键所在。

一、通过客户关系管理实施中小企业品牌营销

（一）客户关系管理的本质

1. 客户关系管理是营销管理的创新

客户关系管理的核心在于以客户为中心，并以此为指导进行营销管理决策和营销政策施行。它的创新主要来源于网络技术。客户关系管理的创新之处在于：第一，转变了传统的营销理念，确定了以客户为中心的核心理念；第二，营销管理重点得到了创新，客户关系管理优化了企业的外部资源利用与价值融合，让客户享受到适合自己的个性化服务，从而发挥出客户的最大价值；第三，客户关系管理建立在信息技术和网络技术之上，这种技术的融合本身就是对营销手段的创新。

2. 客户关系管理认为并非所有的客户都是上帝

在传统经营理念中，经营者往往十分重视客户的感受和观点，认为客户就是上帝。但是客户关系管理理念并非如此，传统品牌营销重视客户忠诚度的维护，而客户关系管理理念则提倡将客户进行分层，针对不同层次的客户提供个性化和专业化的服务。企业应该重视那些能够让企业盈利的客户，而不应将精力放在那些不能给企业带来收益的用户上。

3. 客户关系管理重视过程管理

过程管理是客户关系管理的重点。在销售行为中，过程决定了结果。客户关

系管理创造性地将销售过程进行了分解分析，它将销售分为四个阶段：兴趣需求搜集—方案设计—销售—跟踪。销售阶段和跟踪的施行计划又能对业务计划产生正面影响。计划按照周期又可以分为日程、周计划和月计划。每一阶段的计划与执行都要建立在对前一个阶段进行总结的基础上，并不断循环。

4. 客户关系管理重在管理“客户状态”

客户关系管理可以帮助企业了解动态情况下客户的状态并对其进行预测，能够帮助企业分析客户的消费需求与期望，并为企业与客户搭建沟通的桥梁，定期向客户提供信息，引导消费者进行消费或配合营销活动，从而建立起双方的亲密关系。通过客户关系管理，企业能够在合适的时间点将产品以客户喜欢的方式推送给客户从而促成交易。

5. 客户关系管理重在管理“客户满意度”

企业的客户服务质量在一定范围内变化时，客户的反馈不明显；但是如果其服务质量超过或低于某个临界点时，客户的好评或不满将会大幅度增长，在数值上呈现指数级增长趋势。在行业竞争十分激烈的情况下，客户的满意程度达到最高后其忠诚度远比普通满意用户要高。而当客户的满意程度下降时，些微的变化就会导致忠诚度大幅降低。

6. 客户关系管理理念贯穿企业经营的全过程

客户关系管理强调营销要调动整个企业的资源。这体现在两方面，第一，客户关系管理在企业经营的整个过程中起到作用；第二，客户关系管理要求企业各个部门和员工共同配合。对于中小企业而言，所有部门和员工都要明白客户关系的重要性并认真配合企业进行营销，只要有任何一个部门无法满足需求，客户关系维持就会出现纰漏。明白了这一点我们就能理解为什么最优秀的客户服务就是没有客户服务中心。

（二）关键客户关系管理与中小企业品牌优势

所谓关键客户，就是能够为企业带来较大利益的客户，英文叫作 very important person，也就是 VIP。在传统营销观念中，企业要对用户一视同仁，要为每一位用户提供相同的热情服务。实际在现代市场上，企业的利润大部分是少数客户创造的，关键客户的存在是企业得以创造价值的根源，因此企业应该挖掘客户资源，重视对关键客户的维护与管理，这样才能有效进行品牌建设。

客户关系是品牌的生命线，稳定和持久的客户关系意味着企业拥有了忠实的客户群体。关键客户是企业品牌的忠实用户，他们的重要性体现在以下两点上。第一，品牌与关键客户之间的关系不仅有商业联系，还有感情上的联系。客户将品牌看作自己可以信赖的伙伴。从长远发展的角度上看，关键客户认定并不是看客户的某次消费额，而是要进行长期的考察和分析，看他是否与品牌建立了长期联系，因为客户使用某一品牌的时间越长，相应的感情与关系就会越紧密；同时，长时间的情感关系也就促使其对品牌的贡献加大。第二，关键客户在品牌关系维护中起到关键作用。经济学中有理论认为企业开发新客户的成本相当于维护一名老客户成本的 35 倍。由此可见，维护和发展老品牌远比创建新品牌在经济利益方面更合算。在当今产品同质化现象越来越严重的背景下，品牌的持续发展必然要重视品牌与客户关系的建立与维护，不断提升和巩固消费者的信任度并养成客户的消费习惯，从而让品牌顺利更新换代。关键用户之所以如此重要是因为他们对品牌的感情使其不会被竞争对手的营销所诱惑，有他们的存在，企业的新产品推广风险就得以降低，同时客户维护资源也不至于浪费。

（三）客户关系管理与中小企业局部品牌优势

1. 建立局部品牌

局部品牌的含义是精准定位目标客户群体，并针对他们的特征设计品牌推广策略。局部品牌建设重视品牌在目标用户中的口碑和知名度，而不特意耗费精力在非目标用户中进行营销。局部品牌主要有以下几种类型。

（1）地方品牌

在某一地区，如某个省份或某个县城范围内有很高的知名度和影响力。

（2）专业品牌

专注于某一专业领域，在该领域内有较高的专业水平和认可度，而在其他领域则不太出名。

（3）加工品牌

针对某一地区的某一具体业务领域提供解决方案，只有目标客户才会了解，其他人则不太清楚。

从以上介绍中可以看出，局部品牌概念是从中小企业与市场客户关系的角度定义的。中小企业在某个特定范围或者领域内，根据某一目标安排营销活动，从而实施精准营销和定位营销，与潜在客户和目标客户产生联系，形成口碑，从而在市场上建立起品牌认知，在目标市场上形成品牌效应。

对于中小企业而言，局部品牌建设策略是非常有效的通过建立和维护客户关系的方式来开展的营销战略。尤其是刚进入行业的中小企业，局部品牌的建设能够帮助其渡过初创的艰难阶段。

2. 局部优势品牌建设要点

中小企业的规模有限，所以在创业初期要把目标定得细致一些，进行市场细分，精准定位行业领域。总之，企业对目标客户的定位越精确，越有利于打造优秀的局部品牌。

首先，企业要致力于提升产品质量和服务，尤其要形成特色，这样才能让客户记住并传播口碑，尽量满足现有客户的需求，提高其满意度，从而提高客户的忠诚度。

其次，企业要进行对现有客户的维护，掌握现有客户的动态，分析其需求的变化，并据此改善产品和服务，让客户在消费和享受服务的过程中获得最大的满足。

再次，企业要重视售后工作和再次成交的促成，使用多样化的营销手段吸引顾客回购，同时维持老客户的感情，让老客户享受更高水准的服务与消费体验。

最后，品牌的建立需要长时间努力，企业要在有限的资源耗费下建立品牌和企业的优秀形象。

除此之外，局部品牌的名称、商标等的设计也十分重要，经营者要考虑公司的形象和品牌的发展，要从品牌价值提升的角度来思考名称和商标的设计。这样，在未来品牌得以壮大时才能顺利地由地方品牌成为跨区域、跨领域的品牌。

（四）中小企业品牌价值通过客户关系管理实施

1. 客户关系管理在提升品牌价值中的作用

首先，企业要调整自己的经营重心。除了促成交易之外，还要进行客户关系维护。具体而言，在为客户提供服务、促成交易的过程中，企业要坚守诚信，更要尊重客户，为客户提供舒适的交易服务和环境，满足客户的情感和心理需求。只有这样客户才会与品牌建立感情，多次在此消费并有意愿向其他人推荐该品牌。而在客户进行口碑传播的过程中，企业的形象和品牌核心价值则慢慢在目标客户群体中形成了，这对企业培养和壮大消费群体而言非常有益。

其次，企业要重视与各方利益相关者的沟通，也就是要协调企业在生产、销售、质量保证等方面涉及的各类人员。中小企业的领导者在经营实践中往往无法做到周全，常常会出现偏颇的现象。例如，只专注于产品的研发与生产或者员工管理，而忽视了营销和市场研究；又或者只重视生产而忽视了各渠道的服务；等等。对于这些问题，领导者应该重视各种利益关系，并指派专人负责关系的维护和人员沟通，并制定相应的制度和奖惩措施。

最后，在品牌建设和经营中，企业要注意以下几点。第一，企业要坚持维持客户关系战略的连贯性，这个战略要以客户为中心，协调其他各项战略。第二，形成产品品牌的口碑，提高企业在市场上的形象，企业在追求利润的同时也要承担社会责任，这是影响利益相关者对企业形象印象的重要因素之一。第三，企业与利益相关者的沟通是建立良好关系的关键。为了让利益相关者感受到企业的重视和尊重，企业要主动地与他们交流，了解他们的需求和期望，并提供方便的对话渠道。同时，企业要健全售后服务和客户投诉机制，及时解决利益相关者的问题。

2. 构建合理组织，提升品牌价值

构建合理组织要求企业重视对跨部门客户关系的管理，建立相应的小组，或者提供一站式服务，让客户享受优质的消费体验。企业内不同的部门由于业务和目标的不同而在理念和发展思路上存在一定的差异，这就导致部门之间的沟通和合作往往不够顺畅，在面对问题和困难时容易出现扯皮和推诿的情形。而这些问题常常会对企业的品牌形象产生负面影响，让客户对品牌产生怀疑。对此，企业应当形成跨职能部门的客户服务中心，为客户提供统一标准的优质服务，或者提供“一站式”服务，即第一位接待者必须满足客户的所有消费需求。

客户关系资料库能够帮助企业进行有效的营销活动，客户关系管理信息系统软件是常用的客户关系资料建立和管理工具。企业应该把客户当作最宝贵的资源，不断进行市场研究和分析，建立完整真实的客户关系资料库。资料库信息有助于企业选择市场营销策略，有效利用营销资源，提高营销收益，增进客户对品牌的情感，提高品牌影响力。

为了提高品牌价值，企业需要整合上下游关系，充分利用社会资源，建立全面的客户关系管理体系。企业的上下游合作伙伴或供应商往往有各自的利益诉求，不一定能够与企业形成有效的协同效应，甚至可能损害企业的客户满意度。因此，企业应该对上下游关系进行优化，将那些影响企业形象建设和难以合作的企业淘汰掉，加强与能够为企业创造价值并且有良好合作意愿的企业的合作关系。

在提升品牌价值的过程中，企业除了注重品牌传播的方式和效果，更要重视自身核心竞争力的提升，核心竞争力决定了品牌能否在市场上获得较高的认可度，也决定了品牌能否提升自己的价值。

由此可见客户管理对于品牌营销而言十分重要。在经营实践中，很多中小企业的品牌塑造策略十分单一，因此效果往往不明显。企业可以综合多种手段的优势，并自始至终贯彻对客户关系的管理，从而提升品牌的价值。

二、打造中小企业差异化的产品力

在品牌战略中，产品策划是非常重要的一环。营销策划的关键在于产品营销。企业必须首先对产品进行精准的定位和营销设计，才能顺利进行其他营销策略的制定和实施。这样产品营销才能为品牌建设和营销打下基础。品牌本质上就是对产品特征和优势的浓缩与提炼。

（一）产品力是中小企业品牌营销的基础

消费者在购买商品时首先重视的是产品的实用功能。品牌之所以拥有一定的知名度，就在于消费者在使用该品牌的产品时能够感受到产品的良好功能性，并逐渐建立起对产品品质的信任，这种信任源于消费者的亲身体验。而品牌的知名度则在消费者的良好体验中得以形成。

从对国际知名品牌的研究中我们可以发现，它们有一个共同的特征，那就是高质量。质量是企业生存发展的根本，高质量的产品能为企业在市场竞争中取得足够的优势，这是营销所不能替代的。这一点在名牌产品上也有所体现，名牌产品的质量和服务都是世界一流的。

产品的质量和服务是品牌建设的基石，是消费者对品牌形成好感的物质保障。消费者是通过产品了解品牌、认可品牌的。因此中小企业想要建立知名品牌，首先要保证产品的质量。如今同类产品的种类和特色越来越多，产品设计和开发必须重视对消费者需求的研究并精准满足这种需求，品牌建设和营销也是在此技术上开展的。如果产品质量不过关，服务也无法满足消费者的消费体验，那么品牌建设就只能是空中楼阁。消费者对品牌的印象是从对产品的体验中得来的，只有通过产品让消费者产生了正面的初印象，企业才能通过营销手段来巩固这种印象，从而引导消费者认同该品牌的价值。

产品的差异化和特色化是品牌营销的根本，也是一种有效的品牌营销手段。产品的质量和功能能够直接影响消费者的选择和满意度，从而形成良好的品牌形象和口碑，这是一种低成本高效率的营销方式。相反，如果产品不符合消费者的期望和需求，再多的品牌营销也无法挽回品牌的信誉，甚至会加速品牌的衰败。

所以，中小企业要以产品力为核心，才能使品牌营销不白费力气，收获更多的回报。

为了践行“产品领先”的理念，中小企业首先应该了解目标市场的需求和竞争对手的产品特点，分析市场趋势和消费者喜好，以便更好地把握产品定位和设计方向；应将一部分资金投入研发和创新，不断提升产品的技术含量和品质，通过引进新技术、改进工艺、优化材料等方式，使产品具备领先的性能和功能。可以组建专业的研发团队，包括工程师、设计师、技术人员等，提高产品的设计水平和技术能力；同时，与相关高校、科研机构建立合作，获取尖端技术和资源支持。

中小企业可以利用互联网和社交媒体平台，积极展示产品的特点和优势，吸引潜在客户的关注；严格执行质量管理标准，确保产品质量的一致性和稳定性，提升产品质量的可信度和竞争力；建立稳定、长期的供应链合作伙伴关系，确保原材料和零部件的质量和供应的稳定性，同时，与合作伙伴共同追求创新，共享资源和技术，实现产品的持续改进；为客户提供个性化和差异化的服务，满足不同客户的需求，通过完善的售后服务和技术支持，提升客户对产品的满意度和忠诚度。

在开发特色化的产品方面，中小企业可以分析竞争对手的产品特点和不足之处，寻找市场空白和机会，在此基础上，有针对性地设计和开发产品，满足客户需求的同时具备独特的卖点和价值；通过产品的外观、功能、材料等方面的创新，使产品具备与众不同的特色，例如，在设计餐厅餐具时，可以采用与众不同的材质、造型或图案，打造出独特的餐具系列，吸引顾客的注意力并建立品牌形象。无论产品属于传统行业还是新兴领域，都需要注重产品的品质和稳定性。中小企业可以通过建立完善的品质管理体系、加强供应链管理、强化质量控制等方式提高产品的品质和可靠性，为品牌的差异化和特色化奠定基础。

中小企业可以通过突出品牌文化，打造独特的品牌形象和价值观；通过有效的品牌宣传和营销手段，提高品牌的知名度和认知度。例如，可以通过建立网站、社交媒体账号、线下活动等方式，传播品牌理念和产品特点，吸引目标客户的关注和认可。中小企业要不断地进行技术创新和产品改进，保持差异化和特色化的竞争优势，只有不断创造价值、满足客户需求，并在市场中脱颖而出，才能够成功建立品牌形象和市场地位。

（二）中小企业利用自身优势构建产品力

1. 提高顾客知觉质量

知觉质量是消费者对一个品牌产品的整体评价，它反映了消费者对产品的总体质量或优势的认知。消费者往往缺乏专业的产品知识，所以在评估产品质量时需要借助相关信息，如产品的功能、商家的售后、价格等。总之，与产品相关的各种信息都是影响消费者对产品质量感知的因素。这种质量感知就是知觉质量。知觉质量较差的产品在市场上也缺乏竞争力。

产品越符合消费者的需求，消费者对品牌质量的评价也就越高。由此可见，提高知觉质量的根本途径就在于挖掘消费者的功能和质量需求，并据此设计生产出能够满足消费者期待的商品。也就是说，高质量的本质在于恰当地满足消费者的需求，而想要精准满足消费者的需求，企业就必须对消费者的需求进行分析，了解消费者需要什么样的功能和品质，以及不同因素的重要性。此外，非技术品质，如品牌的可靠性也同样重要。

中小企业要确保产品质量符合或超出消费者的期望。通过精心设计生产过程，确保每个产品都具有高品质和可靠性，并提供优质的售后服务；要打造与其他竞争对手不同的品牌形象，以吸引消费者的眼球，明确品牌的核心价值观，并通过包装、标志、广告等方式传达给消费者；通过品牌故事、宣传活动等方式与消费者建立情感联系，如讲述品牌背后的故事、参与公益活动等，增强消费者对品牌的认同感和忠诚度；积极利用社交媒体和在线评论平台等渠道与消费者进行互动，回应他们的反馈和建议，同时，鼓励满意的客户分享他们的购买体验，以提升品牌的口碑和信誉；通过广告、促销活动、展会等方式增加品牌曝光度，引起消费者的关注，并确保市场营销活动与品牌形象和价值观一致，以提高消费者对品牌的认知度和认同度；与合适的分销渠道建立合作关系，确保产品及时到达消费者手中。

2. 构建产品差异化

中小企业之间的竞争就是以产品差异化为主的。相比大型企业，中小企业的资源、财力和人员优势不足，因此难以进行技术的突破。中小企业的产品差异化应该立足于自身的实际情况进行个性化的探索。本书认为，中小企业探索产品差异化主要从以下几方面进行。

（1）创新观念

中小企业的产品差异化概念应该根据市场竞争规则的变化而进行更新。在现代，广义的差异化不仅包括传统意义上的产品之间的差异化，也有产品包装、服务、营销和设计等方面的差异化。因此企业在构建差异化产品时要从以下几点进行。

①差异化的产品是理性与感性的结合体。将企业产品功能进行深入的挖掘和提炼，使其简单、清晰，更易于与消费者建立联系。一个产品既有理性的一面，也有感性的一面，企业在开发和推广产品时要兼顾两者的平衡。对于企业内部来说，要对产品有清醒的认识和分析，找出产品的优势和劣势，以及潜在的改进空间。对于市场和消费者来说，要注重产品的感性表达，因为消费者通常不会深入研究产品的性能或者设计，在他们做出购买决策的过程中，更多的是受到产品给自己带来的情感、价值、影响的驱动。

②完善产品结构。参与市场竞争不能只靠某一个产品及其竞争力，在市场上，产品竞争的实质是产品线性结构的竞争，企业的产品结构对企业的市场竞争力有很大的影响。

③以消费者为导向。消费者的需求是差异化产品的出发点和归宿，因此差异化战略必须以消费者为中心。现代企业要适应市场的要求，就要以消费者为导向，针对不同的市场细分和消费者特征，开发出有针对性的新产品，以应对当前激烈的竞争压力和资源紧张的局面。

（2）设计实现差异化

创新是设计的灵魂，中小企业虽然没有大品牌的知名度和资源优势，但是有着创新的潜力。设计可以让企业的产品突破设计不足的困境，赢得更广阔的发展空间。设计是当今企业竞争的重要优势，并且在赚取利润方面有着极强的生命力。企业发展实践也表明，设计投入的产出是十分可观的，甚至比技术的突破更具优势——设计创新的风险较小、性价比更高。

中小企业的品牌建设离不开创新的设计理念。创新是打破技术壁垒、提升市场竞争力的关键因素。相比于大品牌，中小企业有着更灵活的创新空间和更敏捷的设计响应。设计不仅是一种美学表达，也是一种商业策略。许多研究表明，设计对于企业的盈利能力有着显著的正向影响，而且设计投入的回报率远高于技术研发。因此，中小企业应该重视设计的价值，用创新的设计赢得品牌的认可。

我国中小企业应当把握当今社会市场竞争的本质规则，探索设计创新的方式与方法，立足于中小企业的资源现状，寻求产品的差异化，从而为传播的有效性奠定基础。

（三）通过战略利益联盟实施中小企业品牌营销

中小企业的规模和实力与大企业相比有很大差距，这在资金、人才等方面都有所体现。同时，大多数中小企业所处的行业竞争激烈，产业链条复杂，难以形成规模效应，这对中小企业的经营效率和竞争力造成了不利影响。因此，中小企业要想打造自己的品牌，除了要加强内部管理，提升产品质量，还要学会利用外部资源，借鉴国内外的先进经验，与其他利益相关者建立战略合作关系，这是一种有效的品牌营销方式。

战略联盟或利益联盟是一种企业之间的协作方式，它们没有资本上的联系，但是为了实现共同的项目或产业链的目标，而按照各自的专业分工进行合作。联盟企业保持自身的独立性和平等性，并且联盟是阶段性的合作。战略联盟既能拓展市场、发展客户，又能收集更多的市场信息，有助于企业完善自身发展。战略联盟能够让企业发挥自身的资源和技术优势，将非核心业务转移给其他有优势的联盟成员。战略联盟还可以促进原本竞争对手之间的协同效应，实现共赢的局面。通常情况下企业进入新兴市场的方式有内部扩张和企业并购等，而联盟可以让企业快速进入新兴市场而不至于面对较高的风险，同时也缩短了进入市场所需的时间。要想建立成功的战略联盟，不仅需要高层领导的支持和指导，还需要在组织各层级培养联盟意识和能力。

为了建立成功的战略联盟，联盟的合作理念要渗透进企业的每个管理阶层，在各个组织层面培育联盟的意识和能力。因此，企业应该制定一套规范的联盟管理工具，包括手册、流程、核对表等，把联盟所需的每一个环节都明确地列出来；同时建立信息共享平台，在整个联盟内交流这些工具和经验。战略联盟虽然有很多好处，但是在合作过程中，企业也要注意合作的方式和细节，消除可能存在的歧义，避免对目标实现产生不利影响。

中小企业应该寻找与其业务相关的公司作为战略联盟或利益联盟的合作伙伴，合作伙伴应该有着共同的目标和愿景，以确保合作的成功；应该签署明确的合作协议，规定双方的权利和义务，合作协议应该包括合作的目标、合作时间、各方的责任和义务、资金分配和知识产权等方面的约定。

中小企业应该积极共享自己的资源和知识，以获得更多的收益和优势：共享的资源可以包括客户资源、市场信息、销售渠道等；共享的知识可以包括技术、产品设计、营销策略等。

中小企业应该加强与合作伙伴的沟通和协调，及时解决问题和纠纷，确保合作的顺利进行；营造良好的合作氛围，建立互信和友好的关系，增强合作伙伴之间的合作意愿以及合作的效果。

1．中小企业战略利益联盟形式的选择

联盟组织有很多种形式，如企业合作、合资、相互持股、联合生产、渠道协议和特许协议等。选择什么样的合作方式取决于合作双方的发展策略和偏好，其中企业如今掌握的价值资源是决定合作方式的重点。

在联盟关系中不仅有合作还有竞争，在合作过程中，联盟成员可能会通过合作来提升自己企业的利益。联盟是建立在信任基础上的一种组织，而信息的不对称导致企业面临着各种来自联盟其他成员的竞争风险，并可能因为其他企业的投机行为而产生损失。因此企业在组成联盟之前要选择合适的方式并严格筛选成员。

中小企业在战略和资源方面存在短板，因此，寻找一个与自己的发展需求匹配的联盟，是有效弥补缺陷、获得品牌发展的方式。

2．中小企业建立战略利益联盟的原则

中小企业要想组建联盟，首先要将联盟战略制定与企业的发展目标相结合。通常情况下，中小企业发展的总体目标是保证企业的健康生存并寻求发展、建立发展优势。因此联盟的构建要遵守以下三个原则。

（1）联盟成员核心能力互补原则

中小企业组建战略利益联盟，最关键的目的是弥补自身的战略不足和提升自身的核心竞争力。因此如果加入联盟与本业不能达到优势互补的目的，那么就会造成企业虽然规模扩大，但是实力却有所降低。联盟失败也大多是这个原因。

（2）战略性的互相学习原则

战略联盟是短期联盟，也是针对局部的联盟，因此在合作过程中，企业必须学习合作方的经验，从而不断提高自己的综合实力。否则联盟就无法取得预期的效果。

（3）保持灵活战略和独立地位的原则

由于市场环境不是一成不变的，它充满了不确定性，因此企业需要制定能够快速应对环境变化的战略。在联盟的过程中，企业的战略灵活性必然受到制约，此时如果市场竞争环境发生变化，那么企业就会面临巨大的联盟风险。此外，如果因为联盟而导致企业战略灵活性降低，这也违背了战略联盟的初衷。联盟方是平等的、互助互利的，如果联盟成员因为联盟而在经营和生产上失去独立性，那么联盟就会变质，也容易因为某些成员的投机行为而造成损失和利益侵害，这对中小企业而言是十分不利的。

3．中小企业战略利益联盟组织结构的选择

战略利益联盟的组织结构形式有很多，我们可以从联盟方介入程度的角度进行分类，将其分为股权合资企业和非股权协议。目前来看，我国中小企业可以从以下两方面进行思考和联盟构建。

（1）构建合营企业

合营是一种联盟形式，合作双方共同出资成立新公司，以股东的形式控制公司，享受相应的经营成果。合营形式比较稳定，经营效率比较高。中小企业以这种方式与企业集团合作首先能够充分发挥双方的经营和资源优势，进行优势互补，从而快速发展公司实力，在市场上占据优势地位；其次可以迅速建立信任关系，中小企业可以在此过程中学习先进的管理经营经验、弥补自身技术的不足、学习对方优秀的市场营销方式；再次，合营各方可以共享利益、共担风险，这样就避免了双方因猜疑而互相提防，减少了合作的风险；最后，合营分散了企业经营的风险从而提升了合营各方对市场风险的抵御能力。

（2）委托—代理机制

所谓委托—代理机制就是企业达成联盟协议，从而向联盟方收取租金。在这种机制下，获取租金成为中小企业加入联盟的主要动机。代理方向委托方缴纳租金，从而获得委托方部分权益的使用权或者获得特许协议，并借助这些资源进入新的领域、开拓新市场。中小企业限于自身资源和实力的不足，无法单独完成市场开拓行为，但是中小企业的生产方式和生产成本优势等却能吸引行业领先者或者跨国公司的注意力，中小企业可以与有兴趣的企业形成联盟，借助联盟企业的优势进入目标市场，并逐渐站稳脚跟。

创建品牌有很多有效的方法，如创建利益共同体，通过加盟、置换、优先认购等方式吸纳社会资源，从而扩大资源优势，实现优势互补。

中小企业要学会利用利益联盟的品牌优势，以较低的成本提高自己产品的形象和信誉，借助联盟的品牌资源来传递自己的价值主张，提高目标用户对品牌的熟悉度和信任度，从而用最短的时间打开销路，完成资金的积累。

中小企业借助联盟优势也能快速推行自己的招商连锁加盟计划，从而在较短时间里完成资本积累，并发展自身的品牌。例如，武汉春天药业其前身春天公司就是利用“成为一个百万富翁”的广告口号，吸引了大量的代理商加入其连锁体系，仅用了几个月的时间，就积累了数千万的财富，春天的品牌也迅速覆盖了全国各地。正是有了这样一笔原始资本，才为春天公司的发展奠定了基础。

第三节　中小企业品牌营销的内容与规划

一、中小企业实施品牌营销的原则

（一）制订切实可行的营销计划

一份好的营销计划就像一张清晰的地图，指出企业从当前位置到达目标位置的最佳路径。这份计划应该基于对市场环境的深入分析，明确目标、策略和技巧，制定合理的预算，以及设定具体的时间节点，以便及时评估计划的执行情况和效果，或者根据需要进行调整。

市场调研是制订营销计划的重要前提，它可以帮助中小企业全面评估自己和竞争者产品与服务的优劣势，包括历史、现状和未来的发展趋势。市场调研还可以让企业清楚地了解目标客户的需求和偏好，了解他们对产品的价格敏感度和购买意愿。企业在制订营销计划时，必须根据市场调研的结果确定产品和服务的质量和水平。

产品定位是营销计划的重要环节，它在市场调查的基础上，根据产品的价值特征和目标市场的需求，确定产品在市场上的位置和形象。产品价值由价格、品质和形象三个要素构成，要与竞争对手的产品形成差异化。中小企业的产品定位要重视对核心品牌价值的凝练，突出自己的优势和特色。在确定了核心品牌价值后，就可以制定核心产品的定位策略，主要包括以下几个方面：这是什么产品，目标用户是谁，优势和劣势分别是什么，具有什么竞争优势，自己的产品或公司有什么声誉等。这样可以让消费者对该产品形成清晰准确的理解。

（二）品牌核心价值要有包容性和前瞻性

首先，对品牌核心价值的规划与提炼而言，品牌核心价值要具有强大包容性，要关注品牌声誉的建立与壮大，从而为品牌的成长打下基础。其次，品牌战略具有一定的前瞻性，要对企业的资源与能力进行分析，并结合品牌延伸的规律来预测品牌未来的发展，对品牌可能进入的行业进行分析。在这一过程中，领导者可以对品牌架构的问题，如企业品牌与产品品牌、品牌更替等进行有条理的分析，从而提高品牌资源的利用效率。

（三）品牌核心价值要以差异化、个性化为宗旨

品牌的核心价值应该体现其差异化和个性化的特点，这样可以在市场上获得竞争优势，降低营销成本，增加销售额和品牌资产。差异化和个性化的品牌信息能够更有效地吸引消费者的注意力，从而提高品牌的影响力和消费者的忠诚度。因此，采用差异化和个性化策略来培育品牌是一种有效的方法，能够利用有限的资源来提升产品销量、增加产品资产。

（四）围绕品牌的核心价值进行合理有效宣传

企业的宣传要围绕品牌的核心价值进行，只有这样才能在触动消费者的同时让消费者对品牌形成正确的、深刻的认知，提升宣传效果。此外，企业的价值活动尤其是营销和传播活动要以品牌核心价值的建立和传播为主要目的来进行。

（五）要诚实面对消费者

中小企业品牌营销的关键之一是维护品牌的诚信度，不欺骗消费者，不隐瞒真相。当中小企业遇到法律纠纷或企业危机时，不应该逃避责任或掩盖事实，而应该采取积极、主动、及时的措施来解决问题，恢复公众的信任。这样做不仅能够保护和重塑中小企业的品牌形象，还能够增强消费者对该企业的忠诚度和信赖度。因此，中小企业在面对危机时应该坚持诚实原则，这样才能够化险为夷，实现品牌升级。

（六）保持完善的服务体系

未来的企业要想在市场上脱颖而出，就必须提供优质的服务，形成能充分满足消费者需求的服务体系。服务水平的高低、服务体验的好坏，以及服务带来的品牌忠诚度，将决定企业未来的竞争力。通过完善自身的服务，企业可以弥补自身在市场认可度、品牌建设等方面的不足，从而吸引更多的消费者，提升品牌知名度，让自己品牌的核心价值得到提升。

二、中小企业实施品牌营销的内容

（一）塑造中小企业品牌营销的独特个性

1. 赋予品牌独特个性化特征

市场经济中，商品品牌的竞争十分激烈。消费者面对众多的品牌，往往只会认可和选择那些符合自己价值观的品牌。因此，要想让产品在市场上获得成功，就必须树立品牌的个性化形象，并且这种形象要能够获得消费者的喜爱。例如，椰树集团就是一个成功的案例，它借助海南岛丰富的水果和饮用水资源优势进行饮料生产，从而创立椰树品牌。该品牌传达出绿色环保的理念，并让消费者联想到海岛风光。这种品牌个性化的策略使得椰树集团迅速赢得了消费者的认可和信赖，成为海南的知名企业。

2. 正确认知消费者选择个性价值品牌

个性价值品牌建立的根据是消费者的价值观。企业必须通过恰当有效的方式来分析消费者进行品牌产品选择的价值体系。其中阶梯式方法较为有效。所谓阶梯式方法，即用一步一步深入询问的方法来调查消费者对某种品牌产品特性的认识、联想与追求，帮助企业有针对性地创建消费者喜欢的个性品牌。阶梯式方法有三个步骤：第一步是了解消费者对某种品牌产品喜恶的归因；第二步是了解消费者对选择这种品牌产品结果的看法；第三步是了解消费者的价值观。①

3. 重视打造个性化品牌的基础——体验性需要的满足

长期以来，人们主要从以下两方面来理解品牌的意义：品牌的功能性和品牌的象征性。进入 21 世纪，人类的消费需求和倾向发生了很大变化，因此营销界又从这种变化中提炼出了体验性需要，并更新了品牌建设的意义。

体验性需要是指消费者在购买产品时不仅考虑功能和效用，还追求感官享受、体验多元和认知创新。体验性品牌的建设基于以下三个理论：一是寻找多样化的理论，认为消费者喜欢尝试不同的产品，以满足好奇心和探索欲；二是消费者美学理论，认为消费者在消费过程中注重审美感受和情感体验；三是体验性消费理论，认为消费者通过消费产品实现自我表达和个性化。因此，体验性品牌的设计要满足消费者内心深处的各种个性化需求。

体验性需要在品牌设计中的指导性作用已经在很多品牌的建设中得到了验

① 吴华堂，张振中．品牌形象与 CIS 设计 [M]. 青岛：中国海洋大学出版社，2013.

证。如主题公园建设、旅游产品设计、休闲食品设计等，其设计的主旨就是满足消费者的体验性需要。此外，有很多品牌将多种需要进行融合，获得了品牌建设的成功，如开放式野生动物园。

（二）构建中小企业品牌营销的传播途径

1. 媒体促进品牌的快速传播

在当今社会，知识经济的发展和信息的爆发使得媒体对品牌的传播具有了巨大的影响力。媒体是指能够传递信息的载体，如报纸、杂志、广播、电视、网络和户外广告等。企业与媒体的关系可以分为两种：一种是媒体采访企业，报道企业的活动、成就等，这时企业与媒体是工作伙伴的关系；另一种是企业通过媒体发布广告，推广其产品或企业形象等，这时企业向媒体支付费用，获得其提供的广告服务，二者是服务交易的关系。

中小企业要想提高自己的品牌知名度，不能只依赖媒体的广告宣传，还要重视新闻的传播力量。新闻传播能够更有效地向公众展示企业的产品、服务和价值观，从而树立良好的品牌形象。为了维护好与新闻媒体的公共关系，中小企业应注意以下两个方面：一是要抓住时机，利用突发事件吸引媒体的关注；二是要使用恰当的方式缓解企业与媒体之间的矛盾，化解公关危机。这样才能让新闻媒体成为企业品牌建设的有力支持者。

我国中小企业在发展过程中要重视与媒体关系的建立与维持，形成庞大的媒体关系网，一方面要加强品牌宣传；另一方面要增强自身的危机公关能力和市场风险抵御能力。

随着网络时代的进步，网络媒体已经成为信息传播的主要途径。与报纸或电视等传统媒体相比，通过互联网渠道进行宣传不仅能够获得更好的宣传效果，还能够降低宣传费用，并且大部分中小企业都能够负担得起建设互联网网站的费用。此外，互联网支持多媒体功能，企业可以通过多种形式展示自己的产品和服务，从而获得较好的推广和宣传效果。

2. 品牌传播与社会公众的互动

虽然通过媒体网进行宣传、通过策划活动提升品牌形象是非常有效的品牌传播途径，但是单纯的媒体宣传并不能满足品牌发展在公共关系方面的需求，与公众的互动也是必不可少的。

媒体的宣传虽然能够提高公众对品牌的认知度，但是大部分情况下公众不会仅凭媒体宣传就对品牌产生信任，单纯的媒体宣传会让公众感觉品牌是虚无缥缈的。因此，营销战略需要通过面对面的方式与公众建立更为亲密和感性的联系，让公众能切实感受品牌的魅力与价值，与品牌建立情感和精神上的联系。这样，品牌就不再是媒体的包装，而是公众的感受。

企业与公众的互动可以分为两个层面：一是针对消费者的营销传播，企业可以采用赠送样品、发放优惠券、特价促销、增加赠品、免费试用等方式进行引流，吸引目标用户主动了解品牌信息，切身体验产品功能和服务，形成对品牌的深刻认知；二是通过营销宣传吸引潜在用户，企业可以通过制作和发放各种宣传资料，如图片画册、音像资料等，或者通过举办展览会、有奖竞赛活动等形式，向公众展示企业的实力和生产情况，加深公众对企业形象的认知和信任，进而激发消费者的购买意愿。

3. 文化特色定位与中小企业品牌的传播力

在品牌塑造中加入特色文化、形成鲜明的个性化特征可以让品牌的吸引力更强，从而获得更多的潜在消费者，加强自身的品牌定位。这种方式能够有效加速品牌的传播，让品牌宣传从信息战的激流中脱离出来，形成传播优势，从而扩大自身的知名度以及在市场上的影响力。

4. 社会公益活动与品牌传播的亲和力

中小企业不仅要关注自身的生产经营，还要积极履行社会责任，参与社会公益事业。通过参与社会组织举办的各类公共文体活动以及赞助不同的公益项目，中小企业可以展现自己的社会担当，获得社会公众的认可和信赖。同时，中小企业也可以借此机会与社会各界建立广泛而良好的人际网络，提升自己的品牌形象，使之更加亲切和主动地留在公众的记忆中。

（三）选择中小企业品牌营销的销售策略

1. “缝隙销售”策略

“缝隙销售”策略是一种适合中小企业的市场拓展方式，它的核心思想是避免与大型企业正面竞争，而是寻找那些大型企业忽略或不重视的细分市场，利用自己的灵活性和创新性，为这些市场提供有针对性的产品和服务，从而在缝隙中获得生存和发展的空间。这种策略要求中小企业在选择目标市场时，要有明确的定位，要避开大型企业的主力市场和传统渠道，要采用与大型企业不同的营销手段和方式。如果中小企业盲目地模仿大型企业的销售策略，不仅会陷入价格战和资源消耗的泥潭，还会失去自己的品牌特色和优势，难以在市场上形成影响力。一个成功的例子是山西南风集团，它注意到大型企业忽视的农村市场这个缝隙，采用“农村包围城市”的品牌战略，在农村市场建立了良好的口碑和忠诚度，从而逐渐提升了自己的市场份额和品牌知名度。

2．“共生销售”策略

中小企业之间的合作是一种共生销售的模式，它可以让企业在没有外部支持的情况下，通过契约关系共享资源和项目，提高自身的竞争力和抗风险能力。中小企业如果能够形成一个团结一致的命运共同体，就能够从小变大，从弱变强，从而在市场上立于不败之地，这就是共生销售，是以契约为纽带，两家或多家相互独立的企业在资源与项目上进行的合作。表现的第一种方式，即和竞争企业的联合。第二种方式是互补企业之间的联合，例如，武汉的“五星恒辉”集团就是由五家分别从事广告设计、广告户外发布、广告喷绘制作、广告印刷、媒体广告代理等的中小企业联合组成的，形成统一宣传、优势互补、服务互助的广告事业“联合舰队”，迅速超越许多大型广告公司的知名度，取得不俗的业绩。

3．“借船出海”销售策略

国内的大企业拥有稳固的代理商分销体系，不仅在本土市场能够有效地管理和占有自己的产品流通渠道，而且在海外市场也建立了代理商分销网络或者分公司系统，从而保证了自己的产品在全球范围内的流通和销售。中小企业要想在国际市场上有所作为，就需要利用好大企业的优势，采取“借船出海”的品牌销售策略。具体来说有以下三种方式：一是加入大型企业出口生产过程，即以为出口企业生产配套产品的形式达到出口目的，也被称作“马驮式”出口，这种合作形式不仅能够提高企业产品的国际竞争力，同时也带动自己的产品走向海外；二是代工生产（OEM），也就是为大型跨国企业生产产品，借助其品牌和销售网络实现出口销售；三是与外商合作，将合作方的资源优势与自身优势有机结合，更好地开拓国内外市场。

4．网络销售策略

随着网络技术的不断发展，网络销售也成为各大企业竞争的领地，企业纷纷通过官网或电商平台的形式开拓网络销路，一时间，电子商务成为全球营销的热点。中小企业也要抓住这个机遇进行网络品牌营销。

三、中小企业品牌营销规划

（一）中小企业品牌推广策略

1. 品牌推广的本质

品牌建设最终目的是品牌的销售，而品牌推广的本质就是进行品牌销售行为。通过品牌推广，消费者可以获得品牌的产品或服务，从而体验品牌的价值。品牌推广不是一蹴而就的，它需要前期进行大量的市场调研、产品设计、渠道建设工作，这样才能真正影响消费者的购买行为。

2. 品牌推广的策略

（1）长期利益与短期效果的结合

中小企业的品牌推广活动应该既注重短期的效果，也要考虑长期的利益。品牌推广的根本目标是提升品牌价值，让消费者认可和信赖企业的产品或服务。因此，在制定和执行品牌推广策略时，不仅要追求即时的销售和收益，还要关注品牌形象的塑造和品牌忠诚度的培养，使品牌在市场上有持续的竞争力和影响力。品牌价值不是一朝一夕就能建立起来的，而是需要在每一个推广环节和过程中不断积淀和提升的。

（2）与消费者的互动力求简单

品牌推广的重点是强化品牌与消费者的互动。对中小企业来讲，推广的主要目的是让消费者参与推广活动，与消费者建立联系。推广活动成功与否的重要标志是能否吸引消费者参与以及参与的深度和广度。而过于复杂的参与程序会导致消费者参与意愿不强，从而降低推广效果。而对于活动的执行者而言，程序简单意味着操作简单、流程容易掌控，这样才能保证推广的效果。

（3）集中资源，目标唯一

中小企业能够利用的资源十分有限，因此在营销与传播活动中就要集中资源向着一个目标努力，否则过多的宣传渠道和方式只能将资源分散，从而无法取得较好的宣传效果。

（4）强化对媒体的分析

中小企业要做好品牌推广，不能只看媒体的总体收视率或发行量，而要看媒体的受众是否与目标顾客相符。因此，选择能有效覆盖该地区的媒体才能提高品牌推广的效果。

（5）强调文化因素

品牌推广的核心任务是让品牌与消费者建立紧密的联系，尽早获得消费者的信任和喜爱，文化因素是连接品牌和消费者的纽带，如果能够合理地运用，将会对销售产生积极的影响。

3. 品牌推广的方式

（1）终端品牌推广方式

①现场导购。现场导购是在实体店铺中由销售人员直接与消费者进行互动和销售的方式。其作用是通过与消费者面对面的交流，向他们介绍产品特点、功能和优势，解答疑问，引导消费者做出购买决策。

现场导购的操作方式包括培训销售人员、主动接待消费者、了解需求、提供专业建议：企业要提供产品知识培训，使销售人员能够准确了解产品，能够向消费者解答问题和提供个性化建议；销售人员应主动接待进店的消费者，微笑迎接并提供帮助；与消费者进行交流，了解他们的需求和购买意愿，根据需求进行产品推荐和销售引导；根据产品特点和消费者需求，向消费者提供专业建议，帮助他们做出购买决策。

②终端陈列。终端陈列是将产品陈列在店内的特定位置，以吸引消费者的注意力。其作用在于通过合理而吸引人的陈列方式，突出产品特点和品牌形象，增加产品曝光度，提高购买率。

终端陈列操作方式包括选取陈列位置、使用陈列道具、根据产品属性进行陈列：店员要根据产品性质和销售策略选择合适的陈列位置，如橱窗、货架头部、显眼位置等；使用适当的陈列道具，如展示架、展示架、灯光等，突出产品特点和品牌形象；根据产品特点和消费者需求进行有序和美观的产品陈列，如按系列、颜色、功能等分类陈列。

③店头 POP 宣传。POP（point of purchase）宣传是指在销售点（店铺）的特定位置使用海报、标牌、广告牌等形式进行品牌宣传和产品推广的方法。其作用是吸引消费者的目光，增加品牌和产品的知名度，促进其做出购买决策。

POP 宣传操作方式包括设计和制作吸引人的海报、标牌、广告牌等宣传物料，突出产品特点和品牌形象；选择店内流量较大、消费者目光容易聚焦的位置，如入口处、收银台旁等放置宣传物料；定期更新宣传内容，以保持新鲜感和吸引力。

（2）渠道品牌推广方式

①协助、配合、培训、支持经销商。了解经销商的需求和挑战，并提供相应

的支持。与经销商进行沟通，掌握他们对于推广活动、市场营销和销售方面的需求，根据他们的需求提供协助和支持。

与经销商密切合作，建立良好的合作关系，共同制订推广计划和目标，并确保双方的利益得到平衡和满足；及时响应经销商的需求和问题，确保合作顺利进行。

为经销商提供必要的培训和支持，如产品知识培训、销售技巧培训、市场分析培训等。通过培训，帮助经销商提升专业能力，更好地推广和销售产品。

提供全方位的支持，包括市场推广资料、销售工具、客户支持等，确保经销商能够顺利进行销售活动，及时解决经销商在推广过程中遇到的问题和困难。

建立激励机制，奖励表现优异的经销商。通过提供奖励和激励措施，激发经销商的积极性和推广热情。同时，及时给予反馈和建议，帮助经销商改进和提升业绩。

②加大渠道促销力度。经销商对于赚取利润非常重视，因此提供有竞争力的利润和奖励政策是吸引其进货并主动推广品牌的关键。企业可以制定激励政策，如提供高额的进货折扣、销售提成或奖励，以激发他们的积极性。

为渠道合作伙伴提供市场支持，包括广告宣传材料、促销活动支持等，确保他们有足够的资源和工具进行促销活动，提高品牌的曝光度和销售额。

通过对销售数据的分析和反馈，帮助渠道合作伙伴更好地了解市场需求和消费者行为，调整促销策略和方向，及时给予反馈和建议，帮助合作伙伴改进和优化促销活动。

不断创新促销方式，吸引消费者的注意力。可以尝试使用社交媒体、线上活动、限时优惠等方式与消费者互动，提升品牌知名度和销售额。

（3）与消费者互动的推广方式

①利用社交媒体互动。利用社交媒体平台与消费者进行互动，如发布有趣的内容、回答消费者的问题等。这样可以提升品牌形象，提高消费者对品牌的认知和好感度。

②用户生成内容（UGC）。鼓励消费者为品牌创造内容，如举办比赛、征集用户故事或照片等。UGC 不仅可以增加品牌曝光度，还能让消费者感受到参与感，从而建立更紧密的品牌关系。

③参与活动。组织线上或线下的活动，邀请消费者参与其中。这些活动可以是产品试用、礼品赠送、品牌体验等，通过与消费者的互动，增加品牌的口碑和影响力。

④引导口碑传播。通过提供优质的产品和服务，激发消费者口碑传播。可以主动引导消费者分享购买体验、评价产品，或者提供奖励机制来鼓励消费者口碑传播。

⑤定期调研和反馈。定期对消费者进行调研，了解他们的需求和反馈。并根据反馈做出改进，展示品牌对消费者意见的重视，增强消费者的信任和忠诚度。

⑥建立忠诚计划。建立忠诚计划，通过发放积分、优惠券等方式回馈消费者。这不仅可以增加消费者的参与度，还能促使消费者再次购买，并带来口碑传播。

（4）传媒推广方式

①广告投放。中小企业可以选择在电视、广播、报纸、杂志等传统媒体上进行广告投放，以增加品牌曝光度和传播力度。同时，也可以选择在互联网上进行广告投放，如搜索引擎广告、社交媒体广告等。

②媒体合作。与相关媒体建立合作关系，通过赞助、合作报道、专访等方式获得媒体曝光，提升品牌形象和认知度。

③公关活动。组织新闻发布会、产品发布会、赛事赞助等公关活动，借助媒体的报道和宣传，引起公众的关注和讨论，增加品牌曝光。

④品牌内容营销。通过撰写专栏文章、发布品牌故事、制作品牌视频等方式，将品牌的理念、价值观传递给消费者，提升消费者对品牌的认知度和情感认同。

软性文章是指非硬广告性质的文章，其目的是通过有趣、生动、富有吸引力的文字内容来传达品牌理念、价值观、文化内涵等信息，提升品牌知名度和美誉度。

在撰写软性文章之前，需要明确目标受众是谁，以及他们对品牌的认知和需求是什么，这样才能针对受众特点进行创作，抓住读者的心理需求。软性文章的主题要紧扣品牌特色，突出品牌文化、品牌理念和品牌形象，让读者能够深刻理解品牌与众不同的特点。软性文章需要有创意，既要引人入胜，又要表现出独特的品牌风格，可以运用幽默、夸张、比喻等手法吸引读者的兴趣，让读者留下深刻印象。软性文章需要传达品牌的价值观，让读者能够从中获得信息和启示，增强品牌的影响力和号召力。

⑤微信、微博等社交媒体营销。利用社交媒体平台建立品牌官方账号，发布优质内容，与用户互动，增加品牌关注度和粉丝数量。

在选择社交媒体平台时，应根据企业的营销目标和策略进行选择。例如，如果企业主要关注年轻人群体，则可以选择在微信、微博等平台上进行宣传和推广。

企业应该定期发布有趣、有价值的内容，吸引用户的注意力，并提高品牌知名度。这些内容可以包括新产品发布、行业动态、企业文化等。

企业可以通过社交媒体平台与用户互动，了解他们的需求和意见，如回复评论、发布调查问卷等。

⑥与关键意见领袖（KOL）合作。与有影响力的社交媒体“大V”、博主、网红等进行合作，借助他们的影响力和粉丝基础宣传品牌，扩大品牌影响力。

首先，中小企业需要明确自己的目标受众。通过分析产品或服务的特点和潜在消费者的特点，确定适合与之合作的对象。与选定的KOL建立联系，并向他们介绍自己的品牌和产品，展示与他们合作的机会和互惠互利的合作方式，如提供免费样品、优惠券、合作佣金等。其次，与KOL一起制订详细的合作计划，明确合作的内容、时间、方式和预期效果，企业可以与KOL共同策划推广活动、参与线上直播、发布产品评测或体验报告等。

企业要及时跟踪和监控KOL合作活动的效果，通过数据分析、用户反馈等方式评估其对品牌营销的贡献。根据评估结果进行调整和优化，进一步提升合作的效果。

⑦搜索引擎优化（SEO）。SEO是一种通过优化网站内容和结构，提高网站在搜索引擎结果页面中的排名，从而获取更多有机流量的策略。对于中小企业来说，SEO可以在品牌营销中扮演重要的角色。

关键词研究是SEO的基础。中小企业应该了解目标受众使用的关键词，并优化网站内容以包含这些关键词。这将有助于提高网站在搜索引擎中的排名，并与目标受众建立联系。

确保网站结构清晰、易于导航，以便搜索引擎能够有效地抓取和索引网页。中小企业应设计简洁的网页地址结构、创建有效的内部链接，并为每个网页添加准确的元标签和描述。

随着移动设备的普及，中小企业需要确保网站在移动设备上具有良好的用户体验。优化网站以适应不同屏幕尺寸，并提供快速加载速度，这将有助于提高搜索引擎排名并提升品牌形象。

将SEO与社交媒体相结合，可以增加品牌曝光和流量。中小企业可以通过分享网站内容、与受众互动以及积极参与社交媒体平台上的讨论来提升品牌知名度。

中小企业应该及时跟踪网站数据，并了解SEO策略的效果。通过分析数据，可以了解哪些策略有效，哪些需要调整，从而不断优化品牌营销的效果。SEO是一个长期的过程，结果可能需要一段时间才能显现。

（二）中小企业局部品牌策略

中小企业的规模和能力决定了它们不适合也不必要打造全国性的品牌。相反，它们可以利用地方媒体、客户关系、口碑营销等手段，建立针对特定市场的局部品牌，这样既节省成本，又能提高效果。对于处于创业阶段的中小企业而言，局部品牌更是一种有效的生存策略。

局部品牌的含义是该品牌在目标客户所在的区域或行业内，拥有较高的知名度和美誉度，而在其他地方或领域则不太出名。

具体来说，局部品牌可以有以下几种形式。一是地域性品牌，即在某个省份或城市内广为人知，但到了其他地方就鲜有人问津。例如，一些地方特色的酒类、烟草、食品等品牌。二是行业性品牌，即在某个专业领域内有较高的知名度，但在其他领域则不太被关注。例如，一些专门制造特殊设备或提供专业技术的企业。三是细分性品牌，即针对某个地域和某个行业的特定需求而提供解决方案，一般只有目标客户有所了解，如一些定制非标准设备或工具的企业。

中小企业可以通过与当地政府、媒体、商会等相关机构合作，提高品牌知名度；同时，可以通过参加当地的展会、商贸活动等，扩大自己的影响力；在宣传方面，可以结合当地文化和特色进行品牌宣传，提高品牌的认知度。

在自己擅长的业务领域内，中小企业应注重服务质量、产品创新和技术研发，通过优秀的产品和服务逐渐提高品牌的知名度。同时，可以利用各种渠道，如网络营销、口碑传播等，向更多的潜在客户宣传自己的品牌。

在解决特定地域的某个具体问题方面，中小企业需要注重技术创新和解决问题的能力。通过成为该地区该领域最佳的解决方案提供商，逐渐建立起品牌的知名度和美誉度。

（三）中小企业网络品牌策略

1. 网络品牌营销优势

传统营销是最基础的营销方式，互联网营销是在此基础上进行的创新和升级，随着互联网与生活的进一步融合，企业品牌营销必然会越来越重视网络品牌营销。对于中小企业来说，将网络品牌营销和传统品牌营销相结合，可以实现资源的优化配置，提高企业的品牌营销效率和效果，同时也节省了人力、物力和财力的投入。网络品牌营销相比传统品牌营销有以下几点优势。

（1）品牌营销方式的改变

传统的品牌营销模式需要投入大量的时间和金钱用于完成品牌的策划、制作、宣传、维持和改进等环节。这种模式在互联网时代已经难以适应市场的变化和需求。网络品牌营销充分发挥互联网的优势和资源，将产品设计、开发和更新换代等各个环节与互联网紧密融合，并有效发挥互联网的优势，运用自身的资源来提高品牌扩展的效率，形成新的品牌营销模式。

（2）市场调研的便利化

市场调研是企业制定品牌战略必不可少的一步。企业要了解消费者的需求，才能制定出适合的市场营销策略。传统的调研方法是通过大量的人力物力，利用各种途径，如上门访问、打电话、发放问卷等，来收集消费者的基本信息，如所在地区、年龄段等。然后根据这些信息来制订产品生产计划。但是这种方法有一个弊端，就是调研对象往往是被动的，所以他们提供的需求信息可能不够真实和准确。相反，网上调研的参与者都是主动参与的，且匿名的形式给予了他们安全感，使他们更容易表露自己的真实想法和需求，所以网上调研只需要少量的成本就可以获得更真实和准确的需求信息，这样企业就可以更好地制定品牌战略。

（3）减小强势品牌形成的压力

互联网对传统强势品牌的影响主要体现在三个方面。一是宣传优势的削弱。互联网具有高效、广泛、生动、低成本的传播特点，且能够快速渗透空间，能够强势地突破市场壁垒，加入竞争行列，这就让企业能够在平等和开放的环境下进行平等的竞争。互联网营销的优势和特征让很多通过传统营销建立优势的品牌感受到了危机，地位受到威胁。二是强势品牌的价格优势逐渐消失，互联网的开放性让消费者接触到了更多的同类型产品，消费者可以通过价格和质量对比寻找更合适的商品，强势品牌在传统营销模式下通过推广建立起的优势受到了挤压，因而无法再保持较高的利润和较大的市场份额，他们也必须面对激烈的价格竞争。三是建立了新的渠道优势。互联网营销可以利用网络高速、高效、高质量的特点，快速建立起新的销售渠道，展示出商品的独特魅力，吸引更多的消费者。传统营销中，品牌优势和渠道优势往往是相辅相成的，但在互联网中，品牌优势可能会被渠道优势所取代。因此，互联网营销需要不断创新和优化渠道策略，以适应市场的变化。

（4）对传统品牌营销推广模式的冲击

一方面，网络空间的无限扩展性和双向沟通性使得网络广告可以不受空间篇幅的限制，将重要的信息充分展示给受众。企业可以通过新媒体形式与目标客户进行交流互动，既能节省宣传费用，又能提高宣传推广效果。企业还可以通过网络及时了解顾客对推广方式和内容的意见，从而有针对性地改进。另一方面，网络广告的效率也很高。例如，有些公司可以收集用户的购买行为信息，根据信息分析出用户的消费习惯和倾向从而调整自己的广告推送策略，进行个性化的信息推送；有些公司可以根据访问者的标签有针对性地展示广告，这样可以提高品牌营销的效果，降低品牌营销的成本。

2. 中小企业网络品牌营销手段

对于中小企业而言，网络营销最有效的手段是建设企业网站和打造网络品牌，这也是品牌价值提升的有效手段。

（1）利用互联网打造网络品牌，推进中小企业品牌营销

网络品牌的建设为企业与消费者搭建了基于互联网的接触渠道。打造网络品牌就是在互联网上扩大品牌的影响力，让更多的消费者了解该品牌，通过流量吸引更多的人访问品牌网站，从而逐渐塑造起自身的品牌形象，培养目标用户群体，加大销售量，形成品牌优势，让消费者产生愉快的网上购物经历并形成对品牌的信赖和喜爱。

随着互联网深入人们生活的方方面面，人们越来越习惯通过网络获取信息，网络品牌也具有了发展的动力，甚至有了与传统强势品牌竞争的实力。随着人们对网络认识的加深以及互联网营销信息的不断增加，网络品牌也建立起了自己的口碑和品牌形象。很多传统品牌也开始在网络营销领域发力，网络品牌与传统品牌的结合使得品牌的价值得到了大幅度提升。“钻石型品牌”的概念也诞生了——价值极高的整体品牌。对于中小企业而言，网络品牌建设的最终目的是建设“钻石型品牌”，实现整体品牌营销战略。

中小企业想要在网络上打造自己的品牌，首先需要明确自己的核心承诺，这个承诺要能够体现出企业的独特价值，并且能够满足目标客户的需求和喜好。例如，可以承诺提供便捷、有成就感、有趣、个性化或者有归属感的产品或服务。其次，网络品牌不仅要做出承诺，还要兑现承诺。网络品牌的优势在于利用互联网这一新媒体的强大互动功能，实现快速、可信、方便和有利可图的承诺兑现，从而形成规模效应和竞争优势。因此，承诺要转化为具体的互动方式，网站设计要为消费者提供流畅、舒适的购物体验。最后，为了吸引和留住消费者，中小企业应该提高服务质量的水平。企业应该避免使用标准化或机械化的方式来处理用户的咨询与反馈，而应该在短时间之内给出有针对性的解答，这样才能提升用户

的信任感和忠诚度。此外，网页应该设计得简洁、美观、方便；网站上展示的信息应该准确、可靠、及时更新。

（2）利用互联网创建企业品牌的网站，推进中小企业品牌营销

网站是企业重要的营销渠道，利用网站企业可以建立与顾客的联系，也能获取市场信息。企业网站不仅要精美，还要重视自身吸引力的提升，企业网站的核心任务就是吸引流量，同时通过网络营销手段实现品牌的推广。顾客在网站上所获得的体验影响着顾客对品牌的联想和信赖感。企业网站可以向顾客传递品牌信息，让顾客产生一定的联想，从而辅助其他品牌内容的传播。中小企业的品牌网站建设必须重视以下几点。

①创造良好的个人体验。网站页面要简洁、使用要流畅、操作要简单，让用户产生积极的访问和使用体验；网站信息要有价值；网站设计要有互动性和个性，信息要实时更新；网站的设计应该简洁、直观，让用户能够快速找到他们所需的信息；使用清晰的导航栏和标签，避免过多的广告或干扰性元素；确保网站能够适应不同设备的屏幕尺寸，包括台式电脑、平板电脑和手机，这样用户无论使用什么设备，都能够正常浏览和操作企业的网站；优化网站的加载速度对于提供良好的用户体验至关重要，可以使用压缩图片、浏览器缓存和最小化代码等技术手段来提高网站的加载速度。网站要提供用户反馈的渠道，如联系表单、在线聊天或客服电话等，以便用户能够随时与企业进行沟通和交流；可以将网站与社交媒体平台整合，方便用户分享和推广企业品牌；确保网站采取必要的安全措施保护用户的个人信息和交易安全，如可以使用网络连接加密、安全插件和强密码等方式来提高网站的安全性。

②符合品牌定位。网站设计要符合自己的形象定位以及目标客户群体的喜好。因此网站建设前期的主要工作之一就是了解目标人群的特征，包括性别分布、年龄分布、受教育水平等，从而针对访问者的喜好建设网站形象。网站上的信息以及营销活动也要满足消费者的心理需求。在网站设计中，应该使用符合品牌形象的色彩和字体，如果品牌形象是时尚、年轻、有活力的，那么可以采用明亮、鲜艳、富有活力的色彩和流畅、大胆、有活力的字体。中小企业在网站设计中，应该通过网站的设计风格、图片、标语等突出品牌个性特点，体现自己的独特之处；强化品牌传播，让更多的人知道自己的品牌，可以在网站上增加一些社交分享功能，让用户方便分享网站内容，并且可以通过其他渠道进行品牌宣传。

③多元化推销。网络品牌建设要联合企业的各种媒体资源进行全线推广，实

施全方位的营销。同时还要重视对传统媒体的运用，实现多种品牌信息的协调性推广。中小企业可以通过在社交媒体平台上开设账号、发布内容、与客户互动等方式，将品牌传播到更广泛的受众群体中去；通过对企业网站进行优化，提高其在搜索引擎中的排名，从而吸引更多的潜在客户访问企业网站；通过创建博客、发布视频和音频等方式，提供有价值的内容，吸引目标受众的关注，并增加品牌知名度；可以通过参展、赞助和举办活动等方式，在线下接触潜在客户，提高品牌认知度和客户好感度；通过发表新闻稿、与媒体合作报道等方式，提高品牌曝光度和公信力，吸引更多的潜在客户。

④成为忠诚顾客的家。品牌忠诚顾客对于品牌而言重要性远超销量。顾客的忠诚度会对企业成员和合作方产生积极的影响。忠诚顾客因为对产品和品牌的信赖和喜爱，可以成为品牌推广的重要成员，因此网站建设要重视忠诚顾客的体验。提高顾客忠诚度的根本是提供优质的产品和服务，企业首先要确保自己的产品或服务能够满足顾客的需求，并提供超出期望的体验。企业在建立网站时要注重用户体验设计，确保网站易于导航、加载速度快，并具有直观而吸引人的界面；在网站上提供社交分享按钮，鼓励顾客将自己的购买经验分享给他人。企业应利用互联网的便利性，与顾客建立更紧密的联系，通过电子邮件、社交媒体和其他渠道向顾客发送个性化的营销信息，并回应他们的反馈和问题，与顾客保持沟通，增加他们与品牌的互动。同时，企业应密切关注社交媒体上与自身品牌相关的讨论，积极回应顾客的评论和反馈；设立奖励计划或会员制度，激励顾客保持忠诚，让顾客感受到与品牌的关联；建立良好的客户服务体系，确保顾客的问题得到及时解决，提供多种联系方式，如在线聊天、电话支持和电子邮件支持，以便顾客能够随时获得帮助；保持对市场和顾客需求的敏感，并不断改进和创新，根据顾客反馈和市场趋势调整和优化网站和产品，以满足顾客的期望，并保持竞争优势。

中小企业要想在市场上获得竞争优势，就必须注重品牌营销的策略。品牌营销不仅包括传统的方式，如广告、展会、公关等，也包括利用互联网平台进行的方式，如网站、社交媒体、电商等。传统营销方式能帮助中小企业进行初期的品牌建设和形象提升，互联网营销则能帮助中小企业拓展品牌影响力和市场份额。两者相辅相成，中小企业就能进行全方位的营销推广，从而建立起长远发展的基础。因此，中小企业必须探索传统营销与网络营销的结合方式，形成一套完整的品牌营销体系，从而在当前和未来的市场竞争中取得优势。

四、中小企业品牌资产管理

品牌建设的目标如提高品牌知名度、品牌核心价值、品质认可度、品牌联想度、品牌溢价能力、品牌忠诚度等。品牌建设者应该在每一个环节上做出有利于品牌的决策和行动，从而使品牌资产日益增加和丰富。

品牌不仅仅是一个名称或标志，它是一个由多个要素构成的整体，能够为消费者和企业带来双重的价值。消费者价值是品牌资产的基础，消费者能够从品牌资产中获得需求的满足，从而提高对品牌产品的忠诚度和推荐度，进而为企业创造更多的收入和利润。

品牌资产管理的关键是在品牌建设的全过程中始终保持品牌的核心价值不变，将此作为品牌建设的方向，使企业的发展战略和营销活动紧密围绕品牌的核心价值展开，不受外界因素的影响和干扰。

中小企业要想在品牌建设上取得成功，就需要对品牌资产进行有效的管理。品牌资产管理包括以下几个方面。

一是做好品牌的延伸决策，根据市场需求和竞争形势合理地推出新产品，增强品牌的活力和吸引力，扩大品牌的影响力和收益。中小企业在进行品牌延伸时，首先，要确保延伸产品或服务与核心品牌价值和定位相符，以保持品牌的一致性；其次，需要评估延伸带来的风险和机会，并进行市场调研和竞争分析，以确定最具潜力的延伸方向；最后，要制定明确的市场推广策略，提高新产品或服务的市场认知度和接受度。

二是制定品牌资产的长期规划，从品牌知名度、品牌忠诚度等不同方面建立品牌的核心价值和竞争优势，保持品牌的稳定性和持续性。首先，要确立明确的品牌愿景和定位，明确品牌的核心价值和差异化优势；其次，要建立品牌管理团队，负责监测和管理品牌活动，确保品牌的一致性和形象的维护；此外，要建立品牌管理系统和流程，采用品牌标准手册、品牌指南等，以规范品牌使用和管理。

三是不断改善和创新品牌，针对市场变化和竞争压力，对品牌的产品功能、技术创新、传播信息和方式、销售渠道、管理等进行审视和更新，提升品牌的适应性和领先性。要关注消费者的反馈和需求，及时调整和改进产品或服务，以提升品牌体验和满意度；要密切关注市场趋势和竞争动态，及时进行品牌创新，引入新的产品或服务，以保持品牌的活力和竞争力。

四是制定品牌的长期传播规划，包括未来几年内的广告投放策略、促销方案、传播方案等，形成品牌的独特风格和声音，增强品牌的沟通效果和影响力。要制定品牌传播策略，包括广告、宣传、公关等多种传播方式，以提高品牌知名度和认知度；选择合适的传播渠道和媒体，根据目标市场和受众特点进行精准投放；同时，要定期评估和监测传播效果，及时调整和优化传播策略。

五是规划和管理新品牌，根据市场机会和发展方向设计和推出新品牌，丰富品牌的内涵和外延，拓展品牌的市场空间。先确定新品牌的定位和目标市场，并与核心品牌进行差异化定位，避免品牌之间的竞争和混淆；要进行全面的市场调研和竞争分析，了解目标市场的需求和竞争格局，为新品牌的推广和营销提供依据；制订详细的新品牌推广计划，包括品牌宣传、渠道选择、定价策略等，以确保新品牌的成功推出。

中小企业的品牌建设策略涵盖了品牌建设的各个阶段，以及每个阶段的具体措施。企业应该根据自己的实际情况制定适合的策略，而不是盲目地追求绝对正确的标准。只有适应了环境和条件，策略才能发挥作用。

第六章 中小企业的整合营销传播

本章的主题是中小企业的整合营销传播，分为四节，分别是整合营销传播概论、中小企业整合营销传播的规划阶段、中小企业整合营销传播的预算分析与环境分析、中小企业整合营销传播的方法与媒介选择。

第一节 整合营销传播概论

一、整合营销传播的概念视角

1964年营销学大师杰罗姆·麦卡锡（Jerome McCarthy）提出4P理论，即运用产品（product）、渠道（place）、价格（price）、促销（promotion）四个因素构建营销策略组合。其中，最后一个环节promotion（最初直译为“促销”），即企业通过短期措施（如降价、买赠）吸引其他品牌的消费者或导致提前消费来促进销售的增长。[①]这一通过短期活动来“传播”产品信息的理念，便是“营销学”框架下“整合营销传播”的早期概念雏形。随着营销实践的不断深入、媒体技术的日新月异，20世纪末21世纪初学者们开始从各个角度探索整合营销传播的定义。

（一）策略整合的角度

策略整合视角下概念的界定，是整合营销传播最初始也是最本质的概念。其内容是整合广告、促销、公共关系等各方面的营销策略并有机结合，从而让营销策略具备各种营销方式的优势，从而实现与目标客户的全面沟通。

整合营销传播由两个观念组成，即可执行的整合，指想法上的整合，是把所有与营销有关的活动加以整合，从战略的视角进行协调，以扩大营销的效率和效果。[②]

---

① 佩罗特，麦卡锡．营销学基础：全球管理方法[M].9版．北京：中国财政经济出版社，2004.

② 思议．整合营销传播：IMC[J].化工管理，2001（1）：40.

（二）聚焦受众的角度

聚焦受众视角下概念的界定，是从传播对象的角度对整合营销传播进行定义：从受众群体的需求、购买习惯和信息接受的媒介等方面出发，同时分析受众群体感知对象、认知事物和接受事物的心理过程，从而制定相应的整合营销策略。代表性的概念如下。

1996 年，美国西北大学赞助的第 3 届整合营销传播年会上提出的关于整合营销传播的定义涵盖了五个方面：整合营销传播是一个对现有顾客和潜在顾客发展和实施各种形式的说服性沟通计划的长期过程；顾客决定沟通方式；所有和顾客的接触点必须具有引人注目的沟通影响力；技术使与顾客的相互作用成为可能；亟待测试营销沟通结果的新方法。①

2001 年，“整合营销传播之父”唐·舒尔茨（Don Schultz）提出了 5Rs 框架：回应（responsiveness）、相关性（relevance）、感受（receptivity）、识别（recognition）、关系（relationships）。阐述了一个全新的整合营销传播五要素，由此，整合营销传播理论已经发展为以整合观念和传播手段为核心的全面整合的新管理范式。②

（三）流程模式的角度

流程模式视角下概念的界定，从整体制定与运营过程的视角来定义“整合营销传播”，即将整体过程看作一个有机的总体，各个环节互为关联、相互影响，并且引入“反馈”与“改进”的控制论理念。代表性的概念如下。

1993 年，美国圣地亚哥大学市场营销系主任乔治·贝尔奇（George Belch）教授和迈克尔·贝尔奇（Michael Belch）教授一起合作出版了《广告与促销：整合营销传播视角》，其将整合营销传播的思想融入对广告与促销活动的探讨中，并提出以“广告与促销”为核心思想的整合营销传播促销流程理论模型，内容主要包括营销计划回顾、促销方案态势分析、传播方案分析、预算决策、发展整合营销传播方案、整合与执行营销传播战略以及监控方案。③

2000 年，舒尔茨提出：“整合营销传播是业务的战略过程，可以利用此过程设计、发展、执行以及评估品牌传播方案，此方案对于消费者、客户和其目标中

---

① 常志有 .IMC：营销传播新方式 [J]. 商业研究，2000（7）：26-27.

② 沈渊 . 整合营销传播 5Rs 及其现实意义 [J]. 商业研究，2003（17）：97-98.

③ 欧詹宁 . 广告学 [M]. 大连：东北财经大学出版社，1998.

的或有关的内部及外部观众来说，通常应该是可以协调权衡的，且具有说服力。”①

（四）关系利益人的角度

关系利益人视角下概念的界定，即将“目标顾客”的传播受众群体扩展到“关系利益人”的传播受众群体，即不仅以目标顾客群体为传播对象，不局限于阶段性的营销目标导向，关注的是整体形象与“软环境”的长期运营。代表性的概念有以下几种。

舒尔茨于1997年对整合营销传播提出的定义：“整合营销传播是企业长期针对消费者、顾客、潜在顾客及其他内外部相关受众，发展、执行并评估可测量的说服性传播计划的策略方法。”②

学者申光龙在2001年提出，整合营销传播是指企业在经营活动过程中，以由外而内（outside-in）战略观点为基础，为了与关系利益人进行有效的沟通，以营销传播管理者为主体所展开的传播战略。③

二、整合营销传播的概念界定

综上所述，本书将整合营销传播定义为在变化的市场环境中，基于目标市场受众与利益相关者的分析，进行沟通信息的设计，运用多样的信息传播方式，整合丰富的信息传播接触点，同时对传播效果进行评估监控以不断循环改进，从而实现低成本、高效率地支持营销战略目标达成的战略规划与策略实施。定义整合了以下四个视角。

（一）策略整合视角

整合营销传播策略要运用多样化的信息传播方式（包括广告、人员推销、销售促进、公共关系、直销等），并整合丰富的信息传播接触点（包括大众媒体、网络媒体、新媒体等各式各样的品牌接触点）；除此之外，整合营销传播策略中包含沟通信息的设计，即如何通过包括文字、图片、音乐、门店、场景、故事等不同要素整合的传播内容设计，以符合目标受众认知的方式准确而又丰富地表达品牌的理念、演绎品牌的形象。

① 舒尔茨，凯奇．全球整合营销传播[M]．北京：机械工业出版社，2011．

② 舒尔茨，凯奇．全球整合营销传播[M]．北京：机械工业出版社，2011．

③ 申光龙．整合营销传播战略管理[M]．北京：中国物资出版社，2001．

（二）聚焦受众视角

整合营销传播策略的设计需要适应变化的外部环境，以在竞争的市场环境中顺应时代并给客户留下印象；同时整合营销传播策略设计需要依据目标市场受众的特点，因为进行整合营销的目的是吸引受众、说服受众，从而达到价值交换的营销目的。

（三）流程模式视角

整合营销传播策略的实施过程中，需要进行传播效果的监测与评估，包括对市场表现、顾客认知、品牌资产等各个方面、各个层面传播效果的评估，以进行不断的改进与优化。同时，整合营销传播策略强调成本的预测与控制，进行信息传播方式和传播渠道“整合”最主要的原因之一便是费用使用的“效率”，即在达到营销目标的前提下，争取以更低的成本与消费者沟通。

（四）关系利益人视角

整合营销的传播客体不仅局限于目标消费者群体，须扩展到“关系利益人”的范畴，即在相应的市场环境下，将包括消费者、顾客、潜在顾客、公众、内部员工、股东、银行、媒体、供货商、社区等在内的群体作为传播对象，并基于此进行策略组合的设计与实施。

整合营销传播策略的出发点与最终目的是支持组织整体战略目标、营销战略目标的达成。而整合营销活动是在企业整体战略与市场战略的框架下进行的策略性规划。

第二节 中小企业整合营销传播的规划阶段

一、中小企业整合营销传播战略

（一）中小企业整合营销传播战略规划

中小企业在开展经营活动的过程中，为了与利害关系者进行有效的沟通，需要以营销传播管理者为主体展开整合营销活动。整合营销传播战略的规划与管理则为具体的整合营销传播活动设计定方向、定阶段、定方法，以确保所有活动的整体效果，实现整合营销传播战略的目标。同时，整合营销传播战略作为企业战略系统的一部分，又需要与企业其他各项战略协调配合，以使企业各项活动都能与企业整体战略目标相统一。

整合营销传播目标的设定起着重要的桥梁作用，在整合营销传播活动策划伊始便需要明确目标（mission）。整合营销传播的目标设定包含三大方面内容：在什么时间、针对什么人群、达到怎样的传播效果。

运用整合营销传播目标矩阵，有助于中小企业明确组织整合营销传播的目标。该矩阵由两个维度组成，横向是传播对象，纵向是传播目标。传播对象即整合营销传播活动的受众——目标市场消费者，他们有购买的能力、购买的欲望，或许已经购买；潜在消费者，他们暂时不具备购买能力或者购买欲望，或者暂未采取购买的行动；利益相关者，与本企业有利益相关的群体，如上游的供货商、下游的中间商、社区居民、行业、政府、银行、媒体；公众，他们的观点构成了舆论，公众涵盖了以上所有的群体，但也可能并不购买产品，也不是利益相关者，他们会关注、讨论、传播相关的产品或品牌的信息。因此，在整合营销传播目标设定的时候，需要先明确此次整合营销传播活动的受众范围，即传播对象。

（二）中小企业整合营销传播基本战略

整合营销传播战略的三种基本战略分别是拉式战略、推式战略和侧翼战略。这表明，工业品营销的重点不是产品的营销，而是吸引最终客户、渠道方和利益相关者参与营销。组织购买决策的制定要重视团队的需求，这个过程的参与者有很多，每个人都在购买过程中起到一定的作用，他们接触到的营销信息也是不同的。因此中小企业要针对不同的用户制定有针对性的沟通策略。

推式和拉式战略侧重的沟通对象和方式有所不同。推式战略是一种通过营销渠道向最终消费者传递产品的方法。这类营销活动的目标用户是渠道成员，目的在于让他们更多地选择自己的产品并努力向消费者推销。这种战略的优点是可以加快产品的流通速度，提高市场占有率，提高品牌知名度。拉式战略的制造商开展的市场活动主要是投放广告和向消费者推广，且指向最终消费者，通过传播活动的吸引力来促进消费者主动购买。

如果推式战略奏效，分销渠道成员持有产品并推销给最终消费者。如果拉式战略奏效，消费者将向渠道成员索取产品，渠道成员转而向制造商索取产品，在拉式战略作用下，消费者通过渠道网络“拉”动产品。一些产业市场的中小企业只采用推式战略，另一些直销公司则只依靠拉式战略。当然更多的企业同时采用这两种战略。一些企业的惯用手法便是利用大众媒体广告和消费者推广拉动渠道对产品的需求，同时，通过大规模的销售团队和交易推广推动产品在渠道系统内的传送。

在消费品零售领域，中小企业同样可以将整合营销传播的方法分为推式战略、拉式战略、侧翼战略：首先，推式战略是指通过渠道的力量，积极介绍和推广产品，如在终端派驻销售人员面对面地向消费者介绍与演示产品，又如给予中间商诱人的利益回报刺激其更积极主动地介绍产品；其次，拉式战略是指通过影响最终消费者，引起其对产品的好感和购买欲望，如运用广告演绎产品的使用和体验，或者在终端进行促销活动，从而引起末端消费者对产品的兴趣和购买欲望；最后，侧翼战略是指通过营造软环境，提升产品在公众心目中的知名度、美誉度，如运用广告树立企业的整体形象，又如通过赞助活动、公益活动来增强公众对产品的好感。

（三）中小企业整合营销传播战略决策

中小企业要想实现整合营销战略的成功，必须设计出有效的传播策略。策略制定者要站在企业的角度，将企业自身的发展与利益相关者的特征相结合，形成有效的传播策略。市场营销工作者要通过具有全面性的传播方案有效整合企业的各种营销手段，针对营销需求制订实施方案，从而节约营销资源，减少不同部门营销工作的重叠，提高营销效果。

中小企业要设计整合营销传播策略，需要遵循三个步骤。首先，要明确传播的目标和对象。这要根据中小企业的不同类型，分析利益相关者的需求和关注点，做到平衡。其次，要选择传播的媒介工具。要考虑利益相关者的媒介使用习惯和媒介的特性，确定在哪些媒介上使用哪些宣传方式。最后，要合理分配传播的资源。中小企业的资源有限，在预算固定的情况下，为了实现整合传播的最佳效果，需要合理地安排在哪些媒介上、使用什么样的广告、在什么时间段进行投放。

传播的目的可以是提高品牌知名度、增加销售量、改善企业形象等，只有明确目的，企业才能更好地制定传播策略和评估传播效果。了解目标受众的特征和需求是制定有效传播策略的关键，中小企业可以通过市场调研和数据分析等方式获取有关受众的信息，包括年龄、性别、职业、兴趣爱好等，根据这些信息制定相关的传播内容和选择适当的传播渠道。

中小企业在选择传播媒体工具时，需要考虑目标受众的媒体使用习惯和偏好。例如，如果目标受众主要使用社交媒体，企业可以选择在社交媒体平台上进行传播；如果目标受众更多地关注行业媒体，企业可以选择在行业媒体上发布相关内容。此外，中小企业还可以考虑利用多种传播媒体工具的组合效应，如结合线上和线下媒体，以提高传播效果。

传播资源包括人力、财力和时间等。中小企业应根据传播目的的重要性和受众的需求来确定资源分配的优先级。有限的资源需要在不同的传播渠道和活动之间进行合理的分配，以确保达到最佳的传播效果。

中小企业要减少同一宣传渠道上的重复操作，应该评估企业现有的营销资源，包括人员、财务和技术等，确定哪些资源可以共享和整合使用，以减少不同部门在同一宣传渠道上的重复操作；整合不同部门的传播策略，确保它们相互协调一致，建立一个统一的传播策略框架，包括目标受众、关键信息和传播渠道等方面的统一规划；建立跨部门的团队合作机制，促进信息共享和协同工作，通过定期举行会议进行沟通、创建协作平台等方式，确保各部门之间的合作和协调；评估企业当前使用的各种线上和线下渠道，根据目标受众和传播策略的要求，整合选择最有效的渠道，并确保它们互相衔接、协调运作；建立数据收集和分析机制，通过数据来评估不同营销手段的效果并指导决策，优化整合营销传播战略，减少不必要的重复操作。

二、中小企业整合营销传播战略的竞争战略协同

将企业竞争战略的制定、核心竞争力的识别，与整合营销传播战略的制定相结合，具有辨识度、记忆度、话题度三方面的意义。

（一）辨识度

竞争战略有助于在战略层面和操作层面提升整合营销传播活动的辨识度。同质化的竞争结果将是无止境的价格战直到把对手淘汰出局，这样的过程中双方的损失都很大，也不利于给消费者树立正面的品牌形象。而相对差异化的竞争战略则针对不同的细分市场或提供差异化的产品功能，竞争双方能通过不同的核心竞争力有效区分市场，从而在竞争中共生。也就是说，中小企业应从竞争对手的角度思考如何识别产品的亮点和特点、如何在同行中间脱颖而出、如何在诸多同品类广告与活动中夺人眼球，甚至直击竞争对手的弱点。

（二）记忆度

对竞争战略的正确制定与贯彻、对核心竞争力的清晰识别，相当于给中小企业品牌加上了个性标签，能够为消费者提供一个明确的记忆点。消费者对某一特

定类别事物的记忆容量是有限的，大多消费者只会记住一个行业里规模最大的、最特别的3～7家代表企业。这时，如果中小企业能有效地向公众传播独有的竞争优势，就容易被消费者记住。

（三）话题度

竞争战略有助于中小企业提升整合营销活动的话题度，即引发关注、引起讨论。由于互联网社交媒体带来的传播便利性，中小企业成功的、受消费者喜爱的营销活动很容易被用户分享形成多次传播。如果企业能够基于自己的竞争优势设计营销传播活动，用户在参与中就能体验到品牌独特的价值，由此引发消费者持续的关注和喜爱。

因此，中小企业整合营销的目标设定、活动设计、预算制定等方面的内容都需要与竞争战略相匹配，突出企业的竞争优势。举个例子，如果中小企业采用的是总成本领先的竞争战略，核心竞争力是价格优势，在整合营销传播活动中就应突出性价比高的概念，活动设计可以多考虑线上活动、新媒体传播的形式，这样在预算上能较好地控制成本。通过这种竞争战略和整合营销传播战略的协同，利益相关者就能对中小企业的竞争优势和独特价值有更好的了解。

三、中小企业整合营销传播战略的营销战略协同

中小企业的营销战略最关键的就是明确了营销的对象和产品在营销对象心中的定位。营销对象同样也是整合营销传播战略的目标受众，市场定位的传达更需要整合营销传播的手段来加以辅助，因此，整合营销战略的规划同样不能脱离中小企业的营销战略。

营销战略对于整合营销传播战略制定的意义在于明确目标受众、识别产品卖点、建立心智定位。

明确目标受众是营销战略对于整合营销传播活动重要的影响点之一。通过市场细分，营销战略明确了中小企业的目标顾客群体，而这群目标顾客，便是整合营销活动的主要传播对象，媒体组合的选择、内容演绎的方法将以这个群体为中心开展。

识别产品卖点是中小企业营销战略中对顾客需求的识别与确认，对整合营销传播活动的策划有重要的借鉴意义。产品卖点从顾客需求角度出发进行思考，其中顾客最迫切的需求是俗称的“痛点”。在宣传策划中，中小企业能否准确识别与把握产品的“痛点”，是整合营销传播效果的重要决定因素。

建立心智定位是由中小企业营销战略中的“定位”所决定的，对整合营销传播对象的心智把握有重要的作用。营销战略“定位”与整合营销传播活动中的“内容”设计、“媒体”组合等策略密切相关，即中小企业如何吸引受众的注意、打动受众的心，从而在消费者心中占据一个位置。

四、中小企业整合营销传播战略的品牌战略协同

品牌战略不仅要关注品牌开发与塑造、品牌架构等自身的建设与营销，还要重视品牌与受众的互动管理与维护，如品牌与消费者的互动、品牌与员工的互动等。在这种互动中，整合营销传播战略起到了十分重要的支撑作用。同时也要注意，企业不同的营销活动必须在战略方面与整体品牌一致。具体而言，中小企业要制定有效的整合营销传播战略，首先要明确品牌的定位，其次要分析品牌的目标受众，找出他们的接触点，掌握他们的信息接收习惯和方式，最后要设计出符合品牌调性和受众喜好的整合营销传播活动，以便精准有效地传达品牌理念和价值。

为了实现品牌战略和整合营销传播战略的一致性，中小企业需要考虑两个方面的问题。

第一个方面是如何提升受众的认知度和忠诚度。受众的认知度和忠诚度是衡量整合营销传播效果的重要指标，而品牌是影响受众认知度和忠诚度的关键因素。因此，中小企业需要制定符合自身特点和目标的品牌战略作为整合营销传播的指导原则。通过整合营销传播工作，企业能够将品牌信息传达给更广泛的受众，无论是通过广告、社交媒体、公关活动还是其他渠道。整合营销传播可以确保品牌的一致性和连贯性，从而提高品牌的知名度。整合营销传播工作可以帮助企业塑造积极、一致的品牌形象。通过一系列协调一致的传播活动，企业可以向消费者传递特定的价值观、个性和承诺，从而塑造出独特的品牌形象。

第二个方面是如何建立和管理有效的品牌接触点。品牌接触点是指受众与品牌发生互动的场景和渠道，是传递品牌价值和形象的重要途径。中小企业需要根据品牌战略，识别和构建适合自己的品牌接触点体系，实现与受众的有效沟通和互动。具体来说，中小企业首先需要通过市场调研、竞争分析等手段，全面了解自身品牌的接触点情况，包括线上线下的各种渠道和媒介，如品牌网站、社交媒体、电视广告、促销活动等。通过深入了解这些接触点，企业可以确定哪些是最适合目标客户群体的，并且针对不同的接触点制定相应的营销策略。其次企业需

要将这些接触点整合成一个有机的体系，这个体系应该能够让客户在不同的接触点上获得一致的品牌形象和信息，从而提高受众对品牌的认知度和忠诚度。在这个过程中，企业需要考虑如何使各个接触点之间实现有机衔接，如何保持品牌形象的一致性，以及如何提供高质量的品牌体验等。

第三节　中小企业整合营销传播的预算分析与环境分析

一、中小企业整合营销传播的预算分析

（一）销售额比例法

销售额比例法是一种最为流行的经验方法，其魅力在于简单易行。公司只需要根据过去或未来销售额的一定比例来确定费用。采用这种方法的公司基于上一年的销售收入或下一年的预期销售收入制定下一年的预算。

之所以采用这种方法制定预算，一个主要原因是它简单方便，以销售收入一定的百分比作为预算比较容易确定，适合中小企业使用。但这种方法也有问题：第一个问题是，中小企业在市场预估上的能力有限，所以这种预算的变化可能与所需的背道而驰，也就是说，销售额上升时，传播预算也会随之增加，销售额下降时，传播预算也会随之减少，但在大多数情况下，传播预算应该朝相反的方向变化才对，这就是说，在销售额下降时应该增加预算，以扭转销售额下降的趋势，销售额上升时，可能也没必要增加传播预算；第二个问题是，受制于中小企业的管理结构，这种方法没有根据特定需要或针对竞争压力来分配资金，因此，许多营销专家认为，销售额比例法往往弊大于利。

（二）支出计划法

支出计划法是指设定广告与销售收入或市场份额的比例，这种方法通常把更多的预算分配于产品初期，以获得后期回报：中小企业可以通过在新产品上市之初配置更多的资金来建立起品牌认知和品牌资产；然后，随着品牌逐渐被接受、销售额不断增加，维持一定增长所需的广告支出比例就会降低；同时，这种预算方法基于门槛效应原理和报酬递减法则；如果达到最大临界点，企业就不应继续投入广告资金，否则只会带来报酬递减；这时，企业可以通过更有效的营销支出

来保持品牌认知和品牌资产；此外，中小企业应该有的放矢，针对特定的细分市场和目标顾客群进行促销和广告，而不是一味地增加营销支出。因此，支出计划法与销售额比例法都是基于销售收入来制定整合营销传播预算的，但不同之处在于这种方法更灵活、更具有柔性、更符合传播的规律，但执行起来比前一种烦琐一些。

（三）目标及任务法

还有一种制定预算的方法是目标及任务法：中小企业的管理层首先列出下一年要实现的所有目标，然后计算实现每个目标所需的成本，再将所有这些估算的成本相加，就得出了传播预算。许多营销专家认为，目标及任务法是制定预算的最好方法，因为它将成本支出与特定的目标和任务联系了起来。采用目标及任务法制定营销预算的中小企业与采用销售额比例法的企业比例大致相当。设计周详的广告计划通常运用目标及任务法，一开始就设定广告目标，并明确为实现目标所必须完成的任务，随后，管理者决定完成每项任务所需要的成本，加起来即可得到总预算，同时，该方法常常与调查研究法联合使用。

（四）投资回报率法

投资回报率是指营销活动所带来的收益与投入的比值。这种方法可以简单地评估营销预算的效果，也与中小企业追求利益最大化的目标一致，因此容易得到高层管理者的认可。但是，这种方法忽略了营销传播目标与销售利润之间的时间差异，例如，提高 50% 的目标受众的品牌知晓度并不一定能立即增加企业的销售收入和利润，所以用投资回报率法来制定营销预算可能不够全面和合理。

二、中小企业整合营销传播的环境分析

（一）宏观环境分析框架

宏观环境必然会对中小企业甚至全行业的生产和发展产生影响，这种影响几乎无法避免，而且难以预测和控制。宏观环境的形成受到各种社会力量的影响，如政治法律环境、经济环境、社会文化环境、技术环境、人口统计学环境、自然环境等。这些因素以及因素的变化既有可能成为行业发展的动力，也有可能成为行业的危机来源。

1. 政治法律环境

政治因素包含有关政治、政府和法律相关的企业因素，如社会制度、经济体制、税法、产业政策等。政治法律是企业发展的指导，国家在不同的制度、不同的发展时期和不同的外部环境影响下，对企业和行业发展的期许和限制是不同的，这种不同将会体现在政策之中。例如，政府欲大力扶持房地产行业、汽车行业之时，给予相关企业及消费者优惠的税费政策；而政府欲控制房地产行业的价格或大排量车的销量之时，又撤销优惠的税费政策甚至提高税收。

2. 经济环境

经济环境反映了供需关系，对于国家、企业、个人的资源分配起着决定性的作用，主要包括宏观和微观两个方面的内容。宏观经济环境层面，反映了一个国家劳动力、货币等的供需关系及资源配置的手段；微观经济环境层面，反映了企业层面和消费者个人的资源配置。体现在国内生产总值及其增长率、贷款的可得性、可支配收入水平、居民消费倾向、利率、通货膨胀率、规模经济、政府预算赤字、消费模式、失业趋势、劳动生产率水平、汇率、证券市场状况、国外经济状况、进出口因素、不同地区和消费群体间的收入差别、价格波动、货币与财政政策等经济指标之中。除了国家宏观经济数据，经济环境也体现在一个国家参与投资的热情和对于国外投资的吸引力。

3. 社会文化环境

社会文化环境指某地的生产方式、价值观念和行为规范，它受到社会地位和文化素养的影响。社会文化环境要素包含教育水平、宗教文化、民族特征、语言、风俗、人口、社会组织等。以旅游业为例，旅游业的营销活动与社会文化因素密切相关，它们影响着人们的旅游需求、消费行为和消费习惯。旅游企业要了解不同地区和不同群体的社会文化特点，制定合适的市场调研和促销策略。例如，旅游广告和产品目录要考虑语言文字和形象符号是否适合目标市场的文化背景。社会文化环境是旅游营销活动的基础和依据，也是旅游营销活动的表现和结果。旅游企业要随着社会文化环境的变化而调整旅游营销活动，以适应市场的需求和变化。旅游消费者和营销者的文化水平往往决定了旅游营销的效果和水平。有些国家虽然人口经济收入相似，但旅游市场情况可能有很大不同。这种不同很大程度上反映了社会文化方面的差异。因此，旅游营销要重视社会文化因素的作用，尊重不同地区和不同群体的社会文化差异。

4. 技术环境

技术环境除了要考察行业相关技术的发展、变化，如该领域技术发展动态和研究开发费用总额、技术转移和技术商品化速度，还应及时了解技术相应的政策背景，如对科技开发的投资和支持重点、专利申请及其保护情况等。这样的技术环境对于处于产品生命周期导入期的产品尤为重要，因为这一阶段企业负担着高昂的研发费用。行业新技术的诞生给人们的生活带来了诸多的乐趣与便利，新技术的运用不仅可以提升产品的核心竞争力，还可以为产品增添“卖点”。

5. 人口统计学环境

人口统计学也被称为人文因素，是对于与人口相关特征的统计。不同年龄、不同性别、不同婚姻状况的人群，往往有不同的消费需求、不同的心理特征，因此对人口统计学环境的分析，可以识别出一些消费需求，从而捕捉行业的机会。同时，这样的分析可以更好地了解消费者的心理特征，从而更准确地与消费者沟通。

6. 自然环境

自然环境包括一个地区的气温、气候、地理等。对于自然环境考察的必要性体现在：不同自然环境下的消费者对于产品会有不同的要求；产品在不同的温度、气压、湿度下，性能会发生变化；全球的气候环境也会对各个行业的发展提出新的要求与限制。例如，一些品牌以“环保”“节能”为产品的卖点，用在产品宣传中，以吸引消费者的关注；再如，一些产品或者服务的宣传中会展示当地的自然风光，说明产品的“绿色”“无污染”，以符合目标人群对于健康的关注。

（二）微观环境分析框架

1. 投资者

投资者为中小企业提供发展与运营的资金。中小企业投资者也是企业战略的决策者。经营者要了解投资者的情况选择与自身发展相适应的投资者，并协调好企业与投资者之间的关系，这样才能满足发展所需。而杰出的投资团队，不仅可以为企业的发展指点迷津，更可以成为产品宣传卖点。

2. 供应商

供应商是中小企业的重要合作伙伴，它们提供了生产所需的原材料和半成品。中小企业要注意选择合适的供应商，了解供应商的质量、成本、技术等方面的情况，建立良好的合作关系。此外，一些有名的供应商也可以帮助中小企业提升自己的品牌形象。例如，一些国际知名的“成分品牌”，如果中小企业能够采购到它们的产品，就可以在自己的营销传播中突出这一优势。这是一种有效的整合营销传播策略。

互联网技术的发展为中小企业提供了“脱媒”创造价值的机会。在商品流通的过程中，通过去除或减少中间环节，实现商品从生产者到消费者的“直达式”交易，这对传统的流通组织造成了巨大的生存压力。过去，在商品生产和销售分离的情况下，大多数商品需要依靠流通组织的集中配送和市场推广才能打破时空的限制，销售给更多的最终用户，流通组织的核心功能就是通过“买卖差价”“按需采购”“高价销售”“快速周转”的专业买卖行为来实现社会商品交换，并从中获得商业利润。现在，借助互联网平台，厂商可以自主选择媒介而接触几乎无限的消费群体，中小企业也可以根据需求而生产，不但可以无库存甚至可以有负库存，这些完全改变了以前的商业模式。

3. 中间商

企业的中间商是企业产品外销的渠道掌握者，他们的主要功能是实现品牌与消费者的信息沟通、组织产品促销活动、提供售后服务等。中间商的行为也影响着企业对外的形象以及产品销量，因此作用十分重大。可以说，优秀的中间商可以使中小企业的发展、销售额的增长、品牌形象的建立事半功倍。可见，作为传送商品和产品价值的渠道，中间商起着重要的作用，甚至成为产品价值的组成要素。消费者通过比较从产品中得到的利益和为之付出的成本，衡量产品的价值，从而做出购买决策。其中，中间商可以通过提供良好的购物环境、放心的售后服务等，提高消费者从产品中获得的利益；同时，中间商可以通过密集型分销的策略、送货上门的服务，降低消费者购买产品的时间成本、体力成本。

4. 消费者

消费者是具有消费欲望与需求的群体，企业的生产和营销也建立在满足消费者的需求上。企业战略制定的前提就是分析消费者的需求并根据自己的资源情况满足其需求，从而占据市场份额。通过科学的市场调研了解消费者的需求，对于中小企业战略的制定有着最为本质的意义。因此，消费者需求的分析不仅对于中小企业营销策略的制定具有指导意义，更是对于整合营销传播策略的制定具有直接的指导作用。

5. 竞争对手

竞争对手能够提供企业产品与服务的替代品。竞争对手有四种：第一，品牌竞争对手，他们是企业的直接竞争者，能提供与本企业产品功能和价格非常相似的产品，唯一的区别就是品牌，如可口可乐和百事可乐；第二，行业竞争对手，其与本企业同处一个行业，提供同类产品，但不同特性、不同价位，面对此行业内不同的细分市场；第三，形式竞争对手，其与本企业不属于同一行业，但是产品的功能具有可替代性；第四，一般竞争对手，同样与本企业不处于同一行业，其产品也可能毫无关联，只是目标消费者的另一种消费选择。在外部微观环境中，消费者和竞争对手的因素对于企业战略的市场表现有着最为直接的影响。因此，中小企业要仔细考察各个层次的竞争对手，思考消费者为什么要买这个产品、为什么要买这个价位的产品、为什么要买这个品牌的产品，从而对本企业的竞争优势有更为全面的认识。

6. 公众

中小企业的公众环境包含着与企业相关的各个群体，是企业运营的软环境。公众环境除了外部微观环境中的各因素，还包括潜在消费者——他们对企业的产品感兴趣、有购买的欲望与经济实力，在不久的将来可能成为企业的顾客；知晓公众——他们知道企业的存在，可能并不打算成为其顾客，但是他们会讨论该企业的产品，是重要的口碑传递者。

第四节　中小企业整合营销传播的方法与媒介选择

一、中小企业整合营销传播的方法

（一）中小企业整合营销传播方法的分类

一般将整合营销传播的方法归纳为以下几类：广告、销售促进、公共关系和宣传、人员促销、直复营销。

第一，广告是指市场营销人员通过向各类媒体支付费用将信息传递给目标受众，即中小企业市场营销人员购买广告的空间或时间并引导目标受众接受信息。

第二，销售促进，即利用各种短期的激励措施来吸引消费者购买或试用产品或服务。

第三，公共关系和宣传，就是通过与内部员工和外部利益相关者（如客户、合作伙伴、政府和媒体）建立良好的沟通和信任，来提升和维护企业和产品的形象。

第四，人员促销，即中小企业以展示、答疑和获得订单为目标，与一个或多个潜在购买者面对面交流，从而达到或者说服顾客购买，或者树立良好形象的目的。

第五，直复营销，中小企业通过这种方式与目标受众直接沟通，获得反馈，实现交易。传统上并未将直复营销列为促销组合的要素之一，但因为许多组织都将它作为整合营销传播计划的一部分，经常有着单独的目标、预算和策略，我们也将其视为促销组合的要素之一。

（二）新媒体环境下的整合营销传播新方法

随着互联网的迅猛发展，信息传播方式的日益变革，整合营销传播的方法也不断推陈出新，注入新媒体新鲜血液的全新整合营销传播组合给了整合营销传播从业者和研究者更多的选择。结合业界和理论界的业务实践和研究成果，笔者整理并归纳了互联网时代的新型整合营销传播方法，具体有网络营销、植入式营销、物化互动营销、体验营销、共鸣营销。

第一，网络营销，包含了扩散速度惊人的病毒式营销、逐渐兴起的搜索引擎营销、极为火热的社会化媒体营销、针对受众的精准营销以及依托于粉丝经济的社群营销等。

中小企业可以利用社交媒体传播、搜索引擎优化、内容营销等方式扩大品牌知名度，投放有针对性的广告和定期发布有价值的内容，吸引更多的目标受众，并提升品牌在市场中的曝光度。

网络营销提供了与消费者直接互动的机会。中小企业可以通过社交媒体平台与消费者进行互动，回答他们的问题，解决他们的问题，收集他们的反馈，从而增加消费者对企业的信任感并与之建立良好的关系，促进其做出购买决策。

网络营销可以帮助中小企业提高销售效果。通过电子商务平台和在线支付系统，企业可以直接向消费者销售产品或服务，消除了传统零售环节的限制。此外，通过精准的广告投放和个性化营销策略，企业可以更好地推动潜在客户完成购买行为。

网络营销提供了丰富的数据收集和分析工具，能够帮助中小企业更好地理解消费者行为和市场趋势。通过分析这些数据，企业可以调整自己的营销策略，优化广告投放、网站设计等方面，增强整体营销效果。

相对于传统的广告和宣传方式，网络营销通常具有更低的成本。中小企业可以通过社交媒体、电子邮件等渠道进行推广，减少印刷、发布广告等传统媒体所需的高昂费用。这对于资源有限的中小企业来说，是一种经济高效的选择。

第二，植入式营销，又称隐形广告、软性广告、植入性营销。它将产品和品牌的相关信息和视觉符号等通过不同的营销策略融入各类媒体内容中，然后通过场景再现的方式使受众留下印象，从而实现商家的营销目标。隐形广告是指将产品或品牌的信息巧妙地融入媒体内容中，使观众在不自觉的情况下接受宣传信息。中小企业可以选择与目标受众有关联的媒体平台，如电视剧、电影、综艺节目等，通过剧情、角色或场景中的隐含宣传方式，将产品或品牌植入。这样一来，观众在欣赏媒体内容的同时，也会对产品或品牌产生认知和兴趣，提高品牌知名度和销售量。

软性广告是一种以非直接宣传为主的广告形式，通过情感、故事或意象的表达方式，将产品或品牌的信息潜移默化地传递给观众。中小企业可以选择与自身产品或品牌特点相契合的媒体形式，如微电影、短视频、社交媒体等，通过有创意的故事情节或形象塑造，将产品或品牌巧妙地融入其中。观众在接受软性广告的同时，会对产品或品牌产生共鸣和情感认同，从而提高购买欲望和忠诚度。

植入性营销是指将产品或品牌直接融入媒体内容中，以达到曝光和宣传的效果。中小企业可以选择与自身产品或品牌相关性较高的媒体领域，如体育赛事、音乐演出、电子游戏等，通过赞助、合作或产品放映等形式，将产品或品牌与媒体内容紧密结合。观众在观看媒体内容的过程中，会自然地接触到产品或品牌，并形成积极的消费态度和购买行为。

当然，中小企业在进行植入式营销时，也需要注意平衡宣传和观众体验之间的关系，确保植入过程自然、合理，并符合法律法规的规定。

第三，物化互动营销，是指通过物化载体与受众沟通的模式，新媒体背景下整合营销传播的“物化互动模式”更加着眼于“人与技术”“人与场景”的互动模式。

在物化互动营销中，中小企业可以运用各种物化载体，如活动现场布置、产品包装设计、道具制作等，创造出独特的品牌形象和用户体验。例如，在展会或商场活动中，中小企业可以通过展示自己的产品并配合吸引人眼球的布置和道具设计，吸引顾客的注意力，引导他们深入了解产品和品牌，从而提高品牌和产品的知名度。

中小企业可以通过与受众进行互动，增强用户的参与感和忠诚度。在活动现场，中小企业可以设置互动游戏或抽奖等环节吸引顾客参与，从而增加用户的参与感和忠诚度。

中小企业可以通过物化载体传递品牌和产品的核心价值观。如通过产品包装设计、活动布置等手段，突出品牌的特点和理念，从而让用户更加深入地了解品牌和产品的内涵，提高用户的品牌认知度和忠诚度。

第四，体验营销，在新媒体环境下加入了游戏互动营销、虚拟营销、情景营销以及定制营销等新的元素。

中小企业可以通过线下实体店面或线上平台来提供沉浸式的购物体验。通过搭建舒适、温馨的店面环境或用户友好的网站界面，以及提供优质的售前、售中、售后服务，中小企业可以让消费者感受到愉悦和满足，从而提升他们对品牌的认知和忠诚度。

通过举办体验活动、赛事、抽奖等方式，中小企业可以吸引消费者的兴趣，让他们亲身参与品牌传播和产品体验。例如，企业可以组织线下试用活动，让消费者亲自体验产品的功能和性能，与其他用户交流使用心得，从而增强消费者对产品的认知和信任。

第五，共鸣营销，从目标受众的情感入手，新媒体环境下火热的整合营销传播方式有事件营销、口碑营销、故事营销等。

首先，中小企业应该深入了解目标受众的情感需求和价值观念。通过市场调研和用户分析，了解受众的喜好、关注点、痛点等，进一步了解他们的情感需求和价值观念。这有助于企业有针对性地制定传播策略，找到与受众情感契合的切入点。

其次，中小企业可以通过情感化的内容传播方式来引发目标受众的共鸣。情感化的内容可以是故事性的广告、真实的用户案例、温暖的互动活动等，这些内容能够触动人心，引发受众的情感共鸣。通过讲述与受众相关的故事，展示产品或服务的实际效果，中小企业可以打动受众的心灵，让他们对品牌产生信任和认同。

二、中小企业整合营销传播的媒介选择

（一）整合营销传播媒介的特征描述

不同的传播媒介有不同的特点，而整合营销传播这个学科的最重要意义之一

便是根据目标消费者的行为，不断识别、综合运用适当的媒介，将信息送达目标消费者。对于不同的媒介，可以运用如下的“四度三性”来预判，即覆盖度、频度、节省度、有效度，互动性、时效性、移动性。

1.“四度”特征

（1）覆盖度

覆盖度亦称为“到达率”，即该媒体可以接触到多少人。接触到的人越多则效果越好，但其成本也就越高。例如，中央电视台比地方电视台的广告费用高，又如闹市区的户外广告牌费用比郊区的户外广告牌高。

（2）频度

频度即“频率”，指可以接触受众多少次。每天可以接触受众的次数越多越好，例如，某个时间点在电视上的广告可能会错过目标受众；但通过 QQ 聊天界面上播放的广告可以有更多的机会捕获受众的注意。

（3）节省度

节省度即对人均成本的描述，类似于千人成本的理念，对于媒介选择而言，媒体的节省度越高（成本越低）越好。如近年来电影营销的媒介选择基本以网络为主，便是出于提高节省度的考虑。

（4）有效度

有效度即对接触群体有效性的描述，当接触的人群越接近目标消费者，媒介便越好。如分众传媒最初推出的楼宇广告电视，就更为有效地覆盖了高端商务人群，颇为精准。

2.“三性”特征

（1）互动性

互动性即该媒介双向传播的能力，指该媒体是否能够实现与受众的互动，如电影的宣传片。相对于电视、广播这样的传统大众传媒的单向传播，通过视频网站传播能够更好地了解受众的反馈（如点击率如何、评价如何）。

（2）时效性

时效性即该媒体更新信息的迅速反应能力，传统的大众媒体如杂志和户外广告的内容更新周期比较长，而网络媒体可以实时更新与发布信息，具有显著的时效性。

（3）移动性

移动性即该媒体是否贴身、是否灵活。移动性强的媒体容易产生顾客的行为忠诚以及使用的黏性。例如，电视机、户外广告的移动性较弱，而广播、手机、移动设备的移动性较强，更受消费者青睐。

3. 媒介特征的一般性与特殊性

了解各个媒介类型的特点，有助于中小企业在整合营销传播策略制定时进行预先判断。但要注意的是，必须认识到媒介特征的一般性和特殊性。首先，媒介特征的一般性是指各个媒介类型普遍的属性。一般而言，报纸广告的传播效果差、电视广告的覆盖面大、网络广告的成本低。而媒介特征的特殊性，是指各个媒介类型具体载体的区别性，例如，某些时尚类的画报印刷质量差、某些电视的垃圾时段收视率极其低、某些知名网站的广告费相当高。所以，整合营销传播的媒介特征不能一概而论，应该在了解一般性的基础上，深入了解不同板块、不同时段、不同主持人、不同区域等的媒介特殊性。

（二）中小企业整合营销传播中的接触点

1. 整合营销传播接触点的概念

舒尔茨将品牌接触定义为现有顾客或者潜在顾客对品牌形象或者某种可传递信息的体验，不管该体验发生于何地，以及该体验是什么。而品牌接触点就是顾客体验品牌形象或者某种可传递信息的情境。品牌接触可以通过传媒完成，也可以通过销售服务过程完成，既包括顾客和员工之间的接触，也包括顾客和企业有形展示之间的接触。①

中小企业要建立品牌关系，需要通过计划性传播和互动两方面来实现。计划性传播只是辅助作用，更重要的是服务质量的管理，让顾客感受到积极的品牌印象，从而形成品牌忠诚度。整合营销传播接触点就是企业用各种方式向消费者传递品牌信息的途径。这些方式可以多样化，但要保证品牌信息的一致性。

2. 整合营销传播接触点管理

（1）整合营销传播接触点管理的核心

舒尔茨在他的整合营销传播理论中提出了接触点管理，认为接触点管理是选择并决定厂商在什么时间、地点，或者什么状况下与消费者沟通。它不局限于广播、电视、报纸、杂志、户外、互联网等媒体，还包括直邮、产品本身、销售人员、店面布置、产品网站、交流产品使用体验的亲友等，只要能成为传播营销信息的

① 舒尔茨，凯奇．全球整合营销传播[M]. 北京：机械工业出版社，2011.

载体，就可以视为接触点。①

中小企业接触点管理的核心就在于打造全面的接触点传播网络，增加消费者与企业接触的机会，通过各种各样的接触机会给消费者留下良好的体验，从而提升自己在消费者心中的形象，影响消费者的购买决策。在产品概念确立的过程中，如何构建目标用户“触点”形象是非常重要的工作，也是基础性工作之一，这项工作包含定位品牌个性、构思产品战略、分析市场现状等。只有建立了切合实际的目标用户“触点”形象特征，企业才能通过接触点管理提升用户的体验。因此企业要以产品体验为基础，结合对用户消费心理的分析对目标用户“触点”形象特征进行全方位的讨论和精准描述，从而确定其组成部分，明确其在管理中的意义。

（2）整合营销传播接触点管理的意义

顾客接触点的管理对于中小企业实施体验营销具有重要的战略意义，而这对于整合营销传播的媒介识别也具有深刻意义，中小企业应当从消费者的角度来寻找顾客接触点，从而通过对接触点的系统整合来提供卓越的客户体验。

顾客接触点构成了“氛围”，氛围能够创造或强化购买产品的倾向。使用东方地毯和橡木家具进行装饰的律师事务所传达的是“稳定”和“成功”的信息；一家五星级宾馆会使用典雅的吊灯、大理石柱和其他奢华的有形象征。所以，顾客接触点很丰富，包括门店的布置和格局、服务人员的谈吐和言语、供应的茶水和食物、门户网站、微信号、应用软件等，向顾客传递出统一的形象。

3. 整合营销传播接触点模型

整合营销传播接触点模型以消费者为核心，直接接触消费者的利害关系者次之，最外围是间接接触消费者的利害关系者的同心圆，整合营销传播的目的是透过各种媒体使消费者拥有一致性的感受。模型针对消费者的心理和行为转变过程，将消费者的接触点管理分为四个阶段：购前体验、购买体验、使用体验、使用后体验。接着再针对这四个阶段，寻找出与消费者接触的利益相关者。这里所指的利益相关者中包含了投资者、管理人员、员工、供应商、政府部门、社区等，但是不包含消费者，因为消费者是模型中的核心。

消费者知晓一个产品或品牌（对应购买前的体验）、消费者购买一个产品或品牌（对应购买时的体验）、消费者使用一个产品或品牌（对应使用时的体验）、

① 舒尔茨，凯奇．全球整合营销传播[M]．北京：机械工业出版社，2011．

消费者完整评估一个产品或品牌（对应使用后的体验）四个阶段是一个递进的体验，分别对应了消费者一个消费周期的体验。若每个阶段都一致地带给消费者好的体验感受，则在行为上能使得消费者重复购买此产品或品牌，在心理上能提高消费者的品牌忠诚度。如何在每个阶段带给消费者良好的体验，这就要透过企业对消费者接触点进行管理。

在消费者了解一个产品或品牌的阶段，中小企业可以通过广告宣传、社交媒体等渠道提高品牌曝光率，确保消费者了解产品或品牌的存在；宣传应提供有价值的内容，如教程、指南等，以吸引潜在消费者的注意并建立信任。

在消费者购买一个产品或品牌的阶段，中小企业应提供简便、安全的购物渠道，如用户友好的网站和应用程序，简化购物流程并提供多种支付选项；要向消费者清晰地展示产品价格、促销和退款政策，避免任何不透明或误导性的信息。

在消费者使用一个产品或品牌的阶段，中小企业要确保产品符合消费者的期望，并提供易于使用、功能齐全的产品；建立有效的客户服务系统，及时回应消费者的问题和反馈，并提供解决方案。

在消费者评估一个产品或品牌的阶段，中小企业可以让消费者了解其他用户的使用体验，通过用户评价、案例分享等方式增加消费者对品牌的信任感；根据用户反馈不断改进产品，并引入新功能和服务以满足消费者需求。

（三）中小企业整合营销传播的媒介形式

1. 楼宇媒体与交通媒体

（1）楼宇媒体

商务楼宇联播网、卖场终端联播网、城市彩屏联播网、公寓电梯联播网是分众传媒旗下较为典型的分众媒体类型，其在特定的建筑空间内向受众传递商品信息。此外，也有一些覆盖某些特点群体的楼宇媒体，如覆盖医院的楼宇媒体、覆盖健身房的楼宇媒体、覆盖宾馆的楼宇媒体。它们精准地覆盖特定受众群体。

（2）交通媒体

交通媒体即聚焦于交通枢纽上的媒体，可以运用其播放广告或者传播公关活动的讯息。交通枢纽处的人流量较大，交通媒体的到达率较高；同时，对于每日往返于交通枢纽的上班族而言，对交通媒体的接触频率也很高；此外，部分交通媒体位于密闭空间中，受众“别无选择”，只有定神收看，因此有效度也比较高。其缺点是覆盖受众群体有限，即对于不乘坐该交通的人群是无法到达的。目前发展比较成熟的，除了被分众传媒占据的“商务人士联播网”，还有公交车、地铁、出租车等“交通媒体”。例如，广告喷绘在公交车身上，对于线路途经的地点都具有“到达”受众的功效，也是城市一道亮丽的风景线；公交车身内，即通过车厢内安置屏幕，在密闭的空间内给乘客传播讯息和广告；公交车站，也是沿途的一个品牌“接触点”。地铁同样也是，具有诸多品牌接触点，包括地铁通道、等待站台处、地铁车厢内，甚至部分地铁线路在行驶过程中设置窗外的动态屏幕。出租车上的媒体运作也比较成熟，包括出租车身的广告绘制、车内的触摸屏、打印发票的背面，都是可以传播讯息的媒介。

2. 网络媒介

（1）网站

对于许多行政区域来说，网络营销的第一步就是创建一个网站。然而，创建网站并不简单，营销者必须设计出有吸引力的网站招揽顾客，让消费者产生好感，并将这种好感移植到其他渠道，但是企业网站并不是产品的销售渠道，通常情况下，中小企业网站的主要作用是提供全面的信息和特色服务，为用户解答问题，与顾客建立亲密关系，发布公司的重大消息。这些网站一般都会提供有关的企业历史、宗旨和经营哲学及其产品和服务的信息。网站还可以介绍企业的当前活动、人员、财务业绩以及招聘机会。有些中小企业网站还提供娱乐性的内容来吸引和留住访问者，或给顾客机会提问题，在离开网站之前通过电子邮件提建议。

（2）电子邮件

电子邮件已经被开发成为一种非常重要的在线营销手段。一项对广告经理、品牌经理以及营销经理的研究发现，80% 的可上网消费者每天至少看过一次来自电子邮件的广告。为了在非常混乱的电子邮件环境中有效竞争，营销人员必须设计丰富的电子邮件信息——互动、个性化并且穿插视频和音频。他们瞄准那些希望获得邮件并会采取行动的消费者。就像其他在线营销一样，使用电子邮件营销时公司必须谨慎，避免引起互联网使用者的愤怒——因为他们已经收到了太多的垃圾邮件。企业要注意，不要为了推广自己的产品而发送消费者不想要的电子邮件，以致激怒消费者。

（3）网络广告

新媒体时代，网络广告的形式和内容都越来越丰富，由此带来的一个较为显著的问题是干扰了正常的上网活动。很多网站一打开就会自动弹出各类小广告，强制放在网友眼前，需要一段时间才能自动关闭或者手动关闭，这样的广告可能会引起网友的厌恶以及不满，效果适得其反。因而，在利用新媒体技术不断提升网上广告质量的同时，要把握好“度”，控制在网友可以接受的范围内。

（4）微信即时性营销

即时性营销是指利用即时通信工具，针对更加细化的市场或产品领域，向特定客户群体发送营销信息，以实现营销目标。微信的特性恰好符合中小企业即时性营销“用最低成本取得最好效果”的初衷，大有可为。

参考文献

[1] 康纳．完美营销：中小企业品牌营销三步骤 [M]. 北京：企业管理出版社，2010.

[2] 李派克．品牌营销：中小企业品牌建设与运营攻略 [M]. 北京：化学工业出版社，2022.

[3] 邢小兰．3 分钟，让公司介绍发光：中小企业品牌和影响力打造第一步 [M]. 北京：电子工业出版社，2023.

[4] 马山水．中小企业品牌化运作案例研究 [M]. 北京：经济科学出版社，2012.

[5] 徐剑明．弱势企业营销实务与案例 [M]. 哈尔滨：哈尔滨工业大学出版社，2005.

[6] 曾强．中小企业营销管理文案 [M]. 北京：大众文艺出版社，2009.

[7] 蒋晓荣，靳洪，陈颖．中小企业营销战略管理研究 [M]. 北京：中国商务出版社，2012.

[8] 戴博雷克．渗透营销 [M]. 北京：企业管理出版社，2002.

[9] 郝雨．推动质量标准品牌建设 促进中小企业做优做强：解读《质量标准品牌赋值中小企业专项行动（2023—2025 年）》[J]. 中国科技产业，2023（7）：38-39.

[10] 卢思亮．营销策略对中小企业品牌成长之影响：基于企业家的视角 [J]. 北方经贸，2023（6）：79-84.

[11] 韦欣颖．跨境电商中小企业的品牌管理 [J]. 中国外资，2023（1）：90-93.

[12] 刘云．浅析中小企业品牌营销存在的问题及对策 [J]. 老字号品牌营销，2022（18）：12-14.

[13] 许妍．跨境电商助推无锡中小企业“品牌出海”的路径研究 [J]. 对外经贸实务，2022（6）：86-90.

[14] 杨秋霞．社会网络关系视角下中小企业品牌营销策略 [J]. 老字号品牌营销，2022（7）：18-20.

[15] 肖四喜 . 电子商务环境下中小企业品牌建设研究 [J]. 中国中小企业，2022（1）：221-222.

[16] 宋稚琦 . 大数据环境下中小企业的国际营销策略探究 [J]. 商场现代化，2023（6）：46-48.

[17] 朱刚琴 . 中小企业创建韧性品牌策略探析 [J]. 中华商标，2021（4）：44-46.

[18] 盛宁波，刘续涛 . 中小企业品牌经营策略研究 [J]. 今日财富（中国知识产权），2021（4）：17-18.

[19] 郑嵩 . 互联网时代中小企业的营销策略 [D]. 北京：北京邮电大学，2019.

[20] 梁利鹏 . 我国中小企业在线网络直播营销策略研究 [D]. 北京：北京邮电大学，2018.

[21] 施楠 . 中小企业营销微创新策略研究 [D]. 鞍山：辽宁科技大学，2016.

[22] 田定 . 中小企业的社会化媒体营销策略研究 [D]. 上海：华东理工大学，2014.

[23] 史淑雅 . 中小企业营销风险预警管理研究 [D]. 北京：华北电力大学，2013.

[24] 毕卫华 . 中小企业 B2C 网络营销绩效评价研究 [D]. 哈尔滨：哈尔滨工业大学，2015.

[25] 袁晓峰 . 科技型中小企业初创期营销策略研究 [D]. 武汉：华中科技大学，2013.

[26] 李斌 . 基于情理社会关系网的中小企业营销策略研究 [D]. 赣州：赣南师范学院，2013.

[27] 张为玉 . 中小企业品牌营销策略研究 [D]. 合肥：安徽大学，2012.

[28] 张晗 . 我国中小企业品牌国际化的影响因素研究 [D]. 北京：对外经济贸易大学，2021.